四书五经

何亚辉 编著

〔第二卷〕

光明日报出版社

中庸

第一章　纲领

【原文】

天命之谓性①，率性之谓道②，修道之谓教③。道也者，不可须臾离也，可离非道也。是故君子戒慎乎其所不睹④，恐惧乎其所不闻。莫见乎隐，莫显乎微，故君子慎其独也。喜怒哀乐之未发⑤，谓之中；发而皆中节⑥，谓之和。中也者，天下之大本也⑦；和也者，天下之达道也⑧。致中和，天地位焉⑨，万物育焉。

【注释】

①天命之谓性：上天规定人应该具有仁、义、礼、智、信等美德，这些上天所赋予的美德叫作人的本性。

②率：顺着，遵循。

③修道之谓教：圣人对道进行修订、限制，使道不偏不倚，无过也无不及，这就叫作"教"。

④戒慎：警戒谨慎。

⑤未发：没有发现的时候。

⑥中节：合乎自然的道理。

⑦大本：最大的根本。

⑧达道：天下人共同走的路。

⑨位：各得其位，指天地间万事和顺。

【译文】

上天所给予的禀赋叫作性，遵循天性而行叫作道，修明此道加以推广叫作教。"道"是片刻都不能离开的，能够脱离的，就不是天命的"道"了。所以君子即使在大家都看不见的地方，也要谨慎警戒，不可疏忽；即使在大家都听不见的地方，也要恐慌担忧，不能怠懈。幽暗的地方无论隐藏得多么好，始终会被发现；细微的事情无论多么渺小，终究会显露出来。所以君子独处的时候，一定要小心谨慎，时时省察自己。欢喜、愤怒、悲伤、快乐是人之常情，当这些感情没有表现出来的时候是不偏不倚的，这就叫作"中"。当这些感情表现出来的时候，不能太过也不能不及，能够合乎自然的道理，这就叫作"和"。中是天下最大的根本所在；和是古往今来人们所共同贯通的大路。能够达到"中和"，那么天地就会各得其所，万物也就生长发育了。

第二章　知人

【原文】

仲尼曰："君子中庸①，小人反中庸②。君子之中庸也，君子而时中③；小人之中庸也，小人而无忌惮也④。"

【注释】

①中庸：不偏不倚，无过无不及，始终坚持正道。
②反：背离。
③时中：指君子在做事时能够恰到好处。
④忌：顾忌。惮：畏惧。

【译文】

孔子说："君子做事没有偏倚，没有太过也没有不及，事事都符合中庸之道。小人与君子不同，小人的所作所为完全背离了中庸。君子按照中庸的道理来行事，所以他的言行恰到好处，符合自然规律；小人背离中庸之道，所以小人做事没有顾忌和畏惧。"

第三章　正心

【原文】

子曰："中庸其至矣乎①！民鲜能久矣②。"

【注释】

①中庸其至：指中庸是最高的境界。至，极。
②能：达到。

【译文】

孔子说："中庸，这是至高无上的境界啊！人们很少能达到中庸，这种状况已经很久了！"

第四章　正心

【原文】

子曰："道之不行也①，我知之矣：知者过之②，愚者不及也；道之不明也，我知之矣：贤者过之，不肖者不及也。人莫不饮食也，鲜能知味也。"

【注释】

①道：指中庸之道。行：施行，推行。
②知：同"智"。知者：聪明的人。

【译文】

孔子说："中庸之道不能推行于世，我知道其中缘由了：聪明的人过于聪明，愚笨的人过于愚笨，他们都没有达到中庸的标准。中庸之道不能彰显，我知道它的缘由：贤明的人过于贤明，不贤明的人又不够贤明，他们都没有达到中庸的标准。就像没有不吃不喝的人，却很少有人真正分辨出不同滋味。"

第五章　修身

【原文】

子曰："道其不行矣夫①！"

【注释】

①其：表示大概、恐怕等推测的语气助词。矣夫（fú）：表示感叹的语气助词，相当于现代汉语的"啊""啦"等感叹词。

【译文】

孔子说："中庸的道理（大家全不明了），大概是不能够实行了啊！"

第六章　审问

【原文】

子曰："舜其大知也与！舜好问而好察迩言^①，隐恶而扬善，执其两端，用其中于民，其斯以为舜乎！""

【注释】

①好问：指喜欢去请教别人。好（hào），喜爱。迩（ěr）言：浅近之言。

【译文】

孔子说："舜帝真可算是一个极其明智的人。他喜欢向别人请教，又善于对那些浅近的语言仔细审察，包容别人的短处而表扬别人的长处，掌握人们认识的过与不及两个极端，取中庸之道施行于民众，这就是舜之所以能成为舜的原因吧！"

第七章　明道

【原文】

子曰："人皆曰予知，驱而纳诸罟擭陷阱之中^①，而莫之知辟也^②。人皆曰予知，择乎中庸而不能期月守也^③。"

【注释】

①罟（gǔ）：捕鱼鸟用的网。攫（huò）：一种捕兽的机关。

②辟（bì）：通"避"，回避，躲避。

③期（jī）月：一整月。

【译文】

孔子说："人人都说'我是聪明的'，然而在利欲的驱使下，他们却像禽兽落入网罟、木笼、陷阱一样，不知道躲避。人们都说'我是明智的'，但是选择了中庸之道，却一个月的时间都不能够坚守。"

第八章　正心

【原文】

子曰："回之为人也，择乎中庸，得一善，则拳拳服膺而弗失之矣①。"

【注释】

①拳拳：忠实地奉行。服：放置。膺（yīng）：胸口。

【译文）

孔子说："颜回这个人是这样为人处世的，他选择了中庸之道，每当得到一条好的道理，就牢记在心中，永不丢失。"

第九章　正心

【原文】

子曰："天下国家可均也①，爵禄可辞也②，白刃可蹈也③，中庸不可能也。"

【注释】

①均：平治。

②爵禄：官位俸禄。辞：辞掉。

③白刃：利刃，快刀。蹈（dǎo）：踩。

【译文】

孔子说："天下国家可以平治，官爵俸禄可以辞掉，锋利的刀刃可以用脚踩，但是中庸之道却不容易做到。"

第十章　明道

【原文】

子路问强①。子曰："南方之强与？北方之强与？抑而强与？宽柔以教②，不报无道③，南方之强也，君子居之。衽金革④，死而不厌，北方之强也，而强者居之。故君子和而不流⑤，强哉矫⑥！中立而不倚，强哉矫！国有道，不变塞焉⑦，强哉矫！国无道，至死不变，强哉矫！"

【注释】

①子路：孔子的弟子仲由，字子路，好勇。强：刚强。

②教：教诲，教化。

③无道：指横逆无理的人。

④衽（rèn）金革：枕着武器、盔甲睡觉。衽，卧席，此处用作动词，躺卧。金革，武器和盔甲。

⑤流：随波逐流。

⑥矫：强大的样子。

⑦不变塞：不因为贫困而改变自己的主张。塞，不通，指仕途不顺利。

【译文】

子路向孔子询问怎样才称得上强。孔子说："你问的是南方的强，还是北方的强，还是你自己所认为的强呢？用宽容柔顺的办法来教诲别人，假使别人对自己横逆无理也不去报复，这是能够容忍别人的南方的强。君子奉行这种刚强。枕着武器、盔甲睡觉，遇到战斗就奋勇拼搏，即使死了也不悔恨，这是北方的强。强健的人奉行这种强。所以君子处世和顺又不随波逐流，这才是真强啊！君子信守中庸，不偏不倚，这才是真强啊！国家政治清明时，君子不会因为贫穷困窘或仕途不顺而改变自己的主张，这才是真强啊！国家政治混乱时，君子至死也不会改变自己的操守，这才是真强啊！"

第十一章　正心

【原文】

子曰："素隐行怪^①，后世有述焉，吾弗为之矣。君子遵道而行^②，半途而废，吾弗能已矣。君子依乎中庸，遁世不见知而不悔^③，唯圣者能之。"

【注释】

①素：按照《汉书》当作"索"，寻求之意。行怪：做怪异的事。
②遵：遵循，按照。
③遁世：避世，指隐居。

【译文】

孔子说："有些人探求隐僻的道理，做怪异的事，也许后世对这些人有所称道，但我不会这样做。君子应该遵循中庸之道行事，虽然有些人往往半途而废，但我是永远不会停止的。君子按照中庸的大道来行事，即使终生避世隐居不被人理解，也不悔恨，这只有圣人能够做到。"

第十二章　知物

【原文】

君子之道费而隐①。夫妇之愚，可以与知焉，及其至也，虽圣人亦有所不知焉。夫妇之不肖②，可以能行焉，及其至也，虽圣人亦有所不能焉。天地之大也，人犹有所憾。故君子语大，天下莫能载焉；语小，天下莫能破焉③。《诗》云④："鸢飞戾天⑤，鱼跃于渊。"言其上下察也。君子之道，造端乎夫妇；及其至也，察乎天地⑥。

【注释】

①费：作用非常广大。隐：隐微，细小。古人将事物分为本体和作用两个方面，隐，指道的本体，费，是指道的作用。

②不肖：指平庸浅陋。

③破：分析、剖析。

④《诗》：指《诗经》，这里的诗句引自《诗经·大雅·旱麓》篇。

⑤鸢（yuān）：一种鹰，毛褐色，以蛇、鼠、蜥蜴等为食。戾（lì）：至，达到。

⑥察：显明、昭著。

【译文】

君子的中庸之道，功用广大而本体细微。即使天下男女中最愚笨的，也能够了解中庸之道，但是如果推究中庸之道的最高境界，即使圣人也难以企及。即使天下男女中最浅陋平庸的，也能够按照中庸之道来做一些事情，但是如果要推究中庸之道的最终极限，即使圣人也有不及之处。天地如此广大，人们仍对它有所遗憾。所以君子的中庸之道十分广大，天下还不能够承载容纳它；所以君子的中庸之道十分细微，天下没有什么能够剖析它。《诗经·大雅·旱麓》中说："鹰飞向蓝天，鱼跳跃进深潭。"这是说中庸之道由上到下，都可以洞察贯彻，是无所不至的。君子的中庸之道，从最愚笨的男女知道的浅显道理开始，到它的最高境界，就能昭著天地。

第十三章 笃行

【原文】

子曰："道不远人。人之为道而远人，不可以为道。《诗》云：'伐柯伐柯①，其则不远。'执柯以伐柯，睨而视之②，犹以为远。故君子以人治人，改而止。"

"忠恕违道不远③，施诸己而不愿，亦勿施于人。"

"君子之道四，丘未能一焉：所求乎子以事父，未能也④；所求乎臣以事君，未能也；所求乎弟以事兄，未能也；所求乎朋友先施之，未能也。庸德之行，庸言之谨⑤，有所不足，不敢不勉，有余不敢尽；言顾行，行顾言⑥，君子胡不慥慥尔⑦。"

【注释】

①伐柯：砍斧柄。柯，斧柄。

②睨（nì）：斜眼观看。

③违：离开，去。

④"所求乎子"句：责求别人用我所要求儿子侍奉父亲的标准孝顺父亲，我没有做到。

⑤庸德之行，庸言之谨：我只是实践平常的道德，谨守平常的言论。庸，作平常解。

⑥言顾行，行顾言：说话时要想到行动，行动时要顾及说话。

⑦慥慥（zào）：笃厚忠实的样子。

【译文】

孔子说："中庸之道并不远离人群，如果人在修道过程中故作玄妙高深，使得道远离了人，这样的修道不能称为中庸。《诗经》中说：'伐木做斧柄啊伐木做斧柄，斧柄的样式就在眼前'。拿着斧柄来砍伐斧柄，斜起眼睛看还以为差异很大。因此君子以人所共有的道理来治理人，直到人们改正错误为止。能做到忠恕，离中庸之道就不远了。自己不愿意做的事情，也不要施加在别人身上。君子要遵循的道德有四项，我孔丘却一项也不能做到：我要求做子女的要孝顺父母，而自己却不能做到这一点；我要求做臣下的要忠于国君，而我自己却不能为国尽忠；我要求做弟弟的要尊敬兄长，而自己却不能做到这一点；我要求做朋友的要遵守信用，而自己却未能做到这一点。中庸道德的实行，中庸格言的谨记，我做得还有不足之处，不敢不努力勤勉。有做得好的地方，也不敢把话全部说尽。言语时要看到行动，行动时也要想到言语。君子怎能不老老实实地言行一致呢！"

第十四章　修身

【原文】

君子素其位而行①，不愿乎其外。素富贵，行乎富贵；素贫贱，行乎贫贱；素夷狄，行乎夷狄；素患难，行乎患难；君子无入而不自得焉②。

在上位不陵下③，在下位不援上④，正己而不求于人则无怨。上不怨天，下不尤人。故君子居易以俟命⑤，小人行险以侥幸。子曰："射有似乎君子⑥，失诸正鹄⑦，反求诸其身。"

【注释】

①"君子"句：君子在什么样的地位，做什么样的事。平素，向来。

②"君子无入"句：君子不论在什么情况下，都能够做到悠然自得。入，处于。

③陵：通"凌"，欺凌。

④援：攀援。

⑤居：处。易：平安之处。俟（sì）：等待。

⑥射有似乎君子：射箭的道理像君子的为人。

⑦失诸正鹄：射不到中心。鹄（gǔ），指箭靶中心的圆圈。古时将箭靶画在布上称正，画在皮上称鹄。

【译文】

君子处在平常的地位就做应做的事，不羡慕本职以外的名利。身处在富贵的地位上，就做在富贵地位上所应做的事；身处在贫贱的地位上，就做在贫贱地位上应做的事；身处在夷狄的地位上，就做在夷狄地位上所应做的事；身处在患难之中，就做处在患难中所应做的事情。如果能如此，君子没有什么地方不能坦然处之的了。

君子高居上位，不欺凌处于下位的人。君子处在下位，也不去高攀在上位的人。端正自己却不去苛求别人，这样便无怨心，上不埋怨天，下不责怪人。所以，君子安分守己，等待天命赐德，小人企图冒险，存侥幸得利之心。

孔子说："射箭的道理就好像君子行道。倘若箭头射在靶心圆圈以外，应该回过头来责备自己。"

第十五章　齐家

【原文】

君子之道，辟如行远必自迩^①，辟如登高必自卑^②。《诗》曰："妻子好合^③，如鼓瑟琴。兄弟既翕，和乐且耽。宜尔室家，乐尔妻孥。"子曰："父母其顺矣乎^④！"

【注释】

①辟如行远必自迩：譬如行远路必从近地起。辟，譬如，比如。迩，接近，近处。

②卑：近处，低处。

③好合：和睦。

④父母其顺矣乎：父母一定很安乐了！

【译文】

学习君子之道，譬如远行，一定要从近处出发；譬如登高，一定要从低处开始。《诗经》中说："与妻子相亲相爱，就像弹奏琴瑟一样；兄弟相处和睦，和气而且感情深厚。你的家庭和顺，妻子和儿女幸福无忧。"孔子说："能够如此，父母大概就能称心如意了。"

第十六章　齐家

【原文】

子曰："鬼神之为德，其盛矣乎①！视之而弗见，听之而弗闻，体物②而不可遗。使天下之人，齐明盛服③，以承祭祀。洋洋乎！如在其上，如在其左右。《诗》曰：'神之格思，不可度思！矧可射思④！'夫微之显，诚之不可揜如此夫⑤。"

【注释】

①其盛矣乎：非常盛大的啊！
②体物：生养万物。
③齐明盛服：意思是，鬼神能使天下人斋戒沐浴，穿着整齐的衣服。齐（zhāi），通"斋"，斋戒。明，洁净。
④"《诗》曰"句：格，来，至。度，揣度，推测。矧（shěn），况且。射（yì），厌倦，厌怠不敬。
⑤诚之不可揜如此夫：真实的德行不可掩盖，鬼神的道理就是如此吧！揜（yǎn），同"掩"，掩藏，掩盖。

【译文】

孔子说："鬼神发挥的功德，真是盛大无比啊！看它不见形状，听它不闻声音，然而，万物无不以鬼神之气而生长发育。天下的人都斋戒沐浴，穿上华丽的服装，以敬奉祭祀它们。浩浩荡荡啊，鬼神仿佛悠闲地漂浮在人群的上空，又好像充溢在人们的身旁。《诗经》说：'鬼神的来临啊，不可揣度啊，怎么能对他们懈怠不敬呢？'鬼神的行迹本来就是隐匿的，但是其功德却真实而不可遮蔽，的确如此啊！"

第十七章 知天

【原文】

子曰："舜其大孝也与！德为圣人，尊为天子，富有四海之内。宗庙飨之^①，子孙保之^②。故大德必得其位，必得其禄，必得其名，必得其寿^③。故天之生物，必因其材而笃焉^④。故栽者培之，倾者覆之^⑤。《诗》曰^⑥：'嘉乐君子，宪宪令德^⑦。宜民宜人，受禄于天。保佑命之，自天申之^⑧。'故大德者必受命。"

【注释】

①飨（xiǎng）：用酒食祭祀。
②保：保住。
③位：地位。禄：财富。名：名声。
④材：指事物的本质。笃：厚待，这里指培养。
⑤栽者：指能够成材的人。培：培养。覆：打败。
⑥《诗》曰：本诗出自《诗经·大雅·嘉乐》篇。
⑦宪宪：显著，光明。《诗经》中为"显显"。
⑧申：重申，说明。

【译文】

孔子说："舜是多么孝顺啊！讲德行他是圣人，讲尊贵他是天子。他资财显赫，拥有天下的财富。宗庙祭祀他，子孙保住他的基业。所以有了圣人的德行，一定会得到与之相匹配的地位，一定会得到应得的财富，一定会得到应得的名声，也一定会长命百岁。所以天生万物，必定依照各自材质而诚实对待。所以，可以栽植的树木，就细心培养它；将要倾倒的树木，就趁势摧败它。《诗经·大雅·嘉乐》中说：'高尚安乐的君子啊，他的德行光明显耀。他能够和顺地待周围的人，所以能够接受上天所赐予的富禄。上天会保佑他，给他重大的使命，生生不息，代代相传。'所以大德之人必能秉受天命。"

第十八章　齐家

【原文】

子曰："无忧者其惟文王乎①！以王季为父②，以武王为子③，父作之，子述之④。武王缵大王、王季、文王之绪⑤。壹戎衣而有天下⑥，身不失天下之显名，尊为天子，富有四海之内。宗庙飨之，子孙保之。武王末受命，周公成文武之德⑦，追王大王、王季⑧，上祀先公以天子之礼⑨。斯礼也⑩，达乎诸侯大夫，及士庶人⑪。父为大夫，子为士，葬以大夫，祭以士。父为士，子为大夫，葬以士，祭以大夫。期之丧⑫，达乎大夫。三年之丧，达乎天子。父母之丧，无贵贱一也。"

【注释】

①文王：指周文王，姓姬名昌，商末周的领袖，武王灭纣后追封他为文王。

②王季：姓姬名季历，文王之父。武王灭纣后追封他为王季。

③武王：周武王姬发，文王之子，打败商纣灭商后建立周朝。

④作：开创。述：继承。

⑤缵（zuǎn）：继承。大王：即太王，本名古公亶父，王季之父。绪：事业。

⑥壹戎衣：穿上铠甲（讨伐商纣），意为消灭商朝。

⑦周公：周公姬旦，武王之弟，帮助年幼的成王管理朝政。周公平定了内部和外族的叛乱，还大规模地分封诸侯，制作礼乐，建立典章制度。

⑧追王（wàng）：给先辈们追加王号。

⑨先公：周在取得天下以前的历代祖先。

⑩斯礼：这种礼制。指按死者的爵位进行葬礼，按子孙的爵位进行祭祀的这种礼制。

⑪及：推及。士：商、西周、春秋时期，级别最低的贵族阶层。庶人：西周以后对农业生产者的称呼。

⑫期（jī）之丧：守丧一周年。

【译文】

　　孔子说："没有忧愁的人，恐怕只有周文王了！他的父亲王季贤明通达，他的儿子武王圣明光耀，父亲开创基业，儿子能够继承发扬。武王继承太王、王季、文王的事业，消灭商朝，赢得天下。他自己并不因为讨伐商纣而失去光明显耀的忠诚的名声。他贵为天子，拥有天下的财富。宗庙里祭祀他，儿孙们继承他的事业。武王接受天命成为天子，但是没有完成文王未竟的事业。于是周公继承先辈的事业，发展文王、武王美德，追封古公为太王、季公为王季，追溯到各位先祖，都用天子的礼节来祭祀他们。这种礼制，上至诸侯大夫，下至士人、庶人，都可以使用。按照这种礼制，如果父亲是大夫，儿子为士，那么父亲死后，用大夫的礼节来举行葬礼，用士的礼节来祭祀；如果父亲为士，儿子为大夫，父亲死后用士礼安葬，用大夫的礼节祭祀。一周年的守丧礼制，一直到大夫都可以使用；服丧三年的丧制，从庶一直通行到天子，因为无论贵贱，为父母守丧的期限都是一样的。"

第十九章　齐家

【原文】

　　子曰："武王、周公，其达孝矣乎！夫孝者：善继人之志，善述人之事者也①。春秋修其祖庙，陈其宗器②，设其裳衣，荐其时食。宗庙之礼，所以序昭穆也③；序爵④，所以辨贵贱也；序事⑤，所以辨贤也。旅酬下为上⑥，所以逮贱也。燕毛，所以序齿也⑦。践其位⑧，行其礼，奏其乐，敬其所尊，爱其所亲，事死如事生，事亡如事存，孝之至也。郊社之礼⑨，所以事上帝也。宗庙之礼，所以祀乎其先也。明乎郊社之礼、禘尝之义⑩，治国其如示诸掌乎⑪！"

【注释】

　　①人：指先人。述：继承。
　　②宗器：古代宗庙祭祀时所用的器物。

③序昭穆：宗庙中供奉祖先灵位，始祖居正中，二世、四世、六世祖居于左侧，称昭位；三世、五世、七世祖居于右侧，称穆位，以此类推昭穆相承，以为次序。

④序爵：按爵位等级排列顺序。

⑤序事：按具体职务排列顺序。事，职务。

⑥旅酬：古代祭祀完毕要举行宴会，来酬谢宾客，宾客也要依次酬答。旅，众人。酬，给客人敬酒。

⑦燕毛：宴会时按毛发的颜色确定次序。燕，同"宴"。序齿：用以确定长幼次序。

⑧践：登上。

⑨郊社：都是祭祀的礼节。周代在冬至的时候，在南郊举行祭天的仪式，称之为"郊"；夏至的时候，在北郊举行祭地的仪式，称之为"社"。

⑩禘（dì）：帝王在宗庙中祭祀祖先，五年一次，极为隆重。尝：每年秋天举行的祭祀，用新谷物进献祖先。

⑪示诸掌：在手掌上看某一件事，形容非常清楚明白。

【译文】

孔子说："武王、周公大概是最通达孝顺的人吧！孝，就是善于继承先人的遗志，善于继承先人的事业。在春夏秋冬各个季节中都打扫祖庙，陈列出那些祭祀用的器物，摆出祖先遗留下来的衣服，进献应时的食品。在宗庙里进行祭祀的礼节是用来区分左昭右穆的顺序的；按爵位来排列顺序是用来区分富贵与贫贱；按职务来排列顺序是用来区别贤明与不贤明。祭祀完毕举行宴会，在下位的向在上位的举杯劝酒，这是为了使地位低的人能够有机会表现礼仪。大家到私室饮酒，就按头发黑白来确定座位的上下，以表示尊敬年长的人。供奉好祖先的牌位，举行祭祀的礼节，演奏先王制定的音乐，尊敬先王所尊敬的祖先，爱护先王所爱护的臣子百姓。侍奉死去的祖先，就好像他们还活着一样；侍奉死去的祖先，就好像他们还存在于这个世界上一样。这就是孝的最高境界。祭祀天地的礼节是用来侍奉上帝的。在宗庙里进行祭祀，是用来祭祀祖先的。明白祭祀天地原礼节、祭祀先祖的意义，那么治理国家就如同观看掌中之物一样的清楚简易。"

第二十章　治国

【原文】

　　哀公问政①。子曰："文武之政②，布在方策。其人存，则其政举；其人亡，则其政息。人道敏政，地道敏树③。夫政也者，蒲卢也④。故为政在人，取人以身，修身以道，修道以仁。仁者，人也，亲亲为大⑤；义者，宜也，尊贤为大。亲亲之杀⑥，尊贤之等，礼所生也。在下位不获乎上，民不可得而治矣⑦！故君子不可以不修身；思修身，不可以不事亲；思事亲，不可以不知人⑧；思知人，不可以不知天。"

【注释】

　　①哀公：鲁哀公，姓姬，名蒋，春秋时期鲁国国君。

　　②文武：指周文王、周武王。

　　③人道：指为政之道。敏：勤勉，或解释为迅速。地道：指种植之道。

　　④蒲卢：即蒲苇，是一种易生长的草本植物。

　　⑤亲亲：亲爱亲属。第一个"亲"为动词，是亲爱之意，第二个"亲"为名词，是亲属之意。

　　⑥杀（shài）：减少，降低。儒家主张仁爱，提倡亲疏有别。

　　⑦在下位不获乎上，民不可得而治矣：这两句话，郑玄和朱熹都认为是衍文，应删去。

　　⑧知人：了解人情。

【译文】

　　鲁哀公向孔子询问为政的方法。孔子说："周文王、周武王的政治措施是最完备的，都写在古代典籍里了。这样的贤人在世，那政法就能实行。如果推行这些政治措施的文王、武王以及他们的臣民都不存在了，那么这些政治措施就要停息了。人的性能可以勉力推行政法，地的性能可以勉力生长草木。这国政犹如蒲苇一般，具备一定的人才才能有成效。所以，为政的根本在于得到贤臣，得到贤臣的关键在于君主自身，努力提高个人修养的关键在于遵循大道，遵循大道的关键在于达到仁爱的标准。仁爱是人的本性，而亲爱自己的亲属是最大的仁爱；有仁爱就应该有道义，而尊重贤人是最大的道义。亲爱自己的亲属要分清远近差别，尊重贤人要区分等级差别，这就是礼节产生的原因。所以君子不可以不努力提高自身修养；提高自身修养不可以不敬奉双亲；敬奉双亲不可以不了解人的本性；了解人的本性不可以不了解天理。"

【原文】

天下之达道五^①，所以行之者三。曰：君臣也，父子也，夫妇也，昆弟也^②，朋友之交也，五者天下之达道也。知、仁、勇三者，天下之达德也，所以行之者一也^③。或生而知之，或学而知之^④，或困而知之^⑤，及其知之一也。或安而行之^⑥，或利而行之，或勉强而行之^⑦，及其成功一也。子曰："好学近乎知，力行近乎仁^⑧，知耻近乎勇。"知斯三者，则知所以修身；知所以修身，则知所以治人；知所以治人，则知所以治天下国家矣。

【注释】

①达道：古往今来天下所共行的大道。

②昆弟：兄弟。

③达德：天下人都有的美德。一：指专一、诚实，是《中庸》提倡的美德。

④学：博闻强记。

⑤困：苦苦思索。

⑥安：从容、顺利、安然自得。

⑦勉强：力量不够而强求。

⑧力行：发愤用功。

【译文】

古往今来天下共通的大道理有五项，用来实行这五项大道理的办法有三种。君臣有义，父子有亲，夫妇有别，长幼有序，朋友有信，这五项就是天下共行的大道理。智慧、仁义、勇敢是天下人共有的美德，具备了这些美德进而能够达到那五项大道理的关键在于一个"诚"字。有的人天性聪明，不用思虑就能明白这些大道理；有的人博闻强记，发愤学习也能明白这些大道理；有些人天性愚笨，但通达，苦心思索也能明白这些大道理。虽然他们天分不同，但他们最终都明白了这些大道理，在本质上就是一致的了。有的人心安理得去做，有的人为了名利去做，有的人勉力去做。虽然他们推行大道理时各有难易，但等到他们成功地推行大道理了，他们在本质上就是一致的了。孔子说："爱好学习，就接近聪明了；发愤用功，就接近仁义了；懂得羞耻，就接近勇敢了。"理解了这三句话，就知道修身的道理了；知道了修身的道理，就知道治理百姓的道理了；通晓治理百姓的道理，就知道治理天下的道理了。

【原文】

凡为天下国家有九经①，曰：修身也，尊贤也，亲亲也，敬大臣也，体群臣也②，子庶民也③，来百工也，柔远人也④，怀诸侯也⑤。修身则道立，尊贤则不惑，亲亲则诸父昆弟不怨，敬大臣则不眩，体群臣则士之报礼重，子庶民则百姓劝⑥，来百工则财用足，柔远人则四方归之，怀诸侯则天下畏之。齐明盛服⑦，非礼不动，所以修身也；去谗远色，贱货而贵德⑧，所以劝贤也；尊其位，重其禄，同其好恶，所以劝亲亲也；官盛任使⑨，所以劝大臣也；忠信重禄，所以劝士也；时使薄敛⑩，所以劝百姓也；日省月试⑪，既禀称事⑫，所以劝百工也；送往迎来，嘉善而矜不能⑬，所以柔远人也；继绝世⑭，举废国⑮，治乱持危⑯，朝聘以时，厚往而薄来⑰，所以怀诸侯也。凡为天下国家有九经，所以行之者一也⑱。

【注释】

①为：治理。经：不可变的定理、原则、规定。

②体：体察、体恤。

③子：即以民为子，可解释为爱护。

④柔：爱恤，安抚。

⑤怀：抚恤保护。

⑥劝：勉励，鼓励。

⑦齐（zhāi）明：内心虔诚、专一。齐，通"斋"，斋戒。明，洁净无蔽。

⑧贱货：轻视财物。贱，轻视。贵德：看重有德之人。贵，看重，重视。

⑨官盛任使：多设小官，供大臣任用、命令。盛，多。

⑩时使：按季节时令来役使百姓，即在农事轻闲的时候让百姓服公役，意思是爱惜民力。薄敛：减轻赋税。

⑪省：考察。试：考验。

⑫既：肉食。禀：粮米。既禀称事：按做事的多少发放肉食、粮米。

⑬嘉：奖励。善：有才能。矜：宽容，体恤。不能：才能不周全的人。

⑭绝世：有爵位封地，但却没有子孙的贵族。

⑮废国：子孙尚在，但却丧失了土地的国家，即已被消灭的国家。

⑯治乱：平定祸乱。持危：扶持倾败。

⑰厚往而薄来：送去的礼物丰厚，接受的贡物微薄。

⑱一：指"诚"。精诚不欺是《中庸》特别倡导的道德。

【译文】

治理国家有九条恒定的法则，就是：修养自身，尊重贤人，亲爱亲人，尊敬大臣，体恤群臣，爱护百姓，招雇百工，优抚边远异族，安抚诸侯。修养自身，就能树立典范；尊重贤人，做事就不会疑惑了；亲爱亲人，就能使家族内部相亲相爱；敬重大臣，做事就不会紊乱；体恤其他臣民，他们就会因为承受了恩泽而多多回报；爱护百姓，百姓就会努力劳动；招雇百工，就能使财货充足丰富；优抚边远异族，四方的百姓就会归附；安好抚诸侯，天下就会敬畏。内心虔诚专一，服饰整齐庄重，不做不合礼仪的事，这就是用来提高修养的方法；驱逐小人，远离女色，轻视财物，重视贤德之人，这就是用来尊崇贤人的方法；提高他们的爵位，增加他们的俸禄，和他们有一致的爱好与厌恶，这就是用来亲爱亲人的方法；多设属官以供大臣们任用，这就是用来鼓励大臣的方法；讲究忠诚信义，给予丰厚的俸禄，这就是用来鼓励士人的方法；爱惜民力，按季节役使百姓，减轻赋税，这就是用来鼓励百姓的方法；每天考察，每月考验，按他们做事的多少来发放肉食、粮米，这就是用来鼓励各种工匠的方法；盛情相迎，热情相送，奖励有才的人，宽容才能不足的人，这是用来优抚边远异族的方法；没有子孙的诸侯贵族，取旁枝的人使他们延续下去，已灭亡的国家，封给土地使它再次振兴，平定祸乱，扶持倾败，定期朝见，互派使者，赠送礼物丰厚，收取贡物微薄，这是用来安抚诸侯的方法。总之，治理国家的纲要有九条，用来实施这九条定理的只在于一个"诚"字。

【原文】

凡事豫则立①，不豫则废②。言前定则不跲③，事前定则不困④，行前定则不疚，道前定则不穷。在下位不获乎上⑤，民不可得而治矣；获乎上有道：不信乎朋友，不获乎上矣；信乎朋友有道：不顺乎亲⑥，不信乎朋友矣；顺乎亲有道：反诸身不诚，不顺乎亲矣；诚身有道⑦：不明乎善，不诚乎身矣。诚者，天之道也；诚之者，人之道也。诚者，不勉而中⑧，不思而得⑨，从容中道，圣人也。诚之者，择善而固执之者也⑩。

【注释】

①豫：通"豫"，事先有准备。则：就。立：成功。

②废：失败。

③跲（jiá）：绊倒。

④困：屈而不通，即不通顺。

⑤获乎上：获得君主的信任。

⑥顺乎亲：得到父母的欢心。

⑦诚身：使自己内心诚实、善良。

⑧不勉：不需勉强。中：合乎自然。

⑨思：思虑。得：得其道，即获得自然的道理。

⑩固执：坚守不渝。

【译文】

凡事预先做好准备就会成功，不做准备就会废止。说话，要先想好说什么就不会语言不畅；做事，要事先想好做什么就不会困窘；推行大道，要事先想好推行什么道理就不至于悔恨；中庸之道，要事先想好目标就不会陷入困境。如果在下位的人不能获得君主的信任，就不能治理好百姓；如何取得君主的信任有一定的途径：如果不能取得朋友的信任，那就不能获得君主的信任；如何取得朋友的信任是有一定的方法的：如果得不到父母的欢心，就不能获得朋友的信任；如何取得父母的欢心是有一定的方法的：如果反过来看自己不能至诚，那就不能获得父母的欢心；如何让自身诚实是有一定的方法的：如果不明白什么是善，那就不能做到诚实。诚实，是上天最初赋予人的本性。用心使自己做到诚实是人的本性。天生至诚的人不需勉强就能合乎中和之道，不用思虑就能获得自然的道理，举止从容合乎中庸，这种人就是圣人。至于一般学习诚的人，就要选择善道并能坚守不渝。

【原文】

博学之，审问之，慎思之，明辨之，笃行之①。有弗学，学之弗能弗措也；有弗问，问之弗知弗措也；有弗思，思之弗得弗措也②；有弗辨，辨之弗明弗措也③；有弗行，行之弗笃弗措也。人一能之，己百之，人十能之，己千之。果能此道矣，虽愚必明，虽柔必强。

【注释】

①学、问、思、辨、行：这就是"诚之者"的具体途径。博：广博。审：详细探究。笃：笃实。
②得：融会贯通，有所收获。
③明：分析清楚、明白。

【译文】

这种人要广博地学习，详细地探究，谨慎地思考，清楚地分辨，要老实地施行。有些知识不学则已，学习不见成效就不能放下。如果没有询问过的，问了还不了解，那就不要停止询问。如果没有思虑过的，思考了仍旧没有收获，那就不要停止思虑。如果没有分辨清楚的，仔细分辨仍旧不能明白，那就不要停止分辨。如果有未施行的，努力去做仍旧不踏实，那就不要停止施行。别人做一次就能做到的，自己做上百次；别人做十次就能做到的，自己就上千次地去做。如果真能按这个方法去做，即使愚笨的人也能变得聪明，即使柔弱的人也能变得刚强。

第二十一章　知性

【原文】

自诚明①，谓之性；自明诚，谓之教②。诚则明矣③，明则诚矣。

【注释】

①自诚明：指明白道理。自，由。

②自明诚，谓之教：朱熹注云："先明乎善，而后能实其善者，贤人之学。由教而入者，人道也。"

③则：即。

【译文】

由内心真诚而明达事理，叫做天性；由明达事理而使内心真诚，叫做教化。内心真诚就能够明白道理，明白道理就能够变得真诚。

第二十二章　诚意

【原文】

惟天下至诚，为能尽其性①；能尽其性，则能尽人之性；能尽人之性，则能尽物之性；能尽物之性，则可以赞天地之化育②；可以赞天地之化育，则可以与天地参矣③。

【注释】

①"惟天下"句：惟，只有。尽其性，充分发挥人的本性。

②赞：辅助。

③与天地参：与天地并立。

【译文】

只有天下至诚之人，才能最大限度地发挥自己的天赋；能最大限度发挥自己的天赋，才能最大限度地发挥其他人的天赋；能最大限度发挥其他人的天赋，才能充分发挥万事万物的天赋；能充分发挥万事万物的天赋，就能够协助天地化育万物，能够与天地并立为三了。

第二十三章　诚意

【原文】

其次致曲①，曲能有诚，诚则形②，形则著，著则明，明则动③，动则变④，变则化，唯天下至诚为能化。

【注释】

①其次致曲：其次，指次于圣人一等，这里说的是贤人。致，推致。曲，细微之事。
②形：积于中而发于外。
③动：朱熹注："动者，诚能动物。"
④变：变革人心。

【译文】

那些次于圣人的贤人，能够推致局部事理，即从具体的小事情做起，最后达到诚。通过小事而达到诚，真诚就会显现出来，显现出来就会逐渐显著，渐渐显著就会彰显，彰显就会导致感动，感动就会转变，转变就能教化万物，天下惟有至诚才能教化万物。

第二十四章　治国

【原文】

至诚之道，可以前知①。国家将兴，必有祯祥②；国家将亡，必有妖孽③。见乎蓍龟④，动乎四体⑤。祸福将至：善，必先知之；不善，必先知之。故至诚如神。

【注释】

①前知：预先知道。

②祯祥：吉祥的征兆。

③妖孽：古代称生物反常的现象。草木之类称妖，虫豸之类称孽，也比喻邪恶的事或人。

④见乎蓍龟：见（xiàn），呈现。蓍（shí），一种高二三尺的草，古人用此筮吉凶。

⑤动乎四体：从四肢的举动上看出来。

【译文】

掌握至诚之道，就可以预知未来，国家即将兴盛，一定有吉祥的征兆；国家将要灭亡，一定有灾祸邪异。在蓍龟中可以反映，在手脚动作中也会体现出来。祸福即将到来的时候，福，一定能预知，祸，也一定能事先知晓。所以最高的真诚如同神明一般微妙。

第二十五章　诚意

【原文】

诚者，自成也，而道，自道也①。诚者，物之终始，不诚无物。是故君子诚之为贵。诚者，非自成己而已②也，所以成物也。成己，仁也；成物，知也。性之德也③，合外内之道也，故时措④之宜也。

【注释】

①自道：引导自己。道（dǎo），引导。

②已：中止，停止。

③性之德也：表现出天生的德性。

④措：用，实施。

诚是自我完善的，而道是自己引导自己的。诚，贯通事物的始终，没有诚就没有万物，因此君子以守诚为贵。至诚之人不仅仅是成就自己，还要成就万物。成全自己就是仁；成全他人是智。这是出于本性的道德，是融合自身和外物的准则，因此随时施行都是适宜的。

第二十六章　博学

【原文】

故至诚无息①。不息则久，久则征②，征则悠远，悠远则博厚，博厚则高明。博厚，所以载物也；高明，所以覆物也；悠久，所以成物也。博厚配地③，高明配天，悠久无疆。如此者，不见而章④，不动而变，无为而成。

天地之道，可一言而尽也⑤：其为物不贰⑥，则其生物不测。天地之道：博也，厚也，高也，明也，悠也，久也。今夫天，斯昭昭之多⑦，及其无穷也，日月星辰系焉，万物覆焉。今夫地，一撮土之多⑧，及其广厚，载华岳而不重⑨，振河海而不泄，万物载焉。今夫山，一卷石之多⑩，及其广大，草木生之，禽兽居之，宝藏兴焉。今夫水，一勺之多，及其不测，鼋鼍⑪、蛟龙⑫、鱼鳖生焉，货财殖焉。

《诗》云："维天之命，於穆不已⑬！"盖曰天之所以为天也。"於乎不显！文王之德之纯⑭！"盖曰文王之所以为文也，纯亦不已。

【注释】

①息：止息，停止。

②征：证验，效验。

③配地：与地有同等功效。

④见：同"现"，表现。章：同"彰"，显现，彰明。

⑤一言：一，指"诚"字。

⑥不贰：无二心。

⑦斯昭昭之多：天由小小的明亮积累而成。

⑧一撮土：指人们立足只是一撮土。撮（cuō），少。

⑨华岳：古又称"西岳"，在陕西省东部，有壁立千仞之势。

⑩一卷石：拳头大小的石块。卷（quán），通"拳"。

⑪鼋鼍：鼋（yuán），亦称绿团鱼，背甲近圆形，暗绿色。鼍（tuó），即扬子鳄。

⑫蛟龙：古代传说中能吐水的一种龙。

⑬"《诗》云"句：见《诗经·周颂·维天之命》篇，於（wū），叹词。穆，深远。天道深远，不可穷究。

⑭"於尽"句：这句话的意思是多么光明啊，文王道德的纯净！不显，岂不显著！纯，纯一不杂。

【译文】

所以，至诚是永不停息的，不停息就能保持长久，保持长久就会显露出来，显露出来就可悠长久远，悠久无穷就会广博深厚，广博深厚就会高大光明。广博深厚用以承载万物，高大光明用以覆盖万物，悠远用以成就万物。广博深厚与地相匹配，高大光明与天相匹配，悠远而无边无际。这样，不显现却自然彰明，不行动却能感人化物，无所为而自然功成。天地的道理可用一句话概括：它自身真诚不二，化生万物的秘密深奥难测。天地的道理就在于广博、深厚、高大、光明、悠远、永久。现在看到的天，它从一点小小光明，长成无边无际的宇宙，日月星辰悬系在上面，世间万物都被它覆盖着。现在看到的地，它从一小撮土那么大，生成广博深厚的大地，负载华山也不觉沉重，汇聚河海而不泄漏，世间万物都被它自己承载着。现在看到的山，它从一小块石头那么大，生成广阔高峻的山，草木花卉生长在上面，飞禽走兽居住在上面，丰富的宝藏从里面开发出来。现在看到的水，它从一小勺那么多，聚积成深广难测的大水，鼋、鼍、鲛、鳖生活在里面，各种物产资财也从中繁殖出来。

《诗》说："上天的道理啊，深远无穷！"这里说的大概就是天之所以为天的道理。"呜呼，这难道不光明吗？周文王的德性多么盛大纯洁！"这大概是说周文王之所以被尊谥为"文"就是国在为他盛大纯洁的品德像天一样运行不止。

第二十七章　修身

【原文】

大哉圣人之道！洋洋乎^①！发育万物，峻极于天。优优大哉^②！礼仪三百，威仪三千^③。待其人而后行^④。故曰：苟不至德，至道不凝焉^⑤。故君子尊德性而道问学^⑥，致广大而尽精微，极高明而道中庸。温故而知新，敦厚以崇礼^⑦。

是故居上不骄，为下不倍^⑧，国有道其言足以兴^⑨，国无道其默足以容。《诗》曰："既明且哲，以保其身^⑩。"其此之谓与！

【注释】

①洋洋：浩浩荡荡，充沛、丰富的样子。

②优优：充足有余。

③礼仪三百，威仪三千：礼仪，周朝所定的大仪节，又称经礼。威仪，周朝所定的小仪节，又称曲礼。三百，三千，概数，不确指，是指条数之多。

④其人：指圣贤之人。

⑤凝：凝聚、集中，引申为成功之意。

⑥尊德生而道问学：尊，恭敬奉持之意。尊德性，朱熹言："所以存心而极乎道体之大也。"道（dǎo），由，从。朱熹言："所以致知而尽乎道体之细也。"

⑦敦厚以崇礼：尊重厚道，崇高礼仪。敦，加厚。

⑧倍：悖逆。

⑨其言足以兴：他的话足以振兴国家。

⑩"《诗》曰"句：见《诗经·大雅·烝民》篇。既明白时势，又洞察是非，保全身体性命。

【译文】

伟大啊，圣人的道理！浩无边际，化育万物，与天一样崇高。充裕而广大啊，三百条礼仪，三千条威仪，这些都有待圣人出现后来实施。

因此说："假如说不具备最高德行，那伟大的道理就不能凝聚成形，所以君子尊崇德性，而通过善学好问，既能达到宽广博大的宏观境界，又能深入到精细详尽的微观境界；既能达到高明的极致，又能遵循中庸之道。温习已经知道的道理，从而探究对事理新的认识，为人朴实厚道而崇高礼仪。因此君子身处上位而不骄傲，身处下位而不悖逆。国家政治清明时，他积极的言论足以振兴国家，国家政治黑暗时，他就沉默不语以容身自保。"《诗经》说："既明智又通达事理，可以保全性命。"大概说的就是这个意思。

第二十八章　明道

【原文】

子曰："愚而好自用[1]，贱而好自专[2]，生乎今之世，反古之道[3]。如此者，灾及其身者也。"

非天子，不议礼[4]，不制度[5]，不考文[6]。今天下车同轨，书同文，行同伦[7]。虽有其位，苟无其德，不敢作礼乐焉；虽有其德，苟无其位，亦不敢作礼乐焉。

子曰："吾说夏礼[8]，杞不足征也；吾学殷礼，有宋存焉；吾学周礼，今用之，吾从周。"

【注释】

①愚而好自用：刚愎自用。好（hào），喜爱。自用，自以为是。

②自专：独断专行，不肯听别人的意见和指导。

③反：同"返"，引申为恢复。

④不议礼：不议论更改礼节，指不修订礼仪。

⑤制度：创立法度。制，制定。度，法度。

⑥考文：考订规范文字。

⑦"今天下"句："车同轨，书同文，行同伦"是说秦始皇统一六国以后的情况，说明《中庸》某些内容为秦或秦以后儒者所增补。

⑧吾说夏礼：说，同"悦"，喜欢。夏礼，夏朝之礼制。

【译文】

孔子说："愚昧却喜欢自以为是，卑贱却喜欢独断专行，生活在当今社会却偏要去恢复古代的制度，这样做，灾祸一定会降临到他身上。"

不是天子不议定礼制，不创制法度，不考订规范文字。如今天下的车辙轨迹相同，书写的文字相同，伦理道德标准相同。即使有天子的地位，倘若没有圣人的德行，还是不敢制作礼乐制度；即使有圣人的德行，倘若没有天子的地位，也还是不敢制作礼乐制度。

孔子说："我解说夏代的礼法，但由于它的后代已经衰败，现在只有一个杞国存在，所以不足以验证。我学习殷代的礼法，现在只有它的后代宋国保持着。我学习周代的礼法，现今正实行着它，所以，我遵从周代的礼法。"

第二十九章　明辨

【原文】

王天下有三重焉①，其寡过矣乎②！上焉者，虽善无征，无征不信，不信民弗从；下焉者，虽善不尊，不尊不信，不信民弗从。故君子之道，本诸身③，征诸庶民④，考诸三王而不缪，建诸天地而不悖⑤，质诸鬼神而无疑，百世以俟圣人而不惑⑥。质诸鬼神而无疑，知天也；百世以俟圣人而不惑，知人也。是故君子动而世为天下道⑦，行而世为天下法，言而世为天下则。远之则有望⑧，近之则不厌。《诗》曰⑨："在彼无恶，在此无射⑩；庶几夙夜，以永终誉！"君子未有不如此而蚤有誉于天下者也⑪。

【注释】

①王（wàng）天下：统治天下。王，称王、统治，为动词。三重：三项极为重大的事情，就是指前文所提到的"议礼、制度、考文"。
②过：过失。

③本诸身：是指从自身的修养品德做起。本，根本。身，自身。

④征：考证、验证。

⑤建诸天地：建立在天地自然的道理中。悖：违背、背离。

⑥百世：指很多年，百不是确数，是用来表示"多"的。俟：等待。不惑：不疑惑。

⑦动：语言行为。

⑧有望：有仰慕之心。

⑨《诗》：指《诗经·周颂·振鹭》篇。

⑩彼：指本国。此：指周朝。射（yì）：厌恨。

⑪蚤：通"早"。

【译文】

想要称王，统治天下有三件大事要做："议礼、制度、考文。"如果都能做到，大概可以减少过失了。前代圣王制定的礼制虽然很美好，但是已经得不到验证；得不到验证，百姓就不会相信，百姓不相信就不会顺从。不在天子之位的圣人，制定的礼制虽然很美好，但自己没有尊贵的地位；自己的地位不尊贵就不能使百姓相信，百姓不相信就不会顺从。所以，统治天下的君子要想做好"仪礼、制度、考文"三项大事，必须在根本上从自身的修养品德做起，从百姓那里得到验证，并用夏禹、商汤、周文王三位圣王的礼仪制度来考察自己，以求不犯过错，在天地间加以实施以求没有违背客观规律，询问鬼神而没有疑惑，等到许多代以后的圣人来验证时仍然没有疑惑。如果能够这样，那么君子就能做好大事了。询问鬼神而没有疑惑，这是知晓天理；等到许多代以后的圣人来验证仍然没有疑惑，这是知晓人理。因此，君子的言行能够世世代代作为天下的法则，君子的行动能够成为世世代代天下通行的楷模，君子的言谈能够成为世世代代天下通行的准则。远离君子的人仰慕他的言行，靠近君子的人模仿他的言行，丝毫没有厌倦之意。《诗经·周颂·振鹭》中说："在自己的国里，没有人厌恶他；在周的封地，没有人厌恶他。早起晚睡勤于政事，就能长久地保持美好的声誉。"身居上位的君子从没有不这样做而能及早称誉天下的。

第三十章　知法

【原文】

　　仲尼祖述尧、舜[1]，宪章文、武[2]；上律天时[3]，下袭水土[4]。辟如天地之无不持载[5]，无不覆帱[6]；辟如四时之错行[7]，如日月之代明[8]。万物并育而不相害[9]，道并行而不相悖[10]。小德川流，大德敦化[11]，此天地之所以为大也。

【注释】

　　①祖：述：继承、遵循前人的行为或学说。
　　②宪：取法、效法。章：表彰、彰明。文、武：指周文王和周武王。
　　③律：依照、遵从。
　　④袭：沿袭。
　　⑤辟：通"譬"。辟如是作比喻。持载：承载。
　　⑥覆帱（dào）：覆盖。
　　⑦错行：错综运行。
　　⑧代明：交替照明。
　　⑨并育：一起生长。不相害：互相没有妨害。
　　⑩道：天地之道，即四季更迭、日月交替之道。不相悖：各遵其位，互不违背。
　　⑪小德川流：小德就像江水，川流不息。大德敦化：大德可以敦厚化育万物。

【译文】

　　孔子以尧、舜为宗，继承他们的传统，又彰显周文王、周武王的法制典章并效法他们；他上能遵从天地自然的变化，下能沿袭水土地理环境的规律。圣人之德好比天地，没有一样不能承载，没有一个不能覆盖。就好像春夏秋冬，四季更迭运行；就好像天上日月，交替出现，照亮世界。万物共同生长发育而不互相妨害，大道在宇宙中各自遵循规律而不互相违背，小德就像江水，川流不息。大德可以敦厚化育万物，伟力无穷。这就是天地之所以大的原因。

第三十一章　修身

【原文】

唯天下至圣，为能聪明睿知^①，足以有临也^②；宽裕温柔^③，足以有容也；发强见毅，足以有执也^④；齐庄中正^⑤，足以有敬也；文理密察^⑥，足以有别也^⑦。溥博渊泉^⑧，而时出之^⑨。溥博如天，渊泉如渊^⑩。见而民莫不敬，言而民莫不信^⑪，行而民莫不说。是以声名洋溢乎中国，施及蛮貊^⑫。舟车所至，人力所通，天之所覆，地之所载，日月所照，霜露所队^⑬，凡有血气者^⑭，莫不尊亲，故曰配天。

【注释】

①睿：通达，看得深远。知：同"智"。
②临：居上位者对下叫作"临"。
③宽：广大。裕：舒徐，舒缓。温：温和。柔：柔顺。
④执：坚守。
⑤齐（zhāi）庄：恭敬庄重。
⑥文：文章。理：条理。密：详细。察：明辨。
⑦别：能够分别事理。
⑧溥（pǔ）博：充满不可量。溥，普遍。博，广博。
⑨而时出之：随时发现于外。
⑩如天：形容不可测量其高。如渊：形容不可测量其深。
⑪言：训诰，号令。信：听信。
⑫蛮貊（mò）：指边远地区的少数民族。
⑬队（zhuì）：通"坠"，坠落。
⑭血气：指人类。

【译文】

只有天下最圣明的人才能居高临下，治理百姓；才能做到宽宏舒徐，温和柔顺，能够包容天下；才能做到奋发强壮，刚健坚毅，足以操持决断国政；才能做到恭敬庄重，不偏不倚，是以敬业、敬贤；才能对文章的条理精密详察，是以辨别是非。圣人的德行就像那深深的潭水不断涌出，随时都会出现，真是妙不可言。圣人的德行广博如天，深厚如渊，他出现在人们面前，天下的人没有不敬重的；他发布号令，天下的人没有不相信的；他施行政令，天下的人没有不喜欢的。因此，他那美好的声誉流传到中原地区，甚至传播到了遥远的蛮、貊等少数民族部落。凡是舟车能够到达的地方，人力所通行的地方，上天所覆盖的地方，日月能够照耀的地方，风霜雨露所降临的地方，凡是有血脉气息的人，没有不尊重他、亲近他的。圣人之德真是可以与上天匹配啊！

第三十二章　诚意

【原文】

唯天下至诚，为能经纶天下之大经^①，立天下之大本，知天地之化育^②。夫焉有所倚？肫肫其仁^③！渊渊其渊^④！浩浩其天^⑤！苟不固聪明圣知达天德者，其孰能知之？

【注释】

①经纶：本为织丝的名词，这里引申为创制。大经：大纲、法规。
②化：从有到无叫作化。育：从无到有叫做育。
③肫肫（zhūn zhūn）：诚挚深厚的样子。
④渊渊：深厚静穆的样子。
⑤浩浩：广大的样子。

【译文】

只有天下最诚实的人，才能够创制天下最根本的法规，确立天下的根本大德，知晓天地变化孕育万物的道理。这除了诚，还需要什么倚靠啊？他的仁德诚挚！他的表现像潭水一样静穆深沉！他的胸怀像苍天一样多么广阔博大！如果不是本来就聪明智慧、通晓天赋美德的圣贤，又有谁能明白这一切呢？

第三十三章　正心

【原文】

《诗》曰①："衣锦尚䌹。"恶其文之著也。故君子之道，暗然而日章②；小人之道，的然而日亡③。君子之道，淡而不厌④，简而文⑤，温而理⑥，知远之近⑦，知风之自，知微之显，可与入德矣⑧。《诗》云⑨："潜虽伏矣⑩，亦孔之昭⑪！"故君子内省不疚⑫，无恶于志⑬。君子之所不可及者，其唯人之所不见乎！《诗》云⑭："相在尔室，尚不愧于屋漏⑮。"故君子不动而敬，不言而信。《诗》曰⑯："奏假无言⑰，时靡有争。"是故君子不赏而民劝⑱，不怒而民威于铁钺⑲。《诗》曰⑳："不显惟德，百辟其刑之㉑。"是故君子笃恭而天下平。《诗》云㉒："予怀明德，不大声以色㉓。"子曰："声色之于化民，末也㉔。"《诗》曰㉕："德如辋毛㉖。"毛犹有伦㉗。"上天之载，无声无臭㉘。"至矣！

【注释】

①《诗》：指《诗经·卫风·硕人》篇。

②暗（àn）然：暗淡，深藏不露的样子。日章：日渐彰明。章，同"彰"，彰明。

③的（dì）：鲜明耀眼。日亡：日渐消亡。

④淡：外表淡薄。不厌：很有意味。

⑤简：简朴。文：文采可观。

⑥温：温厚。理：条理分明。

⑦之：与，和。

⑧风：风气，教化。微：细微。可与：可许。

⑨《诗》：指《诗经·小雅·正月》篇。

⑩潜：幽深的地方。伏：隐藏不露。

⑪孔：甚，很。昭：显著。

⑫内省（xǐng）：经常在内心省察自己。疚：悔恨。

⑬无恶：无愧，没有惭愧。志：心。

⑭《诗》：指《诗经·大雅·抑》篇。

⑮不愧：没有惭愧。屋漏：此指最隐蔽的地方，屋漏是指房间的西北角，因往往在那里开天窗引进光线，故称屋漏。

⑯《诗》：指《诗经·商颂·烈祖》篇。

⑰奏假：诚实恭敬，以祭祀祖先神灵。奏，进。假，感动。无言：默默无声。

⑱不赏而民劝：不需赏赐就能使人民勉力为善。

⑲威：害怕。铁（fū）钺：古代杀人用的刑具。这里引申为刑罚的意思。

⑳《诗》：指《诗经·周颂·烈文》篇。

㉑不（pī）显：光明盛大的意思。不，通丕。百辟：众诸侯。刑：同"型"，效法。

㉒《诗》：指《诗经·大雅·皇矣》篇。

㉓不大：未尝。以：与。色：严厉的脸色。

㉔声色：厉声厉色。声，号令。色，容貌。末：末务，无足轻重的事务。

㉕《诗》：指《诗经·大雅·烝民》篇。

㉖德辅（yóu）如毛：指道德的感化，不着痕迹，就像轻轻的羽毛一样。辅，轻。毛，羽毛。

㉗毛犹有伦：羽毛虽轻，但还是有东西可以比拟，也就是说还不足以形容"德"。

㉘上天之载，无声无臭：出自《诗经·大雅·文王》篇。

【译文】

《诗经·卫风·硕人》中说"穿上华美的衣服，外面要罩上麻制的罩衣。"这是因为厌恶锦服的色彩过于显著。所以，君子的品德表面暗淡但却一天天彰明；小人的品德表面鲜明耀眼但却一天天消亡。君子的德行是这样的：清淡却很有意味，简朴却很有文采，温厚却条理分明，懂得事物由远至近的发展规律，懂得教化别人必须从自身做起，懂得事物从细微到显著的变化规律。能够做到这些，就已经进入圣人的品德境界了。《诗经·小雅·正月》中说："鱼儿潜藏在很深的水中，也能被清楚地看到。"所以君子经常省察自身，就不会做悔恨的事，也就无愧于自己的心了。君子的德行之所以远远地超过别人，就在于他能在别人看的地方仍然小心谨慎啊！《诗经·大雅·抑》中说："看你独自在室内的时候，是不是能做到无愧于心。"所以君子没行动前就会让人敬畏，没有说话就会使人信服。《诗经·商颂·烈祖》中说："诚实恭敬地祭祀祖先神灵，虽然默默无声，但内心诚实，就不会引起周围人的争执。"因此君子不需要赏赐就能使百姓相互劝勉；不需发怒，人民就会像敬畏鈇钺的杀戮一样敬畏他。《诗经·周颂·烈文》中说："大大地彰显天子的德行，各位诸侯就会效法你。"因此君子笃实恭敬，天下就会太平。《诗经·大雅·皇矣》中说："我怀念文王的美德，他从不厉声厉色。"孔子说："用厉声厉色去教化人民，是最不值得称道的办法。"《诗经·大雅·烝民》中说："道德的教化，不着痕迹，像羽毛一样轻。"羽毛虽轻，但还是有迹可寻的，还不足以形容美德。《诗经·大雅·文王》中说："上天主宰万物的事情，既没有声音，也没有气味。"这才是达到了最高的境界！

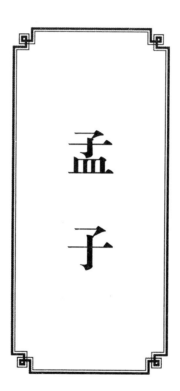

孟子

第一篇　梁惠王上

第一章

【原文】

孟子见梁惠王①。王曰："叟不远千里而来，亦将有以利吾国乎？"

孟子对曰："王何必曰利？亦有仁义而已矣。王曰'何以利吾国？'大夫曰'何以利吾家②？'士、庶人曰'何以利吾身？'上下交征利而国危矣。万乘③之国，弑其君者，必千乘之家；千乘之国，弑其君者，必百乘之家。万取千焉，千取百焉，不为不多矣。苟为后义而先利，不夺不餍④。未有仁而遗其亲者也，未有义而后其君者也。王亦曰仁义而已矣，何必曰利？"

【注释】

①梁惠王：指当时魏国国君，魏首都在大梁（今河南开封），故亦称梁国。

②家：古时国指诸侯国，即诸侯的封地；家指大夫的封地。

③万乘：一车四马为乘。古时以拥有兵车的多少来衡量一个国家的大小，万乘，即拥有兵车万辆。下文千乘、百乘类此。

④餍：满足。

【译文】

孟子谒见梁惠王，惠王对他说："老者不远千里赶来鄙国，一定会有什么对我国有利的办法吧？"

孟子回答说："大王为何一定要讲利呢？只要有仁义就行了。大王说'怎样才有利于我的国家？'大夫说'怎样才有利于我的封地？'士人和老百姓说'怎样才有利于自己？'如果上上下下都这样相互争夺私利，国家就危险了。拥有万辆兵车的国家，那杀死他们国君的，一定是拥有千辆兵车的大夫；拥有千辆兵车的国家，那杀死他们国君的，一定是拥有百辆兵车的大夫。一万辆兵车中既已占有一千辆，一千辆兵车中既已占有一百辆，这些大夫所获取的不能说是不多的了。但如果他们都先求利而后取义，那么，不把国君的权力夺去是不会达到满足。从来没有讲求仁爱而遗弃自己父母的人，也没有讲求道义而怠慢自己国君的人。所以，大王只要讲仁义就行了，为何一定要讲利呢？"

【鉴读】

本章主要讲述了"仁义"和"功利"的关系。"仁政"是孟子政治思想的核心，"仁政"学说是对孔子"仁学"思想的继承和发展。孔子的"仁"是一种含义极广的伦理道德观念，其最基本的核心就是"爱人"。孟子从孔子的"仁学"思想出发，把它扩充发展成包括思想、政治、经济、文化等各个方面的施政纲领，就是"仁政"。"仁政"的基本精神就是对人民有深切的同情和爱心。孟子认为，对一个国家来说"民为贵，社稷次之，君为轻。"

孟子非常重视人格修养，他认为人生有比生命更重要的东西，那就是"义"。为了"义"可以舍去生命，即他说的"舍生取义"，中国自古亦有"君子不言利"之说。

但于今世而言，利义之辨并非那么绝对，孟子所强调的是唯恐世人只知唯利是图而不晓世上有"仁义"二字。对待义利，应当豁达，诚如朱熹《孟子集注》中所言：君子不言利并不是完全不想利，只不过不唯利是图而已。

第二章

【原文】

孟子见梁惠王。王立于沼上，顾鸿雁麋鹿，曰："贤者亦乐此乎？"

孟子对曰："贤者而后乐此，不贤者虽有此，不乐也。《诗》[①]云：'经始灵台，经之营之，庶民攻之，不日成之。经始勿亟，庶民子来。王在灵囿，麀鹿攸伏，麀鹿濯濯，白鸟鹤鹤。王在灵沼，于牣鱼跃。'文王以民力为台为沼，而民欢乐之，谓其台曰灵台，谓其沼曰灵沼，乐其有麋鹿鱼鳖。古之人与民偕乐，故能乐也。《汤誓》[②]曰：'时日害丧，予及女[③]偕亡。'民欲与之皆亡，虽有台池鸟兽，岂能独乐哉？"

【注释】

①《诗》：我国古代第一部诗歌总集，后为儒家经典之一，亦称《诗经》。

②《汤誓》：《尚书》篇名。文中记载商汤讨伐夏桀的誓词。

③女：同汝，你。

【译文】

孟子谒见梁惠王。惠王正在池塘边上，一边左顾右看地欣赏着鸿雁麋鹿，一边说："有德行的人也喜欢享受这些作为乐趣吗？"

孟子回答说："只有先成为有德行的人，才能够享受到这种乐趣；没有德行的人，即使有这些，也是享受不到这种快乐的。《诗经》上说：'开始规划建灵台，文王经营巧安排，百姓齐心努力干，灵台落成进度快。文王诚令不着急，百姓如子自动来。文王游览灵园中，母鹿安伏深草丛，母鹿长得肥又美，白鸟洁净羽毛丰。文王游览到灵沼，满池鱼儿欢跳动。'周文王依靠百姓的劳力建筑高台深池，但百姓却很快活，把台叫做'灵台'，把池叫做'灵沼'，还为那里有种种麋鹿鱼鳖而感到高兴。古时有德行的人与百姓同乐，所以能尽情享受快乐。《汤誓》中说：'你这毒日头啊，何时才灭亡？我们忍受不了，宁可与你同灭。'像夏桀这样没有德行的人，百姓甚至要和他同归于尽，因此他即使有池台鸟兽，难道能独自享受乐趣吗？"

【鉴读】

第一章阐明了治国之道当以仁义为本，这一章则阐明了修身之道当以"与民同乐"为务。

"与民同乐"是仁义之君美好品德的外化，即以"天下为公"、"先天下之忧而忧，后天下之乐而乐"、"以天下为己任"、"循乎天理"、克制私欲、体恤民情、顺乎民心、与人民同心同德。历史上的尧、舜、禹、文王、武王、周公等皆属于此。

"与民同乐"的思想，是我国民本观念的一个反映。"民本"在中国伦理思想史上有着悠久的历史，并且被先秦时期的思想家所普遍重视。春秋时期"民本"思潮的兴起是有其时代背景的，在各诸侯国激烈的斗争中，人的重要性得到了充分的体现，各国思想家和政治家也开始认真考虑人的本质以及人在社会生活和各种纷繁复杂的关系中的地位问题，并且从社会发展的现实中很自然地提高了对于人的重要性的关注，从而推动了中国古代早期的民本主义思潮的形成。

第三章

【原文】

梁惠王曰："寡人之于国也，尽心焉耳矣。河①内凶，则移其民于河东，移其粟于河内。河东凶亦然。察邻国之政，无如寡人之用心者。邻国之民不加少，寡人之民不加多，何也？"

孟子对曰："王好战，请以战喻。填然鼓之，兵刃既接，弃甲曳兵而走，或百步而后止，或五十步而后止。以五十步笑百步，则何如？"

曰："不可。直不百步耳，是亦走也。"

曰："王如知此，则无望民之多于邻国也。不违农时，谷不可胜食也；数罟②不入洿池③，鱼鳖不可胜食也；斧斤以时入山林，材木不可胜用也。谷与鱼鳖不可胜食，材木不可胜用，是使民养生丧死无憾也。养生丧死无憾，王道之始也。五亩之宅，树之以桑，五十者可以衣帛矣；鸡豚④狗彘⑤之畜，无失其时，七十者可以食肉矣；百亩之田，勿夺其时，数口之家可以无饥矣；谨庠序⑥之教，申之以孝悌之义，颁⑦白者不负戴于道路矣。七十者衣帛食肉，黎民不饥不寒，然而不王者，未之有也。狗彘食人食而不知检，涂有饿莩⑧而不知发，人死，则曰'非我也，岁也。'是何异于刺人而杀之，曰'非我也，兵也。'王无罪岁，斯天下之民至焉。"

【注释】

①河：黄河。古时河专指黄河。
②数罟：细密的鱼网。
③洿池：水塘。
④豚：小猪。
⑤彘：猪。

⑥庠序：古代的乡学。

⑦颁：同"斑"，指头发花白。

⑧饿莩：饿死的人。

【译文】

梁惠王说："我对国家，也算尽心尽力了吧，如果河内发生饥荒，我就把那里的灾民迁移到河东，把河东的粮食调拨些到河内。若河东发生饥荒，我也照此办理。看邻国的政事，还没有见到像我一样替人民尽心尽力的。然而邻国的人口并没减少，而我的百姓也没增多，这是为何呢？"

孟子回答说："大王喜好打仗，让我用打仗作个比喻：战鼓咚咚擂响，刀枪锋芒相撞，败军士兵丢下盔甲拖着兵器临阵逃跑，有的跑了一百步停下来，有的只跑了五十步就停下了。如果因为自己只跑了五十步而嘲笑跑了一百步的人，那怎么样？"

惠王说："当然不可以，他们只不过没有跑一百步罢了，但也是逃跑呀。"

孟子说："大王倘若知道这个道理，那就不应指望您的百姓比邻国多了。只要不耽误农民耕种收获的时令，粮食就吃不完；不用细密的渔网到池塘里捕捞，鱼鳖就吃不完；砍伐林木按时节规律，木料就消耗不尽。粮食和鱼鳖吃不完，木料用不尽，这就使得老百姓养家糊口、送终葬死没有什么不满。养家糊口、送终葬死没有不满，是王道的开端。在五亩大的宅院里种上桑树，五十岁的人就可以穿上丝绸衣服了。鸡、狗、猪的饲养不要错过它们繁殖的时机，七十岁的老人就可以吃上肉了。每户给百亩耕地，不要耽误他们的农时，几口人的家庭就可以不挨饿了。精心搞好学校教育，反复讲清孝顺父母、敬爱兄长的道理，那么头发花白、上年纪的人就不至于在路上行走时背负或头顶着东西了。老年人有绸衣穿，有肉食吃，黎民百姓不挨饿受冻，做到这样的程度却还不能统一天下而称王，那是不可能发生的事。然而现在，猪狗吃了人的粮食却不知道遏制，路上有饿死的人却不知道去开仓救济，等人饿死了，还推脱说：'这不是我治理的问题，是年成的问题。'这与杀死了人却要说：'不是我杀的，是兵器杀的。'有什么区别呢？大王只要自己担起责任而不归罪于年成，这样天下的百姓就都会来归顺了。"

【鉴读】

这一章，梁惠王首先向孟子描述了他的治国办法。梁惠王关注的中心问题是，如何才能让人民归顺他。孟子认为，梁惠王的治理办法没有触及根本。

接下来，孟子因势利导，为梁惠王描绘了王道的理想蓝图。孟子认为，要称王称霸，首先必须得到民众的拥护，而做到这一点的起码条件是民生有保障，这就是文中所说的"生、老、病、死，没有缺憾，是王道的开端。"上一章告诫梁惠王要"与民同乐"，这一章则突出了"与民同忧"。只要有了"与民同忧"的思想，就会制定出一系列爱民、厚民、生民、养民、教民的优惠政策来。在这里，孟子通过阐明"与民同忧"的王道思想，提出了一系列的可持续发展的策略和保护生态平衡的方法。

孟子治国策略，对于我们今天的政治、经济、文化建设依然具有参考意义。今天，我们倡导树立人民公仆的意识、反腐倡廉、为人民办实事等，依然是在考虑如何为人民谋福利，真正做到为人民服务，与人民同忧同乐。这正是对几千年前孟子仁政惠民思想的践行。

第四章

【原文】

梁惠王曰："寡人愿安①承教。"

孟子对曰："杀人以梃②与刃，有以异乎？"

曰："无以异也。"

"以刃与政，有以异乎？"

曰："无以异也。"

曰："庖③有肥肉，厩④有肥马，民有饥色，野有饿莩，此率兽而食人也。兽相食，且人恶之⑤；为民父母，行政不免于率兽而食人，恶⑥在其为民父母也？仲尼曰：'始作俑者⑦，其无后乎！'为其象⑧人而用之也，如之何其使斯民饥而死也？"

【注释】

①安：乐意。

②梃：木棒。

③庖：厨房。

④厩：马栏。

⑤且人恶之即"人且恶之"。且，尚且。

⑥恶：疑问副词，何，怎么。

⑦俑：古代陪葬用的土偶、木偶。在用土偶、木偶陪葬之前，经历了一个用草人陪葬的阶段。草人只是略略像人形，而土偶、木偶却做得非常像活人。所以孔子深恶痛绝最初采用土偶、木偶陪葬的人。"始作俑者"就是指这最初采用土偶、木偶陪葬的人。后来这句话成为成语，指首开恶例的人。

⑧象：同"像"。

【译文】

梁惠王说："我很乐意听您的指教。"

孟子回答说："用木棒打死人和用刀子杀死人有什么不同吗？"

梁惠王说："没有什么不同。"

孟子又问："用刀子杀死人和用政治害死人有什么不同吗？"

梁惠王回答："没有什么不同。"

孟子于是说："现在的君主们，厨房里有肥嫩的肉，马房里有健壮的马，可是老百姓却面带饥色，野外还躺着饿死的人。这等于是在上位的人率领着野兽吃人啊！野兽自相残杀，人尚且厌恶它；作为老百姓的父母官，施行政治，却不免于率领野兽来吃人，那又怎么能够做老百姓的父母官呢？孔子说：'最初采用土偶木偶陪葬的人，该是会断子绝孙吧！'这不过是因为土偶木偶太像活人而用来陪葬罢了。又怎么可以使老百姓活活地饿死呢？"

【鉴读】

此章承上章而言，梁惠王听了孟子的一番话后，心有所动，要求孟子具体指出自己施政的弊病。孟子开导梁惠王除去残暴的政治，施行王道，尽心尽力爱护老百姓，尤其是设法解决老百姓的吃饭问题。为此孟子用了两个设问诱导梁惠王，在用刀剑、棍棒杀人与用政治杀人没有区别的这一点上与梁惠王达成共识之后，孟子进一步阐明了他的"去残以厚生"的爱民之道。

"仁政"、"王道"是孔子、孟子等儒家早期思想家最重要的政治思想。孔子提出了"博施于民而能济众"，"修己以安百姓"等主张，孟子继承了孔子的这一思想，把统治者自己吃着肥美的肉，养着肥硕的马，老百姓却饥寒交迫，甚至冻死、饿死的现象，形象地比喻为"率兽而食人"，因此提醒统治者要关心百姓疾苦，爱民、富民。

因此，在孔孟看来，一个统治者要实行仁政和德治，本质上就是要爱护民众，除了要满足人民的需要和使民富之外，还要关心人民的疾苦，对人民施以教化而慎用刑罚等。

第五章

【原文】

梁惠王曰："晋国①，天下莫强焉，叟之所知也。及寡人之身，东败于齐，长子死焉；西丧地于秦七百里；南辱于楚。寡人耻之，愿比死者一洒②之，如之何则可？"

孟子对曰："地方百里而可以王。王如施仁政于民，省刑罚，薄税敛，深耕易耨③。壮者以暇日修其孝悌忠信，入以事其父兄，出以事其长上，可使制梃④以挞秦楚之坚甲利兵矣。

彼夺其民时，使不得耕耨以养其父母；父母冻饿，兄弟妻子离散。彼陷溺其民，王往而征之，夫谁与王敌？故曰：'仁者无敌。'王请勿疑。"

【注释】

①晋国：这里惠王说的是魏国。魏、韩、赵原为晋国三个大夫。后来他们强大起来，共分了晋国，史称"三家分晋"，所以惠王自称晋。

②洒：同"洗"，指洗刷耻辱。

③易耨：勤于除草，比喻精心耕种。

④梃：棍棒。

【译文】

梁惠王说："魏国，天下就没有比它再强大的国家了，您是知道的。但是到了我这一代，东边被齐国击败，我的大儿子也牺牲；西边败给秦国，丧失了七百里疆土；在南边又被楚国欺辱，我为此感到羞耻，发誓要给所有的阵亡将士报仇，但怎么办才好呢？"

孟子回答说："一个国家的疆土即便只有方圆百里，照样可以取得天下。大王若对百姓施行仁政，省免刑罚，减少税收，让百姓深耕细作，及时除草；让青年人利用闲暇时间学习，培养孝敬、爱悌、忠诚、信义这些品德，在家用来侍奉父母兄长，在社会则用来尊长上级效劳，如果这样，即使让他们手拿棍棒也足以抗击身披坚实铁甲、手持锐利兵器的秦、楚军队了。

秦、楚那些国家征兵使役，有碍于百姓的农作时节，以至于百姓不能耕种土地养活自己的父母。父母饥寒交迫，兄弟、妻子、儿女离散在四方。他们使百姓陷在水深火热之中，大王若去讨伐他们，谁能与大王为敌？所以说：'奉行仁政者无敌天下。'请大王不要对此再怀疑了。"

【鉴读】

这一章孟子通过与梁惠王的对话深刻地阐明了"地方百里可以王"的理论。"地方百里可以王"的必要条件就是要"施仁政于民"。其根本措施有两条："省刑罚"和"薄税敛"。"省刑罚"就是不戕民命，老百姓就不会手足无措，因而可以心情舒畅的安定生存，这是安民、生民的政策。"薄税敛"是保民、养民的措施。实现了这两条措施，人民有了好的物质生活和精神生活，便能热爱祖国、保卫祖国。

在决定战争胜负的因素中，"人和"的作用为历代的军事家和政治家所重视。春秋战国时期，列国争霸，在频繁和激烈的诸侯混战中，民力和民心向背对于战争胜负乃至国家存亡的决定性作用日趋凸显。

可见，中国古代的思想家很早就看到了人民群众在决定国家兴亡以及推动生产进步和社会发展中所起的伟大作用，意识到了统治者要想完成自己的政治抱负，离不开人民的帮助。这一点，至今仍为人们所赞同。

第六章

【原文】

孟子见梁襄王①。出，语②人曰："望之不似人君，就之而不见所畏焉。卒然③问曰：'天下恶乎定？'"

"吾对曰：'定于一。'"

"'孰能一之？'"

"对曰：'不嗜杀人者能一之。'"

"'孰能与④之？'"

"对曰：'天下莫不与也。王知夫苗乎？七八月⑤之间旱，则苗槁矣。天油然作云，沛然下雨，则苗浡然⑥兴之矣。其如是，孰能御之？今夫天下之人牧⑦，未有不嗜杀人者也。如有不嗜杀人者，则天下之民皆引领而望之矣。诚如是也，民归之，由⑧水之就下，沛然谁能御之？'"

【注释】

①梁襄王：梁惠王的儿子，名嗣。

②语：动词，告诉。

③卒然：突然。卒同"猝"。

④与：从，跟。

⑤七八月：这里指周代的历法，相当于夏历的五六月，正是禾苗需要雨水的时候。

⑥浡然：兴起的样子。浡然兴之即蓬勃地兴起。

⑦人牧：治理人民的人，指国君。"牧"由牧牛、牧羊的意义引申过来。

⑧由：同"犹"，好像，如同。

【译文】

孟子谒见梁襄王。见罢出来，告诉别人说："梁王这个人，远看没有国君的样子，走近也看不出哪里有威严。他突然问我：'天下怎样才能安定？'"

"我回答说：'安定在于统一。'"

"'谁能统一天下？'"

"我又回答：'不嗜好杀人的人能统一天下。'"

"'谁能跟随他？'"

"我回答说：'天下没有人不跟随他。您知道禾苗吧，七八月间天旱，禾苗就会干枯。如果天空乌云翻滚，下起滂沱大雨，禾苗就会蓬勃生长了。假如这样，谁能抵挡得了？现在天下的国君，没有不嗜好杀人的。如果有不嗜好杀人的国君，那么天下的老百姓都会伸长脖子盼望他了。若真能这样，百姓跟随他，就如水往低处流一样，磅礴之势谁能抵挡？'"

【鉴读】

这一章是孟子回忆自己向梁襄王陈述治国之道的经过和要点。孟子这一段话的核心思想就是要求君主施仁政，爱护人民的生命，不贪杀人，不要把人民投入到杀人如麻的战场上。统一天下、治理天下的最佳方案只有一个：真正的仁爱人民，保护人民，富裕人民，教育人民，热爱人民。

所谓"得民心者得天下"的结论便由此而来。孟子看到了人民是政权稳定的根本，看到了人心向背对于政权能否长久存在、政令能否有效推行的决定作用。这一点也是开明统治者和先进思想家们的一个共识。《尚书》中记载，周初的统治者曾讲："欲至于万年惟王，子子孙孙永保民。"《春秋》三传中，"民为君之本"，"天生民而树之君，以利之也"之说比比皆是。战国末期的伟大思想家荀子也提出："君者，舟也，庶人者，水也。水则载舟，水则覆舟。"（《荀子·王制》）

第七章

【原文】

齐宣王①问曰："齐桓、晋文之事，可得闻乎？"

孟子对曰："仲尼之徒无道桓、文之事者，是以后世无传焉，臣未之闻也。无以则王乎！"

曰："德何如则可以王矣？"

曰："保民而王，莫之能御也。"

曰："若寡人者，可以保民乎哉？"

曰："可。"

曰："何由知吾可也？"

曰："臣闻之胡龁②曰：王坐于堂上，有牵牛而过堂下者，王见之，曰：'牛何之？'对曰：'将以衅钟③。'王曰：'舍之！吾不忍其觳觫，若无罪而就死地。'对曰：'然则废衅钟与？'曰：'何可废也？以羊易之！'不识有诸？"

曰："有之。"

曰："是心足以王矣。百姓皆以王为爱也，臣固知王之不忍也。"

王曰："然，诚有百姓者。齐国虽褊小④，吾何爱一牛？即不忍其觳觫⑤，若无罪而就死地，故以羊易之也。"

曰："王无异于百姓之以王为爱也。以小易大，彼恶知之？王若隐其无罪而就死地，则牛羊何择焉？"

王笑曰："是诚何心哉。我非爱其财而易之以羊也。宜乎百姓之谓我爱也。"

曰："无伤也，是乃仁术也，见牛未见羊也。君子之于禽兽也，见其生，不忍见其死；闻其声，不忍食其肉。是以君子远庖厨也。"

王说，曰："《诗》云：'他人有心，予忖度之。'夫子之谓也。夫我乃行之，反而求之，不得吾心。夫子言之，于我心有戚戚焉。此心之所以合于王者，何也？"

曰："有复于王者曰：'吾力足以举百钧，而不足以举一羽；明足以察秋毫之末，而不见舆薪。'则王许之乎？"

曰："否。"

"今恩足以及禽兽，而功不至于百姓者，独何与？然则一羽之不举，为不用力焉；舆薪之不见，为不用明焉；百姓之不见保，为不用恩焉。故王之不王，不为也，非不能也。"

曰："不为者与不能者之形何以异？"

曰："挟太山以超北海，语人曰'我不能'。是诚不能也。为长者折枝，语人曰'我不能'。是不为也，非不能也。故王之不王，非挟太山以超北海之类也；王之不王，是折枝之类也。"

"老吾老，以及人之老；幼吾幼，以及人之幼。天下可运于掌。

《诗》云：'刑于寡妻，至于兄弟，以御于家邦。'言举斯心加诸彼而已。故推恩足以保四海，不推恩无以保妻子。古之人所以大过人者，无他焉，善推其所为而已矣。今恩足以及禽兽，而功不至于百姓者，独何与？"

"权，然后知轻重；度，然后知长短。物皆然，心为甚。王请度之！"

"抑王兴甲兵，危士臣，构怨于诸侯，然后快于心与？"

王曰："否。吾何快于是？将以求吾所大欲也。"

曰："王之所大欲，可得闻与？"

王笑而不言。

曰："为肥甘不足于口与？轻暖不足于体与？抑为采色不足视于目与？声音不足听于耳与？便嬖不足使令于前与？王之诸臣皆足以供之，而王岂为是哉？"

曰："否。吾不为是也。"

曰："然则王之所大欲可知已。欲辟土地，朝秦楚，莅中国⑥而抚四夷也。以若所为，求若所欲，犹缘木而求鱼也。"

王曰："若是其甚与？"

曰："殆有甚焉。缘木求鱼，虽不得鱼，无后灾。以若所为，求若所欲，尽心力而为之，后必有灾。"

曰："可得闻与？"

曰："邹⑦人与楚⑧人战，则王以为孰胜？"

曰："楚人胜。"

曰："然则小固不可以敌大，寡固不可以敌众，弱固不可以敌强。海内之地，方千里者九，齐集有其一。以一服八，何以异于邹敌楚哉？盖亦反其本矣。

"今王发政施仁，使天下仕者皆欲立于王之朝，耕者皆欲耕于王之野，商贾皆欲藏于王之市，行旅皆欲出于王之涂，天下之欲疾其君者皆欲赴诉于王。其若是，孰能御之？"

王曰："吾惛，不能进于是矣。愿夫子辅吾志，明以教我。我虽不敏，请尝试之。"

曰："无恒产而有恒心者，惟士为能。若民，则无恒产，因无恒心。苟无恒心，放辟邪侈，无不为已。及陷于罪，然后从而刑之，是罔民也。焉有仁人在位，罔民而可为也？是故明君制民之产，必使仰足以事父母，俯足以畜妻子，乐岁终身饱，凶年免于死亡；然后驱而之善，故民之从之也轻。

"今也制民之产，仰不足以事父母，俯不足以畜妻子，乐岁终身苦，凶年不免于死亡。此惟救死而恐不赡，奚暇治礼义哉？

"王欲行之，则盍反其本矣？五亩之宅，树之以桑，五十者可以衣帛矣；鸡豚狗彘之畜，无失其时，七十者可以食肉矣；百亩之田，勿夺其时，八口之家可以无饥矣；谨庠序之教，申之以孝悌之义，颁白者不负戴于道路矣。老者衣帛食肉，黎民不饥不寒，然而不王者，未之有也。"

【注释】

①齐宣王：姓田，名辟疆。齐威王的儿子，齐泯王的父亲，约公元前319年至公元前301年在位。

②胡龁：人名，齐宣王身边的近臣。

③衅钟：新钟铸成，杀牲取血涂抹钟上，用来祭祀。按照古代礼仪，凡是国家某件新器物或宗庙开始使用时，都要杀牲取血加以祭祀。

④褊小：狭小，指地域不宽大。

⑤觳觫：恐惧得发抖的样子。

⑥中国：指中原地带。

⑦邹：国名，就是当时的邾国，国土很少，首都在今山东邹县东南的邾城。

⑧楚：即楚国，春秋和战国时期都是大国。

【译文】

齐宣王问："齐桓公、晋文公称霸之事，能说给我听听吗？"

孟子回答说："孔子的弟子没有谁谈到过齐桓公、晋文公的故事，因此后代没有流传下来，我也没有听说过。大王一定要我说的话，那我就说说以德服天下的'王道'吧。"

宣王问："怎么样的德，才可以征服天下呢？"

孟子说："从爱护百姓出发征服天下，就没有人抵挡得住。"

宣王问："像我这样的国君能做到爱护百姓吗？"

孟子说:"能。"

宣王问:"凭什么知道我能呢?"

孟子说:"我听胡龁说过这样一件事:大王坐在殿堂上,有人牵着牛从殿堂下经过,大王看见了,就问:'把牛牵到哪里去?'那人回答说:'将要宰它用血来涂钟。'大王说:'放了它吧!我不忍心看它瑟瑟发抖的样子,这样就像毫无罪过被送到屠场去。'那人回答说:'那么要把祭钟的仪式废除了?'大王说:'怎么可以废除呢?用羊代替它!'不知道有没有这么回事?"

宣王说:"的确有这么回事。"

孟子说:"有这善心就足够用来征服天下了。百姓都以为大王是吝啬,我可本来就知道大王是不忍心啊。"

宣王说:"对,的确有百姓以为我吝啬。齐国地方虽然狭小,但我何至于吝惜一头牛呢?我就是因为不忍心它瑟瑟发抖的样子,毫无罪过却被送到屠场,所以以羊代替它。"

孟子说:"大王对百姓以为您吝啬这一点不要诧异。您用小牲口换下大牲口,他们怎能知道您的深意?不过大王如果同情它没有罪过却被送到屠场,那么牛和羊有什么区别呢?"

宣王笑着说:"这是什么心理呢?我的确不是吝惜财产而用羊来代替牛的。(您这么一说)百姓说我吝啬也是理所当然的了。"

孟子说:"不碍事,这是仁心的巧妙体现,亲眼看见了牛却没有看见羊。君子对于禽兽,看见它们活着,就不忍心看见它们被杀死;听到它们的哀鸣声,就不忍心吃它们的肉。所以,君子总要远离厨房。"

宣王很高兴,说:"《诗经》上说:'他人的心思,我能估摸得到。'说的就是先生哪。我虽这么做了,回头想想为什么这么做,却弄不清自己出于什么心理。先生说出了我的心思,我心里顿然明白了。我的善心与征服天下的王道相合,又是什么道理呢?"

孟子说:"有一个人向您报告说:'我的力气足够举起三千斤,却拿不起一根羽毛;我的视力足够看仔细秋鸟羽毛的毛尖,却看不到一车柴火。'大王相信他的话吗?"

宣王说:"不相信。"

"现在您的恩惠连禽兽都能得到,但却不能施加到老百姓身上,原因是什么呢?这样看来,一根羽毛都拿不动,是因为没有把力气用上去；一车柴火都看不见，是因为从没有把目光停留在柴火上，百姓没有得到爱护，是因为没有把善心用上去。所以大王没有征服天下，只是不做，并不是做不到。"

宣王说："不做与做不到两者有什么区别呢？"

孟子说："用两臂夹着泰山跳过北海，告诉别人说：'我做不到。'这是真的做不到。对老年人弯腰作揖，告诉别人说：'我做不到。'这是不做，不是做不到。所以大王不能实行用王道统一天下，不是属于挟着泰山跳过北海这一类，而是属于弯腰作揖这一类。

"尊敬自己的长辈，从而推广到尊敬别人的长辈；爱护自己的小孩，从而推广到爱护别人的小孩。有这样的心思，统治天下就像在手掌中转动东西那么容易了。《诗经》上说：'先给自己的妻子做榜样，从而影响兄弟，进一步推广到封地和国家。'说的就是将自己对待亲人的善心推广到别人身上罢了。所以推广善心足够用来安抚天下的人民，不推广善心就连妻子、儿女也保护不了。古代的圣人之所以大大超过一般人，没有别的原因，只不过善于推广他们的善行罢了。现今您的恩泽足够布施到禽兽，而百姓却得不到好处，究竟是什么原因呢？

"称一称，这才知道轻重；量一量，这才知道长短，什么东西都这样，人心更是如此。请大王仔细考虑考虑！"

"大王是否要发动军队，让将士冒着危险，跟诸侯结怨，这样才心里痛快呢？"

宣王说："不。我怎么会因为这样做而感到痛快呢？我只是想通过这样做来实现我的最大愿望啊。"

孟子说："大王最大的愿望能说给我听听吗？"

宣王笑着不说话。

孟子说："是嘴巴不满足肥美的食物，身体不满足轻暖的衣服呢？还是眼睛看不够艳丽的色彩，耳朵听不够美妙的音乐，跟前宠爱的侍从不够使唤呢？这一切，大王的许多官员都能尽量地供给您，大王难道为了这些吗？"

宣王说："不。我不是为了这些。"

孟子说："那么大王最大的愿望就可以知道了：您是想扩张领土，使秦楚这些强国都来朝贡，统治中原大地，安抚边地落后部族。如果按您这样的做法去求得您那愿望的实现，就好比爬到树上去抓鱼。"

宣王说："有严重到如此地步吗？"

孟子说："恐怕还要严重呢？爬上树抓鱼虽然抓不到鱼，但没有灾祸。按您这种做法求得您那愿望的实现，如果尽心尽力去做，结果必定有灾祸。"

宣王说："能把其中的道理讲给我听听吗？"

孟子说："假如邹国人与楚国人打仗，大王以为谁胜？"

宣王说："楚国人胜。"

孟子说："这样看来，小国当然抵挡不了大国，人口少的当然抵挡不了人口多的，弱国当然抵挡不了强国。天下土地有九千里方圆那么大，齐国土地截长补短凑拢来也只占九分之一。要以一份征服另外的八份，跟邹国抵挡楚国有什么两样呢？为什么不从根本上考虑问题呢？

"现在大王发布政令，推行仁道，就会使天下从政的都想在您的朝廷中求职；种地的都想在您的土地上耕种；经商的都想在您的市场里做生意；旅行的都想从您的大道上经过；各国怨恨他们国君的人都想跑到您这里来申诉。如果这样，谁能抵挡得了？"

宣王说："我头脑昏乱，不能做到这种程度了。希望先生帮助我实现愿望，明明白白地开导我。我虽然不聪敏，但希望试一试。"

孟子说："没有固定的产业却有坚定的道德观念，只有士人才能做到。至于一般老百姓，没有固定的产业也就没有坚定的道德观念了。如果没有坚定的道德观念，就会为非作歹，违法乱纪，无所不为了。待到犯了罪，再加以惩处，这是坑害百姓。哪有仁爱的人执政却做出坑害百姓的事情的呢？所以贤明的君主所规定百姓的产业，一定要使他们上足够赡养父母，下足够抚养妻儿，好年成一年到头丰衣足食，坏年成也不至于饿死。这样再督促他们走上为善的道路，百姓就容易听从了。可是现在呢，所规定百姓的产业，上不足赡养父母，下不足抚养妻儿，好年成也是终年困苦，坏年成就不免饿死。像这样就连维持性命都怕不足以做到，哪有闲空讲求礼义呢？大王要施行仁政，那为什么不回到治国的根本上来呢？若在五亩大的宅院里种上桑树，五十岁的人就可以穿上丝绵衣服了；鸡、狗、猪的喂养，不要错过它们繁殖的时机，七十岁的老人就可以吃到肉了；每户给百亩耕地，不要耽误他们的农时，八个人的家庭就可以不挨饿了；精心搞好学校教育，反复讲清孝顺父母、敬爱兄长的道理，那么头发花白上年纪的人就不至于在路上行走时背负或头顶着东西了。老年人有丝绵衣穿有肉吃，一般的百姓不忍饥受冻，国家治理达到这样的程度，却不能使天下归顺而称王，那是从未发生过的事。"

【鉴读】

这一章是孟子对其"仁政"、"王道"思想的一个比较完整的阐述，对统治者推行"仁政"的原因、条件、原则、措施等都进行了详细的分析。

孟子通过齐宣王把祭钟用的牛换成羊这件小事，认为齐宣王具有实现仁政的内在素质。孟子认为，"不忍之心"、"恻隐之心"是实现王道的必要条件，执政者要善于把这种"不忍之心"推之于天下之人，进而告诫劝勉齐宣王去掉称霸诸侯的野心，培植保民而王的仁心，树立仁爱的榜样，行仁政从制民之本入手，抓住人民吃饭、食肉、穿衣、住房、教育、道德等根本问题，切切实实让人民不饥不寒，进而谨庠序之教，申之以孝悌之义，使全社会成员和睦相处，尊老爱幼，人人乐生，家家丰衣足食。

在这里，孟子把孔子的"推己及人"的"忠厚之道"极大地扩展了，使它成为"治国平天下"的基础，一切社会伦常秩序和幸福理想都建立在这个心理原则之上。这是孟子对孔子思想的又一深化和发展。

第二篇　梁惠王下

第一章

【原文】

庄暴^①见孟子，曰："暴见于王^②，王语暴以好乐，暴未有以对也。"曰："好乐何如？"

孟子曰："王之好乐甚，则齐国其庶几乎？"

他日，见于王曰："王尝语庄子以^③好乐，有诸？"

王变乎色，曰："寡人非能好先王之乐也，直好世俗之乐耳。"

曰："王之好乐甚，则齐国其庶几乎！今之乐由古之乐也。"

曰："可得闻与？"

曰："独乐乐，与人乐乐，孰乐？"

曰："不若与人。"

曰："与少乐乐，与众乐乐，孰乐？"

曰："不若与众。"

"臣请为王言乐。今王鼓乐于此，百姓闻王钟鼓之声，管籥^④之音，举疾首蹙頞^⑤而相告曰：'吾王之好鼓乐，夫何使我至于此极也！父子不相见，兄弟妻子离散！'今王田猎于此，百姓闻王车马之音，见羽旄^⑥之美，举疾首蹙頞而相告曰：'吾王之好田猎，夫何使我至于此极也？父子不相见，兄弟妻子离散。'此无他，不与民同乐也。"

"今王鼓乐于此，百姓闻王钟鼓之声，管籥之音，举欣欣然有喜色而相告曰：'吾王庶几无疾病与，何以能鼓乐也？'今王田猎于此，百姓闻王车马之音，见羽旄之美，举欣欣然有喜色而相告曰：'吾王庶几无疾病与，何以能田猎也？'此无他，与民同乐也。今王与百姓同乐，则王矣。"

【注释】

①庄暴：齐国的臣子。

②见于王：被王接见。王，齐宣王。

③庄子：此指庄暴。

④管龠：笙箫之类的乐器。

⑤举：都。疾首：头痛。蹙頞：皱着鼻梁发愁的样子。頞，鼻梁。

⑥羽旄：此指旗帜。

【译文】

齐国臣子庄暴来见孟子，说："我去朝见齐王，齐王告诉我他喜好音乐的事，我不知道该怎么回答。"他接着问："国君喜好音乐，到底应不应该呢？"

孟子说："齐王要是非常喜好音乐，那么，齐国差不多就可以治理好了啊！"

过了几天，孟子在谒见齐宣王时问他："大王曾告诉过庄暴您喜好音乐，有这回事吗？"宣王听了不好意思地说："我并不是喜好古代的音乐，只不过喜好现在世俗流行的一般的音乐罢了。"

孟子说："只要大王真的非常喜好音乐，那齐国就会治理得差不多了，今天流行的音乐和古代遗留下来的音乐都一样嘛。"齐宣王说："这个道理可以讲给我听听吗？"

孟子说："独自一个人欣赏音乐，和别人一起欣赏音乐，哪种更快乐？"宣王说："当然是跟别人一起欣赏更快乐。"

孟子说："与少数人欣赏音乐，和与多数人欣赏音乐，哪种更快乐？"齐宣王说："跟多数人一起更快乐。"

孟子马上接着说："那就让我来为大王谈谈欣赏音乐和娱乐的道理吧。假如大王在奏乐，百姓们听到大王鸣钟击鼓的声音，又听到吹箫奏笛的乐声曲调，大家都愁眉苦脸相互诉苦说：'我们大王光顾自己喜好音乐，为什么要把我们弄到这般穷困呢？父子不能见面，兄弟和妻儿分离流散。'假如大王去野外打猎，百姓们听到大王车马的声音，见到仪仗的华丽，大家都愁眉苦脸地相互诉苦说：'我们大王这样爱好打猎，我们为什么苦到这个地步？父子不能见面，兄弟和妻儿分离流散。'为什么老百姓会这样，这没有别的原因，只是由于不与民同乐的缘故。"

"假如大王去野外演奏音乐，百姓们听到大王鸣钟击鼓的声音，又听到吹箫奏笛的乐声曲调，大家都眉开眼笑地相互告诉说：'我们大王大概很健康吧，要不怎么能奏乐呢？'假如大王去野外打猎，百姓们听到大王车马的声音，见到仪仗的华丽，大家都眉开眼笑地相互告诉说：‘我们大王大概很健康吧，要不怎么能够打猎呢？’为什么百姓会这样？没有别的原因，只是因为与民同乐的缘故。倘若大王能跟百姓共同娱乐，那么就会受到天下人的拥戴，天下就会达到统一了。”

【鉴读】

这一章记录了孟子与庄暴的对话以及孟子与齐宣王的对话。孟子在与庄暴的对话中，得知齐宣王喜欢音乐这一消息。孟子根据齐宣王喜欢音乐这一特点，认真与他讨论了好乐与治国的关系，孟子告诫齐宣王，君主能否与民同乐是一个国家治乱兴衰的根本。实质上，孟子就是教导齐宣王去私欲，存天理，为民父母，与民同乐。

儒家认为，音乐是辅助教化的重要手段，孟子之所以说世俗的音乐与古代的雅乐差不多，是为了突出“与民同乐之意则无古今之异耳”。要能与民同乐，这不是一个简单的娱乐方式，而是统治者关心民生的问题，贤明君主与暴虐君主之所以引起不同的反响，关键在于前者施惠于百姓，后者使民众穷困，父子妻儿分离流散。国家灭亡，也多是由于统治者暴虐，不能以仁义治天下的结果。

第二章

【原文】

齐宣王问曰：“文王之囿①方七十里，有诸？”

孟子对曰：“于传②有之。”

曰：“若是其大乎？”

曰：“民犹以为小也。”

曰：“寡人之囿方四十里，民犹以为大，何也？”

曰：“文王之囿方七十里，刍荛③者往焉，雉兔者往焉，与民同之。民以为小，不亦宜乎？臣始至于境，问国之大禁，然后敢入。臣闻郊关之内有囿方四十里，杀其麋鹿者如杀人之罪，则是方四十里为阱④于国中。民以为大，不亦宜乎？”

【注释】

①囿：养动物种花木的园地，古时称为苑囿。

②传：指文献记载。

③刍荛：朱熹《孟子集注》云："刍，草也；荛，薪也。"这里的刍荛者，指割牧草和打柴的人。

④阱：捕捉野兽用的陷坑。

【译文】

齐宣王问孟子说："听说周文王有一处狩猎场，纵横七十里，有这回事吗？"

孟子回答："在古书上的确有这样的记载。"

齐宣王说："真的有这么大吗？"

孟子说："老百姓还觉得小了呢。"

齐宣王说："我的狩猎场只有四十里见方，老百姓却还觉得大，这是为何呢？"

孟子说："周文王的狩猎场，纵横各七十里见方，割草砍柴的人可以到那里去，打野鸡、捕兔子的人也可以到那里去，文王与百姓一同享用。百姓觉得小，这不是很自然的吗？而与此相反，我刚踏上您的边境，问明白了齐国有哪些重大的禁令，然后才敢入境。我听说齐国首都的郊外，有个狩猎场纵横各长四十里，凡是射杀里面麋鹿的人，按杀人的罪名处罚，这就等于在国土上，设下了方圆四十里的大陷阱来坑害老百姓，老百姓觉得太大，难道这不应该吗？"

【鉴读】

这一章孟子通过回答齐宣王问文王之囿一事，将文王对人民的态度和齐宣王对人民的态度做了一个对比，指出了文王之囿方七十里人民尚以为太小，是因为文王利用自己的园林与民同乐，与民以利；齐宣王以为太大，是因为齐宣王用园林陷害人民。孟子告诫齐宣王痛改前非，修身积善，与民同乐，与民休养生息。

孟子的思想反映了普通民众的心声，揭露了统治者的暴虐，要求关注普通老百姓的生活，这是符合历史发展规律的。孔孟思想，对于当今的社会建设、国家建设仍具有深远的指导意义，这是历史证明过的正确的执政思想。

第三章

【原文】

齐宣王问曰："交邻国有道乎？"

孟子对曰："有。惟仁者为能以大事小，是故汤事葛①、文王事昆夷②；惟智者为能以小事大，故大王事獯鬻③、勾践事吴④。以大事小者，乐天者也；以小事大者，畏天者也。乐天者保天下，畏天者保其国，《诗》云：'畏天之威，于时保之⑤。'"

王曰："大哉言矣！寡人有疾，寡人好勇。"

对曰："王请无好小勇。夫抚剑疾视曰'彼恶敢当我哉'，此匹夫之勇，敌一人者也，王请大之！《诗》云⑥：'王赫斯怒，爰整其旅，以遏徂莒⑦，以笃周祜，以对于天下。'此文王之勇也，文王一怒而安天下之民。《书》曰：'天降下民，作之君，作之师。惟曰其助上帝，宠之四方，有罪无罪惟我在，天下曷敢有越厥⑧志？'一人衡行⑨于天下，武王耻之，此武王之勇也，而武王亦一怒而安天下之民。今王亦一怒而安天下之民，民惟恐王之不好勇也！"

【注释】

①汤事葛：商汤王侍奉葛国的事。详见本书《滕文公下》。

②昆夷：亦作"混夷"或"串夷"，是当时在周西北边境的少数民族。

③獯鬻：我国古代北方的一个少数民族。

④勾践事吴：勾践：越国的国君。吴：吴国。吴王夫差在公元前494年打败越国，勾践派文种求和，对吴称臣来争取机会，刻苦图强，最后终于在前473年攻灭吴国。

⑤《诗》云：引自《诗·周颂·我将》，这是祭祀周文王的颂歌。于时：于是。

⑥《诗》云：引自《诗·大雅·皇矣》，是首歌颂周先祖功业的诗歌。

⑦莒：国名。

⑧越：违背。厥：用法同"其"。

⑨衡行：同"横行"，指作乱。

【译文】

齐宣王问道："同邻国交往有什么一定的准则与方式吗？"

孟子回答说："有。只有仁爱的人才能以大国的身份去侍奉小国，所以商汤王侍奉过葛伯、周文王侍奉过混夷；只有明智之君才能以小国的身份去侍奉大国，所以周的先祖公侍奉过獯鬻、越王勾践侍奉过夫差。以大国身份侍奉小国的，是无往而又快乐的人；以小国身份侍奉大国的，是敬畏天理威严的人。无往而又快乐的人能够保全天下，敬畏天理威严的人能够保有自己的国家。《诗·周颂》中的《我将》篇说：'害怕天帝有威严，因此谨慎小心，所以得到安定！'"

宣王说："先生说得太好了！但是我有个毛病，我喜好勇武。"

孟子答道："希望大王不要喜爱小勇。有这么一个人，只是手按佩剑，瞪着双眼说：'他怎敢抵挡我呢！'这是匹夫的个人勇武，只能抵敌一个人。我恳请大王把您喜爱的勇武扩大些吧！《诗·大雅》中的《皇矣》篇说：'我们文王对莒国人的侵犯暴行勃然大怒，整顿好军队开到前方，阻击莒国来侵犯的敌寇，增强周国的威望，给百姓带来福泽，酬答天下对周天子的尊敬。'这就是文王的大勇。文王一旦勃然大怒，便能使天下的民众得到安全。"

"《尚书·逸》篇里面说：'上天降生一般的人民，也替他们降生了君主，也替他们安排了师长。派给君主和师长的任务只是帮助天帝慈爱下民。因此，四方之大，有罪者和无罪者，都由我进行裁决。天下谁胆敢违背上天的意志起来作乱呢？'当时有一个纣王在世间横行无忌，武王便认为是自己的耻辱。这就是武王的大勇，武王也是只要一生气，便能使天下的百姓得到安全。现在，如果大王您也能做到一旦勃然生气，便能使天下的百姓全部得到安全，那么天下的百姓便唯恐大王不喜爱勇武呢！"

【鉴读】

这一章孟子向齐宣王阐明了睦邻外交之道在于"仁、智、勇"三者的灵活运用，用仁以事小，用智以事大，用勇以除暴安民。孟子认为，只有仁人当政的国家才能以大事小，只有智者当政的国家才能以小事大，以弱事强，转危为安，转败为胜，只有仁智勇兼备的人当政才能杜绝匹夫血气，小勇用事，以大勇安天下。

在儒家思想中，"勇"是一种重要独特的德行，它没有仁、义、礼、智、信被人们提到的那样频繁，但是它被列入"三达德"之一，与"仁"和"智"并列。作为美德的"勇"，融合和渗透了仁、智、礼等道德规范，把人们的观念与行动紧密地结合起来。

孟子虽然讲的是治国之道中的邦交之道，但是用这一原则来指导我们的企业管理、工商管理、行政管理，甚至于教育管理，用来指导我们当今的人际交往等领域也是很有现实意义的。我们可以从孟子那里借鉴一些交往的普遍性原则，丰富我们的交往艺术，提升我们的领导能力，指导我们的日常生活实践。

第四章

【原文】

齐宣王见孟子于雪宫^①。王曰："贤者亦有此乐乎？"

孟子对曰："有。人不得，则非其上矣。不得而非其上者，非也；为民上而不与民同乐者，亦非也。乐民之乐者，民亦乐其乐；忧民之忧者，民亦忧其忧。乐以天下，忧以天下，然而不王者，未之有也。

"昔者齐景公问于晏子^②曰：'吾欲观于转附、朝儛^③，遵海而南，放于琅邪；吾何修而可以比于先王观也？'

"晏子对曰：'善哉问也！天子适诸侯曰巡狩。巡狩者，巡所守也。诸侯朝于天子曰述职。述职者，述所职也。无非事者。春省耕而补不足，秋省敛而助不给。'夏谚曰：'吾王不游，吾何以休？吾王不豫，吾何以助？一游一豫，为诸侯度。'今也不然，师行而粮食，饥者弗食，劳者弗息。睊睊^④胥谗，民乃作慝^⑤。方命^⑥虐民，饮食若流。流连荒亡，为诸侯忧。从流下而忘反谓之流，从流上而忘反谓之连，从兽无厌谓之荒，乐酒无厌谓之亡。先王无流连之乐，荒亡之行。惟君所行也。

"景公说，大戒于国，出舍于郊。于是始兴发，补不足。召大师^⑦曰：

'为我作君臣相说之乐！'盖《徵招》、《角招》⑧是也。其诗曰：'畜君何尤？'畜君者，好君也。"

【注释】

①雪宫：齐国离宫名。赵注云："离宫之名也，宫中有苑囿台池之饰、禽兽之饶。王自多有此乐，故问曰'贤者亦有此乐乎'。"

②齐景公：春秋时齐国国君，姓姜，名杵臼。晏子：齐国大臣，名婴、字平仲。齐景公时贤相。

③转附、朝儛：都是山名，在山东省内。

④睊睊：侧目而视的样子。

⑤慝：悖逆暴乱。

⑥方命：方，同"放"。命，王命。

⑦大师：即太师，乐官。

⑧《徵招》、《角招》：叫太师所作的乐曲名。一说皆是调名。徵：古时五音：宫、商、角、徵、羽。

【译文】

齐宣王在雪宫里接见了孟子。宣王问："有道德的人会有这样的快乐吗？"

孟子答道："有。如果人们得不到这样的快乐，就会抱怨他们的君主。当然，只是因为得不到便抱怨他们的君主，也是不对的；作为百姓的君主却不与百姓共同分享这种快乐，也是不对的。君主以百姓的快乐为自己的快乐，百姓也以君主的快乐为自己的快乐；君主以百姓的忧愁为自己的忧愁，百姓也以君主的忧愁为自己的忧愁。以天下人的快乐为快乐，以天下人的忧愁为忧愁，做到这样，这样的人不能成为圣王，是决不会发生的。

"过去齐景公向晏婴问道：'我想到转附和朝儛两座名山巡视，然后沿着海岸向南走，一直达琅琊邑，我应该怎样做，才能和古代圣王的巡游相比拟呢？'

"晏婴答道：'您问得好呀！天子到诸侯国去叫做巡狩，巡狩的意思就是巡视各诸侯所拥有的疆土。诸侯前往天子的朝廷去朝见，叫做述职，述职就是报告诸侯所担负职守的情况。上述没有不和政事有关的，没有平白无故的（出行）。春季视察耕种的情况，补助那些农具、种子不足的农户；秋季视察收获的情况，帮助那些劳力、口粮不够的农户。'夏朝时的谚语说：'我们大王不出来巡游，我们怎能得以休养生息？我们大王不出来视察，我们哪会获补助？我们大王的巡游视察，足以让诸侯效法。'今天却不是这样，队伍一出动就要向下面筹粮，使得饥饿的人们得不到食物，劳苦的人们得不到息养。人们侧目而视、怨声载道，老百姓也开始被迫为非作歹了。这样放弃先王的教导，虐害百姓，大吃大喝，如同流水似的没完没了。这种流连荒亡的行为，不能不使诸侯为之忧愁。什么叫流连荒亡呢？顺流而下放舟游乐忘记回返叫做'流'，逆流而上挽舟游乐忘记回返叫做'连'，打猎没有厌倦叫做'荒'，没有节制地酗酒叫做'亡'。古代的圣贤君王没有流连荒亡的行为。现在就看大王选择哪一种做法了。

"齐景公听了非常高兴，在都城发布命令戒绝铺张浪费，然后自己到郊外去住下，于是开始实行惠政，开始发放赈济给生活困难的百姓，又把乐官招来：'替我创作君臣同乐的歌词乐曲吧！'这歌曲就是《徵招》、《角招》。那歌词中说：'制止君主的欲望有什么过错？'制止君主的私欲，正是敬爱他们的君主呢。"

【鉴读】

这一章是孟子劝导齐宣王与民同乐，与天下同忧，一心一意忧民、为民、保民，杜绝那些为了满足自己私欲的游山玩水、吃喝玩乐等行为发生。这一章的核心还是"与民同乐"的问题，只不过角度有所不同罢了。

在《梁惠王上》篇里，孟子见梁惠王于沼上时已经谈到过"古之人与民偕乐，故能乐也"的问题。在本篇中，孟子也曾与齐宣王两次讨论过"与民同乐"的问题。一次是在谈到欣赏音乐时，孟子告诉齐宣王，只要能够做到与民同乐，无论是喜爱古典音乐还是流行音乐都是好事而不是坏事。另一次是在谈到皇家园林的大小时，孟子告诉齐宣王，如果与民同乐，向老百姓开放，皇家园林再大（如周文王的方圆七十里），老百姓也不会嫌它大。如果不与民同乐，不准老百姓进入，皇家园林再小（如齐宣王的方圆四十里），老百姓也会嫌它大。所以，本章其实是孟子第三次与齐宣王讨论"与民同乐"的问题了。

这一次讨论不仅说到乐，而且还从乐说到忧，所谓"乐以天下，忧以天下"，更为完整地展现了孟子政治学说中的民本主义思想。不过，从"乐以天下，忧以天下"的与民同乐同忧到"先"天下之忧而忧，"后"天下之乐而乐，的确注入了更为强烈的使命感和自我牺牲精神，而且，也更具有一种浓厚的悲剧意识。因此它能广为传诵。

追根溯源，其实还是一种"以民为本"的思想在影响着我们的认识，激动着我们的感情。而这一点，又不能不回到作为孟子"仁政"理论重要组成部分之一的"与民同乐"思想上来。

第五章

【原文】

齐宣王问曰："人皆谓我毁明堂①，毁诸？已乎？"

孟子对曰："夫明堂者，王者之堂也。王欲行王政，则勿毁之矣。"

王曰："王政可得闻与？"

对曰："昔者文王之治岐②也，耕者九一③，仕者世禄④，关市讥而不征，泽梁无禁，罪人不孥⑤。老而无妻曰鳏，老而无夫曰寡，老而无子曰独，幼而无父曰孤。此四者，天下之穷民而无告者。《诗》云：'哿⑥矣富人，哀此茕独！'"

王曰："善哉言乎！"

曰："王如善之，则何为不行？"

曰："寡人有疾，寡人好货。"

对曰："昔者公刘⑦好货，《诗》云：'乃积乃仓⑧，乃裹餱粮，于橐于囊⑨，思戢用光。弓矢斯张，干戈戚扬，爰方启行。'故居者有积仓，行者有裹粮也，然后可以爰方启行。王如好货，与百姓同之，于王何有？"

王曰："寡人有疾，寡人好色。"

对曰："昔者大王⑩好色，爰厥妃。《诗》云：'古公亶父，来朝走马⑪，率西水浒，至于岐下。爰及姜女，聿来胥⑫宇。'当是时也，内无怨女，外无旷夫。王如好色，与百姓同之，于王何者？"

【注释】

①明堂：在鲁国境内泰山下，原是周天子东巡狩时接受诸侯朝见的处所，这时已被齐国侵占。汉朝时遗址还存在。

②岐：周的旧国，在今陕西岐山县一带。

③耕者九一：公家征收了农民九分之一的收获。

④仕者世禄：在朝任大夫以上官职的人，他们的子孙可以世代承袭其俸禄。

⑤不孥：不株连罪人的妻子和儿女。

⑥《诗》云：引自《诗·雅·正月》。瘵：可。

⑦公刘：传说是后稷的曾孙，周代创业便是从他开始。

⑧《诗》云：引自《诗·大雅·公刘》，这是歌颂周族祖先之一的公刘功绩的诗篇。仓：名词动用，把粮积蓄仓中。

⑨橐、囊：概指装东西的器具，原是指口袋。

⑩大王：大，同"太"。公刘九世孙，号称古公，名亶父。

⑪《诗》：引自《大雅·绵》篇。是颂扬周族兴起业绩的诗歌。来朝走马：避狄人之难。

⑫姜女：古公亶父的妃子，名太姜。胥：视察。

【译文】

齐宣王问孟子："人们都向我进言说拆掉明堂，到底是要拆掉它呢，还是不折呢？"

孟子答道："明堂是先代君王接见诸侯、发布政令的殿堂。如果大王打算施行王政，那就不要拆毁它。"

齐宣王说："能把实行王政的道理说给我听听吗？"

孟子回答说："以前文王治理岐时，农民缴纳的田租是九分之一，大夫以上的朝官俸禄可以子孙世代承袭，关隘和市场只稽查防止坏人，并不征税。到湖泊捕鱼也不加禁，对犯罪的人处罪不连及妻子和儿女。年老没有妻子的人叫做鳏夫，年老而死了丈夫的叫做寡妇，年迈没有子女的叫做独，幼年失去父亲的叫做孤，这四种人，是世间最无依无靠的穷苦人，文王如果施行仁政，必定要先保护这四种人。《诗·小雅·正月》里说：'过得称心如意的是那富人，可怜无依无靠的还是这孤寡。'"

齐宣王说:"说得太好了!"

孟子说:"大王如果认为施行王政好,为何不去实行呢?"

齐宣王说:"我有个缺陷,我贪爱财货。"

孟子答道:"这不要紧嘛,从前公刘也贪爱财货,《诗·大雅·公刘》篇说:'露天堆积着粮草,谷物堆满了仓,裹好的干粮装满了囊,国家安祥又兴旺。弓箭上弦、各种武器肩上扛,前面的队伍浩浩荡荡。'因此,留在后方的人仓里有谷物,出征前方的人袋里有干粮,这才率领队伍出发。大王如果是贪爱财货,能与百姓共同享用,对于实行王政又有什么不可以的呢?"

齐宣王又说:"我还有个毛病,我也喜好女色。"

孟子答道:"以前的周太王也好女色,特别宠爱他的妃子太姜。《诗·大雅·绵》里说:'周太公古公亶父为立家,一大清早便骑着骏马,沿着西方河边走,一直来到岐山下。带着妃子姜氏女,来这里视察住处。'在周太公时代,每家都没有嫁不出去的女儿,也没有找不到妻子的男人。大王如果是喜好女色,也能注意满足老百姓在这方面的需求,对于实行王政又有什么不好呢?"

【鉴读】

孟子在这里所说的王政也就是前面给梁惠王说的王道,王政就是王道之政,用仁德来统一天下的政治,实际上也就是他的另一个术语——仁政。

与孔子一样,孟子也很推崇文、武、周公。所以,他在这里向齐宣王介绍王道政治时也是以文王治理岐山的政策为依据的。这里的话虽不长,但包含的内容却是很广,涉及到农业税收、官吏制度、商业政策、渔业开放、刑法制度等,尤其是最后还重点说到了社会福利的问题。按照孟子的思想,制国平天下的人不可不重视社会福利事业。敬老院、孤儿院等应大大加强,养老保险、人身保险等也应该提上议事日程。

孟子作为儒家学派主要代表之一,历来奉行中庸之道。他与齐宣王的对话中,其实采用的是欲擒故纵手法,使齐宣王没有退路,难以遁出王道政治的"毂中"。其用心良苦,实在值得我们今天的读书人细心体会。

第六章

【原文】

孟子谓齐宣王曰:"王之臣有托其妻子于其友而楚游者,比其反也^①,则^②冻馁其妻子,则如之何?"

王曰:"弃之。"

曰:"士师^③不能治士,则如之何?"

王曰:"已之。"

曰:"四境之内不治,则如之何?"

王顾左右而言他。

【注释】

①比:及,至,等到。反:同"返"。

②则:这里的用法是表示事情的结果。

③士师:司法官。

【译文】

孟子对齐宣王说:"如果大王您有一个臣子把妻子儿女托付给他的朋友照顾,自己出游楚国去了。等他回来的时候,他的妻子儿女却在挨饿受冻。对待这样的朋友,应该怎么办呢?"

齐宣王说:"和他绝交!"

孟子说:"如果您的司法官不能管理他的下属,那应该怎么办呢?"

齐宣王说:"撤他的职!"

孟子又说:"如果一个国家治理得很糟糕,那又该怎么办呢?"

齐宣王不好回答,看着左右的人,把话题扯到别处去了。

【鉴读】

这是一段非常精彩的小品。尤其是最后"王顾左右而言他"一句,真是生动传神,成了大家常用的名言。

孟子采用的是层层推进的论证法,从生活中的事情入手,讲述了一个受朋友重托而没有履行朋友之道，让朋友的妻儿挨饿受冻的故事。接着孟子列举交友之道与为官之道，与齐宣王讨论，目的是为了同他讨论如何做一个有所作为的君主，为了启迪齐宣王反省自我，痛改前非，实现结束战争统一祖国的大业。文中孟子层层深入，步步紧逼，迫使他思考如何抓纲治国。

同时，这一章鲜明地体现了孟子循循善诱，因势利导的论辩艺术。

第七章

【原文】

孟子见齐宣王，曰："所谓故国者，非谓①有乔木之谓也，有世臣②之谓也。王无亲臣矣，昔者所进，今日不知其亡③也。"

王曰："吾何以识其不才而舍之？"

曰："国君进贤，如不得已，将使卑逾尊，疏逾戚④，可不慎与？左右皆曰贤，未可也；诸大夫皆曰贤，未可也；国人皆曰贤，然后察之；见贤焉，然后用之。左右皆曰不可，勿听；诸大夫皆曰不可，勿听；国人皆曰不可，然后察之；见不可焉，然后去之。左右皆曰可杀，勿听；诸大夫皆曰可杀，勿听；国人皆曰可杀，然后察之，见可杀焉，然后杀之，故曰，国人杀之也。如此，然后可以为民父母。"

【注释】

①所谓，非谓：两个"谓"字为动词，是"说"的意思。
②世臣：指累世建立了功勋的臣子。
③亡：指离开君王出走。
④逾：超越。戚：亲近。

【译文】

孟子拜见齐宣王，说："我们所说的历史悠久的国家，并不是说那个国家有年代久远的树木，而是因为那个国家有世代建功立业的老臣。大王您现在身边没有亲信的臣子了，过去所提拔选用的人，到如今都离君王而去了。"

齐宣王问："我怎么样才能知道他们没有贤能而不选用他们呢？"

　　孟子说："国君应用贤能的人，如果不这样做的话，就会使卑贱的人超越尊贵的人、疏远的人超越亲密的人，这样的事能不慎重对待吗？因此，国君任用人时，左右的人都说某人贤能，不能轻信；诸位大夫都说贤能，还是不能轻信；全国的人都说他贤能，然后才对他进行考察，若发现他真贤能，然后才提拔他。君王左右的人都说不行，不要轻信；诸位大夫都说不行，不要轻信；如果国人都说不行，然后才考察他，若发现确实不行才罢免他。左右的人都说该杀，不要轻信；各位大夫都说该杀，不要轻信；如果国人都说该杀，然后才考察他，若发现他真该杀，然后才杀掉他。所以说是国人处决他的。能够做到这样，才能够真正做好百姓的父母官。"

【鉴读】

　　孟子认为，一个国君只要尊重世臣，亲信贤臣，根据民众的意志选拔人才，就能把国家治理好。孟子在这里所谈论的人才选拔观一方面来自他的先辈孔子，另一方面又加入了自己的民本主义政治思想。

　　在《论语·子路》篇里，子贡曾经问孔子说："一乡的人都喜欢他，怎么样？"孔子仍然说："还难说。不如一乡中的好人喜欢他，坏人厌恶他。"在《卫灵公》篇里，孔子又概括说："众恶之，必察焉；众好之，必察焉。"我们不难发现，孟子在这里对齐宣王的论述几乎就是孔子思想的沿续和再阐发。只不过，孔子是就一般人品或人才的识鉴发表看法，而孟子则是具体到为国家选拔人才、提拔干部的问题，所以又揉进了他"以民为本"的政治思想，要求国君听听国人的意见，用我们今天的话来说，也就是人民群众的意见。

　　孟子的论述的确非常有道理。直到今天，我们的人民代表大会制度也就是要听听"国人"的意见，而由"人大"任命政府各级干部正是选拔任用人才听"国人"意见的具体体现。另外，我们一直坚持的干部考察制度也就是听取群众意见，"国人皆曰贤，然后察之；见贤焉，然后用之。国人皆曰不可，然后察之；见不可焉，然后去之。"

第八章

【原文】

齐宣王问曰："汤放桀①，武王伐纣②，有诸？"

孟子对曰："于传有之。"

曰："臣弑③其君，可乎？"

曰："贼④仁者谓之'贼'，贼义者谓之'残'。残贼之人谓之'一夫'⑤。闻诛一夫纣矣，未闻弑君也。"

【注释】

①汤放桀：汤，商朝开国君主的名号。放，流放。桀：夏朝末世暴君。

②武王伐纣：殷商末纣王无道，周的开国君主武王姬发出兵伐纣；纣王兵败自焚而死。

③弑：臣杀死君主或子女杀死父母。此指臣杀死君主。

④贼：损害，毁灭。

⑤一夫：言众叛亲离的独夫。《书》曰："独夫纣。"

【译文】

齐宣王问孟子："商汤流放夏桀，周武王讨伐商纣，真有这样的事吗？"

孟子回答说："史籍上的确有这样的记载。"

齐宣王说："做臣子的人杀掉他的君主，这可以吗？"

孟子答道："毁坏仁爱的人叫做贼，毁坏道义的人叫做残，这样的人我们就该叫他独夫。我只是听说过周武王杀了个'独夫'殷纣，却没有听说他杀过君主。"

【鉴读】

这一章，孟子通过与齐宣王讨论汤、武、桀、纣这些历史人物，告诫齐宣王，不要做独夫民贼，不要伤仁害义，应该做一个为民尽仁尽义的明君。孟子在这里提出了一个评价历史人物的标准，这个标准就是是否实行仁义。因此孟子认为，夏桀、商纣这样的伤仁害义的独夫民贼不配做人君，应该受到诉伐。

在中国封建社会中，儒生们把三纲五常作为天下不变的"道"，把君权提高到至高无上的地位。不论君主多无能、多昏庸，都必须忠诚于君权。从孟子的论述中可以看出，先秦的儒家，并没有这种不分是非善恶的思想。这是孟子"民本"思想的延伸，具有积极的进步意义。

第九章

【原文】

孟子见齐宣王曰："为巨室，则必使工师求大木。工师得大木，则王喜，以为能胜其任也。匠人斫①而小之，则王怒，以为不胜其任矣。夫人幼而学之，壮而欲行之，王曰：'姑舍女所学而从我'，则何如？今有璞玉于此，虽万镒②，必使玉人雕琢之。至于治国家，则曰'姑舍女所学而从我'，则何以异于教玉人雕琢玉哉？"

【注释】

①斫：砍、削。
②镒：量金银重量的单位。二十两为一镒。

【译文】

孟子拜见齐宣王，说："如果做大的房屋，就必须要管理工匠的官员去寻求大木料，管理工匠的官员寻得到大木料，大王就非常高兴，认为这个官员能够胜任其职。工匠砍刨，使大木料变小了，大王就大发脾气，认为工匠不能够胜任自己的工作。大凡一个人从小去求学，原是要长大后实际应用的。大王却说：'暂且舍弃你所学的东西而听从我吧。'这会怎么样呢？现在如果此处有未雕琢的玉，即使它价值连城，也会让玉匠去雕琢它才行。而对于治理国家，却说：'暂且舍弃人所学的东西而听从我吧！'这与您去教玉匠雕琢玉石有什么不同呢？"

【鉴读】

这一章主要研述治国必须任用贤人的重要意义。孟子针对齐宣王不能用贤图治的弊病，借用两个比喻来告诫齐宣王，让他学以致用，全心全意依靠贤才治理好国家。

敢于任用贤才，也是孟子"仁政"思想中的一个重要组成部分。任用贤才，就要让他放开手脚，将自己的才能淋漓尽致地发挥出来，而不能因为骄横或者怀疑对其束缚手脚，这样，一个国家才能强盛，才能长治久安。这样的治国策略仍旧适用于今天，人才的培养对于国家的经济，文化，科技的发展起着至关重要的作用，国家既要加大教育的普及力度、完善教育制度改革、发掘多方面的人才，也要为年轻人提供各种展现其才干的平台。

第十章

【原文】

齐人伐燕①，胜之。宣王问曰："或谓寡人勿取，或谓寡人取之。以万乘之国伐万乘之国，五旬而举之，人力不至于此。不取，必有天殃②。取之何如？"

孟子对曰："取之而燕民悦，则取之，古之人有行之者，武王是也。取之而燕民不悦，则勿取，古之人有行之者，文王是也。以万乘之国伐万乘之国，箪③食壶浆以迎王师，岂有他哉？避水火也。如水益深，如火益热，亦运④而已矣。"

【注释】

①齐人伐燕：齐宣王五年（前315年），燕国由于燕王哙把王位让给国相子之，国人不服，发生内乱。宣王用田王思的计谋，次年趁机出兵伐燕，齐军在五十天内就攻下了燕国的国都。取得了胜利。

②不取，必有天殃：《国语·越语》云："天与不取，反为之灾。"

③箪：古代盛饭的圆形竹器。

④运：朱熹《孟子集注》云："运也，言齐若更为暴虐，则民将思

考而望救于他人矣。"

【译文】

齐国人进攻燕国，大获全胜。齐宣王问孟子："有的人劝我不要吞并燕国，但也有人劝我吞并燕国。我想用一个拥有万辆兵车的国家去攻打另一个拥有万辆兵车的国家，五十天便攻下了它，如果不是天意，光凭人力无法取得这样的成就，若不吞并它，上天会认为我们违反了他的旨意，因而必定会降下灾难来。我吞并了它，怎么样啊？"

孟子回答说："如果吞并它，会让燕国的百姓高兴，便吞并它，古代的周武王便是这样做的；要是吞并它，燕国的百姓不高兴，就不可吞并它，古代的周文王便是这样做的。以拥有万辆兵车的国家去攻打另一个拥有万辆兵车的国家，燕国的百姓们用竹筐装着饮食、用壶盛着饮水来迎接您大王的军队，难道还有别的意思吗？不过就是想逃开那种水深火热的生活。燕国被吞并后，如果老百姓蒙受的灾难却更加深重，他们就会指望别人来营救他们了。"

【鉴读】

这一章孟子通过齐宣王讨论战胜燕国一事告诫齐宣王要实施仁政才能得民心。孟子在这里的表态非常谨慎，两种选择都摆给齐宣王，任你自己去选择。孟子其实是支持齐宣王去占领燕国的。因为他已经说过，如果占领燕国而使燕国老百姓高兴，那就占领它。而他又明明知道，当齐国的军队进入燕国时，燕国的老百姓"箪食壶浆以迎王师"，怎么会不高兴呢？

不过，我们看《战国策·燕策》的记载，孟子直截了当地对齐宣王说："今伐燕，此文、武之时，不可失也！"这也可以证明孟子是主张齐宣王占领燕国的。大概史书所记没有忌讳，而作为经书的《孟子》所记为圣者讳，作了润饰，因而显得含糊而谨慎，这也是可能的。

亚圣孟子在推行自己的仁政思想时，并不排斥武力，而是以是否使民得利为行事准则，他认为当时燕国的老百姓是生活在水深火热之中，所以不反对齐宣王占领。只要燕国的老百姓真的欢迎齐国军队去，那这支军队就是仁义之师。所以，孟子也并不是一味反对战争，只要是正义的，符合人民利益和愿望的战争，他也是支持的。这种权变的思想，是以"民本"为原则的。

第十一章

【原文】

齐人伐燕，取之。诸侯将谋救燕。宣王曰："诸侯将谋伐寡人者，何以待之？"孟子对曰："臣闻七十里^①为政于天下者，汤是也。未闻以千里畏人者也。《书》曰：'汤一征，自葛始。'天下信之，东面而征，西夷怨；南面而征，北狄怨，曰：'奚为后我？'民望之，若大旱之望云霓也。归市者不止，耕者不变，诛其君而吊^②其民，若时雨降。民大悦。《书》曰：'徯我后^③，后来其苏。'今燕虐其民，王往而征之，民以为将拯己于水火之中也，箪食壶浆以迎王师。若杀其父兄，系累其子弟，毁其宗庙，迁其重器，如之何其可也？天下固畏齐之强也，今又倍地而不行仁政，是动天下之兵也。然王速出令，反其旄倪^④，止其重器，谋于燕众，置君而后去之，则犹可及止也。"

【注释】

①七十里：汤是商朝的开国君主，在他灭夏朝前，商是一个仅有七十里的小国。此说亦见于《荀子》、《史记》。

②吊：抚恤慰问。

③徯：等待。后：君主。

④旄：同耄，八九十岁的老人。倪：小孩。

【译文】

齐国攻打燕国，并吞并了它。别的诸侯国家都在谋划着要救助燕国。齐宣王问孟子："许多国家谋划要攻打我，用什么办法对付他们呢？"

孟子回答道："我听说过有仅仅凭区区七十里地而统一天下的，那就是成汤。却没听说过，拥有国土千里而畏惧他人的。《尚书》里说：'商汤王当初出征时，是从讨伐葛国开始的。'普天之下的百姓都信任他，欢迎他。他东向征讨，西方的夷人便不高兴了；他南向征讨，北方的狄人也不高兴了，他们都说：'为什么把我们放在后面呢？'老百姓对他的盼望，如同大旱年盼望乌云的出现一样。战争期间所到之处，赶集的不停止买卖，种田的照常劳动。他诛杀残暴的君主，安抚慰问那儿的百姓。成汤到来，如同旱天里的及时雨一样，老百姓非常高兴。《尚书》里面说：'等待我们的君王啊，他来了，我们就得救了。'

"现在燕国的君主虐待他们的百姓，大王前去征讨，百姓认为大王将他们从水深火热中拯救出来，所以纷纷提着饭筐和酒壶来迎接大王的军队。假如您杀死他们的父兄，奴役他们的子弟，拆毁他们的宗庙，抢走他们的宝器，这怎么能行呢？天下的诸侯本来就害怕齐国的强大，现在又扩展了疆域并且又不施行仁政，这就不免招惹天下各国的军队以齐国为敌。

"大王您现在要赶快发布命令，遣返燕国被俘的老少，不要搬走燕国的宝器，与燕国人士商议，拥立新的燕王，然后撤出军队，这样做还可以来得及阻止各国诸侯的躁动。"

【鉴读】

这一章，齐国攻打燕国，乘胜齐宣王命令齐国的军队占领燕国。结果激起了各国的愤怒，纷纷谋划要讨伐齐国这个侵略者，一场大战眼看就要爆发。齐宣王于是又来问计于孟子。

孟子先是故作镇静，稳住齐宣王的情绪。然后由商汤的征伐说起，又回到万变不离其宗的话题——民心向背。他告诉齐宣王，商汤王的讨伐军到哪里都受到当地人民群众的欢迎。这是因为商汤王的军队只杀暴虐的君主，而根本不惊扰百姓，所以老百姓盼他们就像盼及时雨一样。可现在倒好，本来燕国老百姓以为齐国的军队是来解放他们的，所以箪食壶浆夹道欢迎。殊不知却是引狼入室，齐国的军队无恶不作，不幸被孟子言中，成了使燕国人民"水益深，火益热"的侵略者、强盗。这怎么可能使燕国人民容忍，又怎么可能使其他各国的诸侯服气呢？做出分析以后，孟子又直陈意见，要齐宣王悬崖勒马，赶快撤军，避免一场大战。

进也民心，退也民心。民心向背是孟子政治思想的核心，国内问题如此，国际事务也如此。

第十二章

【原文】

邹与鲁鬨①。穆公②问曰:"吾有司③死者三十三人,而民莫之死也。诛之,则不可胜诛;不诛,则疾视其长上之死而不救,如之何则可也?"

孟子对曰:"凶年饥岁,君之民老弱转乎沟壑,壮者散而之四方者,几千人矣;而君之仓廪④实,府库⑤充,有司莫以告,是上慢而残下也。曾子⑥曰:'戒之戒之! 出乎尔者,反乎尔者也。'夫民今而后得反之也。君无尤⑦焉。君行仁政,斯民亲其上、死其长矣。"

【注释】

①邹:即春秋时邾国,战国时改为邹国,在今山东邹县。鲁:周朝初年所分封的诸侯国,在今山东南部,其始封君主是武王的弟弟周公姬旦。战国时沦为一般的小国。鬨:同"哄",交战。

②穆公:即邹穆公,邹国君主。

③有司:指有关部门的官吏。

④仓廪:储藏粮食的房屋。

⑤府库:储存财物的房屋。

⑥曾子:名参,字子舆,鲁国人,孔子的弟子。

⑦尤:责怪,怪罪。

【译文】

邹国与鲁国发生了冲突。邹穆公问孟子:"在这次冲突中,我们的将官死亡三十三个,百姓却没有一个献身的。要是处罚他们,罚不尽;若不处罚,眼看着将官死难却不加援助,到底要怎么办才好呢?"

孟子回答说:"在灾荒的年成里,您的百姓中,年老体弱的大批地死亡,把尸体抛弃到山沟里去,年轻力壮的人四散逃荒,差不多有近千人。而您粮仓饱满,国库充足,你的官吏却不把灾荒的严重情况上报,这简直是对上级的怠慢和对百姓的残害。曾子说:'切切警惕啊! 你怎样对待人家,人家就照样回报你。'百姓如今得到了还报的机会。您别责怪他们，倘若大王您施行仁政，老百姓便会敬爱君主亲近长官，并乐于为他们献出自己的生命了。"

【鉴读】

在本章，实际上还是说君与民、官与民的关系问题。孟子的意思很简单，普通老百姓看到当官的战死而见死不救固然是不对，但当老百姓饿死或逃荒时，当官的见死不救就对吗？当官固然要为民做主。说到底，一报还一报，也就是曾子所说的"出乎尔者，反乎尔者也"。所以，"出尔反尔"的思想其实与《易经》所谓"积善之家，必有余庆；积不善之家，必有余殃"是相通的。善恶都是有缘由的，有因果的。只有于民休息，体恤爱民，才能换来百姓的拥护。

第十三章

【原文】

滕文公①问曰："滕，小国也，间②于齐、楚。事齐乎？事楚乎？"

孟子对曰："是谋，非吾所能及③也。无已，则有一焉：凿斯池④也，筑斯城也，与民守之，效死⑤而民弗去，则是可为也。"

【注释】

①滕文公：滕是西周初年所分封的诸侯国，在今山东滕县西南，其始封君主是周文王的儿子错叔绣，是周代一个弱小的封国，公元前414年为越所灭，不久复国，后为宋所灭。

②间：动词，"处于……之间"。

③及：本意到达，引申为"办到、解决。"

④池，古代为了防止敌人攻城的护城河。

⑤效死：献出生命，报效国家。

【译文】

滕文公问孟子："滕国算是个弱小的国家，处在齐、楚两大国之间。那么是侍奉齐国好呢？还是侍奉楚国好呢？"

孟子答道："这个问题不是我的能力所能解决的，如果一定要我说，那只有一个办法：深挖护城河，加固加高城墙，与百姓一条心，共同捍卫它，哪怕献出生命，百姓也不愿离开它，这样还是可以达到的。"

【鉴读】

这一章中，孟子告诫滕文公，与其侍奉那些不讲道义的大国，还不如施行仁政，修德守义以爱人民，与广大人民一道修筑防御工事，努力开创地利、人和的有利条件，保卫自己的土地和人民更为重要。

孟子的意见很明确，国家要自强自立，不要做大国的附庸国，要保持自己的领土和主权完整。这要靠全国人民同心同德，深沟高垒，加强国防建设。一旦有侵略者来犯，就与国家共存亡，所以，自强自立是"两大之间难为小"的根本出路。国家如此，我们每个人的立身处世亦如此。

第十四章

【原文】

滕文公问曰："齐人将筑薛①，吾甚恐，如之何则可？"

孟子对曰："昔者大王居邠，狄人侵之，去之岐山之下居焉。非择而取之，不得已也。苟为善，后世子孙必有王者矣。君子创业垂统②，为可继也。若夫③成功，则天也。君如彼何④哉？强为善而已矣。"

【注释】

①筑薛：意为筑薛国的城墙以威胁滕国。薛是西周初年分封的诸侯国，故城在今山东滕县东南。后被齐国灭掉了，齐威王将所得薛地作为小儿子田婴（即孟尝君）的封地。

②创业垂统：是说开创基业于前，而垂统于后世。世代相传后世不绝便叫统。

③若夫：至于。

④如彼何：意为拿他怎么办。

【译文】

滕文公问孟子："齐国人正准备加强薛地的城池，我有些害怕，你说我该怎么办才好呢？"

孟子答道："从前周的祖先大王居住在邠地，狄人来侵犯，他就迁离了邠地到岐山下定居。这并不是大王选择，实在是迫不得已采取的做法。一个国君要是能施行善政即使他本人没有成功，他后世的子孙必定会有创立功业的。目光远大、品德高尚的君主创立基业，并传给后代，正是为了能世代相继承下去，至于说能不能成功，也还得依靠天命。现在您能拿齐国怎么样呢？只有靠自己努力施行善政。"

【鉴读】

这一章孟子劝勉滕文公要避强暴、免灾殃、施仁政。齐人在临近滕国的边地筑城，其用意是很明显的。滕文公对此感到担忧，问孟子有什么好办法。孟子认为，齐强滕弱的态势是很明显的，因此即使明知齐国的意图，滕国也没有妥善的良策，唯一的出路只有施行仁政蓄养民心，令滕国之民甘愿与国同存亡，而不至叛国。

第十五章

【原文】

滕文公问曰："滕，小国也，竭力以事大国，则不得免焉。如之何则可？"

孟子对曰："昔者大王居邠，狄人侵之。事之以皮币①，不得免焉；事之以犬马，不得免焉；事之以珠玉，不复免焉。乃属②其耆老③而告之曰：'狄人之所欲者，吾土地也。吾闻之也：君子不以其所以养人者害人。二三子何患乎无君？我将去之。'去邠，逾梁山④，邑于岐山之下居焉。邠人曰：'仁人也，不可失也。'从之者如归市。

"或曰：'世守也，非身⑤之所能为也，效死勿去。'

"君请择于斯二者。"

【注释】

①皮币：指裘皮和丝绸。

②属：如集。

③耆老：老年人，这里指有威望的老者。

④梁山：在今陕西乾县西北五里。

⑤身：自身。

【译文】

滕文公问道："滕国是一个小国，尽心竭力地服侍大国，结果仍然难免于灾难。怎么办才好呢？"

孟子回答说："过去周太王居住在邠，狄人来侵犯，贡奉出裘皮和丝绸，没有能制止住侵犯；贡奉出良犬和骏马，也不能制止住侵犯；又贡奉出珠玉和财宝，还是不能制止住侵犯。周太王便召集当地的长老，对他们说：'狄人所希望得到的，是我们的土地。我听说过，有道德的君子不能为了养人之物反而伤害人民。你们何必担心没有君主呢？我将要离开这里。'于是离开邠，翻过梁山，在岐山之下建立城邑居住下来。邠地的百姓说：'这是一位仁德的人，我们不能够失去他。'追随他的人像赶集一样络绎不绝。

"也有人说：'这是世世代代应该留守的基业，并不是自身可以自由选择的，宁肯死也不离开。'

"请您选择以上二条道路之一。"

【鉴读】

滕国是个小国，在七雄纷争的时代维持生存，确实是难以为继的。滕文公只想到用外交手段来谋生，实践证明这是非常靠不住的办法。孟子认为，与其卑躬屈膝地去与虎谋皮，不如把力量放在自力更生的基点上：争取民心，加强备战。

孟子的意见很明确，换一种思路，换一种活法：为什么一定要服从于哪一个国家呢？国家固然小，但是也要自强自立，不要做大国的附庸国，而要争取独立自主，保持自己的领土和主权完整。

第十六章

【原文】

鲁平公①将出，嬖人臧仓②者请曰："他日君出，则必命有司所之。今乘舆③已驾矣，有司未知所之，敢请。"

公曰："将见孟子。"

曰："何哉，君所为轻身以先于匹夫者？以为贤乎？礼义由贤者出；而孟子之后丧逾前丧。君无见焉！"

公曰："诺。"

乐正子④入见，曰："君奚为不见孟轲也？"

曰："或告寡人曰，'孟子之后丧逾前丧'，是以不往见也。"

曰："何哉，君所谓逾者？前以士，后以大夫；前以三鼎⑤，而后以五鼎与？"

曰："否，谓棺椁衣衾⑥之美也。"曰："非所谓逾也，贫富不同也。"

乐正子见孟子，曰："克告于君，君为来见也。嬖人有臧仓者沮⑦君，君是以不果⑧来也。"

曰："行，或使之；止，或尼⑨之。行止，非人所能也。吾之不遇鲁侯，天也。臧氏之子焉能使予不遇哉？"

【注释】

①鲁平公：名叔，鲁景公的儿子，公元前314年—前294年在位。平是他死后的谥号。

②嬖人：受宠爱的男小臣。臧仓：小臣名。

③乘舆：国君出行时所用的车马。

④乐正子：名克，孟子的学生，当时正在鲁国做官。

⑤三鼎：鼎是古代祭祀时用来盛猪羊等牲畜的器皿。按古代礼制，士祭奠用三只鼎，大夫用五只鼎。

⑥棺椁衣衾：指丧礼的用具。椁：古代套在棺材外面的大棺材，士以上的人家葬礼时用它。衣衾，是装殓死者衣被的器物。

⑦沮：阻止。

⑧不果：不能如约。

⑨尼：阻止。

【译文】

鲁平公正要外出，他那受宠幸的小臣臧仓向他请示："以前您出门时，一定要把您所去的地方告知管事的臣下。现在马车已经备好，管事还不知道你要去的地方，特来请示。"

鲁平公说："我要去见孟子。"

臧仓说："您为什么要降低身份去拜访一个普通人呢？您认为孟子贤德吗？礼义是贤者的行为准则，而孟子办理母亲的丧事超过先前办父亲的丧事，（这能算贤德吗？）您就别去见他了。"鲁平公说："好吧。"

乐正子进宫参见鲁平公，问："您为什么不去见孟轲呢？"

鲁平公说："有人告诉我：'孟子办母亲的丧事超过先前办父亲的丧事。'所以我不去见他了。"

乐正子说："您所说的'超过'指的是什么呢？是指前面用士的礼仪葬父，后面用大夫的礼仪葬母；还是指前面用三鼎礼祭父，后面用五鼎礼祭母呢？"

鲁平公说："不是。我指的是装殓死者的棺椁衣衾的精美。"乐正子说："这不能说是'超过'，因为前后家境贫富不同嘛。"

乐正子去见孟子，说："我把您推荐给了鲁君，鲁君本来要拜见您了。可是，有个名叫臧仓的宠臣阻止了他，鲁君因此没能来。"

孟子说："一个人干某件事时，无形中也许有一种力量在驱使；他不干这件事时，同样也是有一种力量在阻止。干与不干都不是人力能左右的。我没有和鲁君相见这件事，是出于天命的支配。那个姓臧的小子怎么能阻止天命，使我不和鲁君相见呢？"

【鉴读】

这一章是孟子天命论的反映，也是孟子不怨天尤人的精神境界的体现。孟子对于自己未能见到鲁平公一事非常达观，他对自己的弟子乐正子说听从天意，颇有点孔子厄于陈蔡时的风度。其实，仔细体会，可以察觉，孟子的意思是说，关键不在于是否有人从中阻挠，而在于鲁平公自己的意志是否坚定。如果坚定，便无法阻挠，如果不坚定，勉强也无济于事。

　　中国古代，"天"这一概念包含的内容非常广泛，不仅有自然物质意义的"天"还有主宰规律意义以及道德意义的，被意志化了的"天"，从天与人的关系中，可以充分显示出人在世界上的地位，人活动的目的以及依据，人的理想与追求，人的理想行为方式等方面的内容。从主宰和规律意义上来说，"天"其实就是客观规律在人身上或者人类社会中的反映，是一种人力所不能改变的必然性。

第三篇 公孙丑上

第一章

【原文】

公孙丑①问曰："夫子当路②于齐，管仲、晏子之功，可复许③乎？"

孟子曰："子诚齐人也，知管仲、晏子而已矣。或问乎曾西④曰：'吾子⑤与子路⑥孰贤？'曾西蹵然⑦曰：'吾先子⑧之所畏也。'曰：'然则吾子与管仲孰贤？'曾西艴然⑨不悦，曰：'尔何曾⑩比予于管仲！管仲得君如彼其专也，行乎国政如彼其久也，功烈如彼其卑也，尔何曾比予于是？'"曰："管仲，曾西之所不为也，而子为我愿之乎？"

曰："管仲以其君霸，晏子以其君显。管仲、晏子犹不足为与？"

曰："以齐王，尤反手⑪也。"

曰："若是，则弟子之惑滋甚⑫。且以文王之德，百年而后崩⑬，犹未洽于天下；武王、周公继之，然后大行⑭。今言王若易然，则文王不足法与？"

曰："文王何可当⑮也！由汤至于武丁，贤圣之君六七作⑯，天下归殷久矣，久则难变也。武丁⑰朝诸侯，有天下，犹运之掌也。纣之去武丁未久也，其故家⑱遗俗，流风善政，犹有存者；又有微子、微仲、王子比干、箕子、胶鬲皆贤人也，相与辅相之，故久而后失之也。尺地，莫非其有也；一民，莫非其臣也，然而文王犹方百里起，是以难也。齐人有言曰：'虽有智慧，不如乘势；虽有镃基⑲，不如待时。今时则易然也：夏后、殷、周之盛，地未有过千里者也，而齐有其地矣；鸡鸣狗吠相闻，而达乎四境，而齐有其民矣。地不改辟⑳矣，民不改聚㉑矣，行仁政而王，莫之能御也。且王者之不作，未有疏于此时者也；民之憔悴于虐政，未有甚于此时者也。饥者易为食，渴者易为饮㉒。孔子曰：'德之流行，速于置邮而传命㉓。'当今之时，万乘之国行仁政，民之悦之，犹解倒悬㉔也。故事半古之人，功必倍之，惟此时为然。"

【注释】

①公孙丑：孟子弟子，齐国人。

②当路：掌权。

③许：期许，预计到。

④曾西：曾参的儿子，名申，字子西。

⑤吾子：对"你"的敬称。

⑥子路：孔子弟子。

⑦蹵然：不安的样子。

⑧先子：死去的父亲，指曾参。

⑨艴然：恼怒的样子。

⑩何曾：怎么能。

⑪反手：把手翻转过来，指很容易。

⑫滋甚：更加严重。滋，更加。甚，严重。

⑬崩：本指山崩，后喻帝王之辞世。

⑭大行：仁政推广于天下。

⑮当：比得上。

⑯作：出现。

⑰武丁：殷高宗。

⑱故家：世代相传的大家族，即世家。

⑲镃基：农具。

⑳改辟：再拓展疆域。

㉑改聚：再集中起来。

㉒饥者易为食，渴者易为饮：当时谚语，有饥不择食，渴不择饮之意。

㉓置邮而传命：置、邮，都是古代信息传递的方式。传命，即传达命令，指速度很快。

㉔倒悬：把人头朝下脚朝上吊在空中，喻处境艰难。

【译文】

公孙丑问："先生如果是在齐国当政，像管仲、晏婴那样的功劳，能再有指望吗？"

孟子说："你实在是个齐国人，也就只知道管仲、晏婴。有人问曾西：'先生与子路相比谁更贤能呢？'曾西不安地说：'他是我父亲所敬畏的人呀。'那人又问：'那么先生与管仲相比谁更贤能呢？'曾西满脸的不高兴，说：'你怎么把我跟管仲相比呢？他得到国君那样的信任，又那么长时间在齐国执政。建立的功业却那么小，你怎么把我跟他相比！'孟子接着又说："管仲那样的人，曾西都不愿意做，您认为我就愿意吗？"

公孙丑说："管仲使他的君主称霸天下，晏婴使他的君主显名于诸侯。管仲、晏婴还不值得效仿吗？"

孟子说："凭借齐国的力量称霸显名，易如反掌。"

公孙丑说："这样的话，我的疑问就更大了。且以周文王为例，像他那样施行仁政，又活到高寿，还没能把天下完全统一。周武王、周公接着实行仁政，才把天下统一起来。现在你说称王于天下这样简单，那么周文王就不值得学习了？"

孟子说："周文王又怎么比得上呢？从成汤到殷高宗武丁，商也出现过六七位贤明的君主。天下归顺商朝已很久了，一久也就很难动摇。殷高宗威震诸侯，统治天下，像在掌心转动小东西一样。商纣离殷高宗时间还不久，世家大族还保留着武丁时的风俗，好的政治措施社会上也有留存；又有微子、微仲、王子比干、箕子、胶鬲等，都是贤人，一起辅佐商纣。所以商很久才失掉天下。每一尺土地都是商纣的，每一个百姓都属商纣管辖，周文王仅靠着方圆百里的地盘而崛起，所以很难呀。齐国有句俗语：'即使有聪明才智，不如乘势而起。即使有好农具，种田也要趁农时。'现今要称王于天下就容易了。夏、商、周三代的盛时，疆域都没有超过千里，可现在齐国已有这么多的土地了；四境之内鸡犬之声相闻，人口繁育很多，齐国也有那么多的民众了。疆域不用再拓展了，老百姓也不用再增加了，通过行仁政就能称王于天下，没有谁能抵挡得住。况且靠仁的手段统一天下的，没有像今天这样出现得少；老百姓受暴政的残害，也没有比现今更严重的了。饥饿的人很容易吃饱，口渴的人很容易喝好。孔子说：'道德的流行，比驿站传达命令的速度还要快。'现在的时势，万乘的大国施行仁政，百姓们拥护他，就像把百姓从倒着捆绑的状况下解救出来一样。所以能做到古人的一半，效果却能比古人多一倍，也只有现今的形势才行啊！"

在这一章，孟子通过与公孙丑的对话，阐明了施仁政的优越性以及机遇、条件和效果，指出了齐国施行仁政的现实可能性和不施行仁政的后果，并在不同程度上看到了仁政而王的历史必然性。

作为儒家"王道"政治的推行者，孟子不屑于与"霸道"政治家管仲、晏婴相比，这正如齐宣王问"齐桓、晋文之事"他不予回答一样。他所热衷的，是在齐国推行"王道"政治，靠实施"仁政"来统一天下。而且，他认为无论从土地、人口，还是从时机来看，目前都是实施王道的最好时机，可以收到事半功倍的效果。

第二章

【原文】

公孙丑问曰："夫子加齐之卿相，得行道焉，虽由此霸王不异①矣。如此则动心②否乎？"

孟子曰："否。我四十不动心。"

曰："若是，则夫子过孟贲③远矣。"

曰："是不难，告子先我不动心。"

曰："不动心有道乎？"

曰："有。北宫黝④之养勇也：不肤桡⑤，不目逃⑥，思以一豪挫于人⑦，若挞之于市朝；不受于褐宽博⑧，亦不受于万乘之君；视刺万乘之君，若刺褐夫；无严⑨诸侯；恶声⑩至，必反之。孟施舍⑪之所养勇也，曰：'视不胜犹胜也。量敌而后进，虑胜而后会，是畏三军者也。舍岂能为必胜哉？能无惧而已矣。孟施舍似曾子⑫，北宫黝似子夏⑬。夫二子之勇，未知其孰贤，然而孟施舍守约⑭也。昔者曾子谓子襄⑮曰：'子好勇乎？吾尝闻大勇于夫子⑯矣：自反而不缩⑰，虽褐宽博，吾不惴焉；自反而缩，虽千万人，吾往矣。'孟施舍之守气，又不如曾子之守约也。"

曰："敢问夫子之不动心与告子之不动心，可得闻与？"

"告子曰：'不得于言，勿求于心；不得于心，勿求于气。'不得于心，勿求于气，可；不得于言，勿求于心，不可。夫志，气之帅也；

气，体之充也。夫志至焉气次焉；故曰：'持其志，无暴其气^⑱。'"

"既曰'志至焉，气次焉'，又曰'持其志，无暴其气'，何也？"

曰："志壹则动气，气壹则动志也。今夫蹶者趋者^⑲，是气也，而反动其心^⑳。"

"敢问夫子恶乎长？"

曰："我知言，我善养吾浩然之气。"

"敢问何谓浩然之气？"

曰："难也。其为气也，至大至刚，以直养而无害，则塞于天地之间。其为气也，配义与道；无是，馁也。是集义所生者，非义袭而取之也。行有不慊于心，则馁也。我故曰，告子未尝知义，以其外之也。必有事焉而勿正心，勿忘，勿助长也。无若宋人然：宋人有闵其苗之不长而揠之者，芒芒然归，谓其人曰：'今日病矣！予助苗长矣！'其子趋而往视之，则苗槁矣。天下之不助苗长者寡矣。以为无益而舍之者，不耘苗者也；助之长者，揠苗者也。非徒无益，而又害之。"

"何谓知言？"

曰："诐辞知其所蔽，淫辞知其所陷，邪辞知其所离，遁辞知其所穷。生于其心，害于其政；发于其政，害于其事。圣人复起，必从吾言矣。"

"宰我、子贡^㉑善为说辞；冉牛、闵子、颜渊^㉒善言德行；孔子兼之，曰：'我于辞命，则不能也。'然则夫子既圣矣乎？"

曰："恶！是何言也？昔者子贡问孔子曰：'夫子圣矣乎？'孔子曰：'圣则吾不能，我学不厌而教不倦也。'子贡曰：'学不厌，智也；教不倦，仁也。仁且智，夫子既圣矣。'夫圣，孔子不居。是何言也！"

"昔者窃闻之：子夏、子游、子张^㉓皆有圣人之一体^㉔，冉牛、闵子、颜渊则具体而微^㉕，敢问所安^㉖。"

曰："姑舍是^㉗。"

曰："伯夷、伊尹^㉘何如？"

曰："不同道。非其君不事，非其民不使；治则进，乱则退，伯夷也。何事非君，何使非民；治亦进，乱亦进，伊尹也。可以仕则仕，可以止则止，可以久则久，可以速则速，孔子也。皆古圣人也，吾未能有行焉。乃所愿，则学孔子也。"

"伯夷、伊尹于孔子，若是班^㉙乎？"

曰："否，自有生民㉚以来，未有孔子也。"

曰："然则有同与？"

曰："有。得百里之地而君之，皆能以朝诸侯，有天下；行一不义，杀一不辜、而得天下，皆不为也。是则同。"

曰："敢问其所以异。"

曰："宰我、子贡、有若，智足以知圣人，汙㉛不至阿其所好。宰我曰：'以予观于夫子，贤于尧舜远矣。'子贡曰：'见其礼而知其政㉜，闻其乐而知其德㉝，由百世之后，等百世之王，莫之能违也。自生民以来，未有夫子也。'有若曰：'岂惟民哉？麒麟之于走兽㉞，凤凰之于飞鸟，泰山之于丘垤㉟，河海之于行潦㊱，类也。圣人之于民，亦类也。出于其类，拔乎其萃。自生民以来，未有盛于孔子也。'"

【注释】

①不异：不以为奇。异，奇怪。

②动心：知责任重大，从而产生警惕、谨慎的心理。

③孟贲：古代勇士，人们常以他作为勇敢的代名词。

④北宫黝：姓北宫名黝，勇士。

⑤不肤桡：不因皮肤被刺激而收缩。

⑥目逃：眼睛被刺而逃跑。

⑦一豪挫于人：有一点点被污辱。

⑧褐宽博：褐，毛布。宽博，宽大的衣服。借指贫贱者。

⑨严：畏惧。

⑩恶声：恶言恶语。

⑪孟施舍：勇士。

⑫孟施舍似曾子：曾子为孔子弟子，强调内心的反省，孟施舍在精神气质上近似曾子。

⑬北宫黝似子夏：子夏是孔子弟子。学识渊博，在各方面都有所长，而北宫黝也求在各方面胜于人，故云。

⑭守约：坚守根本，较易实行。

⑮子襄：曾子弟子。

⑯夫子：本为对大夫的称呼，因孔子也做过大夫，其弟子称其为"夫子"，遂转成孔子的专称，有时也用以指老师。

⑰自反而不缩：自我反省觉得没理。缩，正直。

⑱持其志，无暴其气：坚守自己的意志，而不扰乱自己的气。

⑲蹶者趋者：蹶者，摔倒的人。趋者，奔跑的人。

⑳反动其心：气又反过来使心动。

㉑宰我、子贡：都是孔子弟子。

㉒冉牛、闵子、颜渊：都是孔子弟子。其中颜渊最被孔子钟爱。

㉓子游、子夏、子张：都是孔子弟子。下文提到的有若，也是孔子弟子。

㉔有圣人之一体：具备孔子某一方面的优点。

㉕具体而微：有孔子各方面的优点，但不及孔子程度之深。

㉖所安：居于何种。

㉗舍是：放下不谈。孟子一方面推崇孔子，把孔子看成古往今来第一人，但也相当自信，认为自己是"名世者"。当公孙丑要他把自己与孔子弟子直接比较时，他回避了这一问题。

㉘伯夷、伊尹：伯夷是商末孤竹君的长子，父死后逃离祖国，其弟叔齐一起逃亡，商亡后隐于首阳山，后饿死。伊尹是夏末商初人物，本为奴隶，后辅佐商汤灭了夏。

㉙班：相同。

㉚生民：人类出现。战国思想家皆相信天生人类，但具体过程诸子皆未言及。

㉛汙：下，不好的方面。

㉜见其礼而知其政：看到礼仪制度就能知道政治情况。

㉝闻其乐而知其德：听到音乐就能知道一个国君的道德水平。儒家认为音乐表现了政治状况。

㉞麒麟之于走兽：麒麟对于走兽。麒麟，古人认为是仁兽，即今"四不像"。

㉟丘垤：小土包。蚂蚁穴所在的高地。

㊱行潦：路上的小水洼。

【译文】

公孙丑问："先生若担任齐国的卿相，有机会实行您的主张，即使因此而使齐国成为霸主，甚至称王于天下，也没什么好奇怪的。如果是这样，先生是否因为任重道远而心中游移不定呢？"

孟子说："不会。我四十岁以后就已经心理稳定，不受外界变化的影响了。"

公孙丑说："假如这样，那么先生比大勇士孟贲可强多了。"

孟子说："这并不难做到，告子比我做到的还早。"

公孙丑问："稳定心理有何办法？"

孟子说："有啊。北宫黝培养勇敢的办法是，皮肤受外界刺激而不动，眼睛受外界刺激也不动。把受了别人一点点污辱，当成是在大庭广众之前挨打。既不受穷人的污辱，也不受大国君主的污辱。把刺杀大国的君主看成和刺杀贫民一样平常。他没有惧怕的诸侯，有谁对他恶语相向，他肯定用恶语回复。孟施舍培养勇敢又有所不同，他说：'能打过的对手和不能打过的对手在我看来都一样。如果先掂量敌人的强弱才动手，考虑到能够打胜才交锋，就会惧怕强大的敌人。我怎么能肯定打胜呢？能做到无所畏惧罢了。'孟施舍有些像曾子，而北宫黝有些像子夏。他们两人的勇敢，难以断定哪一种更好，但是孟施舍能抓住要领。过去曾子曾对他的学生子襄说：'你也喜欢勇敢吗？我曾经听我的老师孔子谈过什么是大勇：自己思考一下没有理，即使人家是穷人，我也不吓唬人家；觉得自己有理，即使面对千军万马，我也会勇往直前。'孟施舍坚守的是勇气，他不如曾子坚守的是有理。"

公孙丑问："请问先生的心理稳定，与告子的心理稳定，又有何不同呢？"

孟子说："告子曾宣称：'没弄懂别人的话，不要窥测别人内心的隐秘。不懂别人的心思，也就别想知道别人的志气。'不懂别人的内心，不知道别人的志气，这是说得通的。不懂语言就不能探求心意，这就不对了。意志是气的统帅；气则充满体内让身体能活动。意志是最高的，而气则次要一些。所以说：'坚守意志不要扰乱自己的气。'"

公孙丑问："既然说'坚守自己的意志，不要扰乱自己的气'而又说'志是最高的，而气则次要一些'，这是为什么呢？"

孟子说："意志专一则能引动气，气专一亦能引动意志。跌倒的人和奔跑的人，他们的气都在动，可也能引动他们的内心。"

公孙丑问道："请问先生擅长于什么呢？"

孟子说："我善于分析别人的言辞，而识别是非得失并探究其原因，我善于培养自己的浩然之气。"

公孙丑说："请问什么叫做浩然之气呢？"

孟子说："这个很难说透。它作为气，是最伟大、最刚强，有正直去培养它而不加损害，它就会充满于天地之间，无所不在。它作为气，必须与义和道相匹配，否则，就显得软弱乏力。它是义在内心积累起来所产生的，不是义由外入内而取得的。如果行为中有件事使内心感到愧疚时，马上它就没有力量了。我之所以说告子未曾了解义，就是因为他把义看做是外在的东西。去做一件事自然合乎道义，必须坚持到底，不要故意做作，心中不要忘记养气的事，但也不要去按它成长的规律去用外力帮助它成长，千万不要像宋国人那样：宋国有个担心他的禾苗长不快而把苗拔高的人，拖着疲倦不堪的身子回到家中，告诉家里的人说：'今天简直累死了呀！我帮助禾苗都长高了。'他的儿子赶快跑去一看，禾苗都枯萎了。世上不帮助禾苗生长的人是很少的，认为帮助没有益处而放弃不干的，就是那不锄草耘苗的懒汉，那不按照规律用外力帮助它生长的人，就是那拔苗助长的人。这样做不但没有好处，而且反而会伤害它。"

公孙丑又问道："什么叫做知言呢？"

孟子说："听了偏颇的言辞，我知道他的病根在于闭塞，听了浮夸的言辞，我知道他的病根在于失实，听了邪僻的言辞，我知道他的病根在于偏离正道，听了搪塞的言辞，我知道他的病根在于理屈词穷。上述四种言辞，如果萌生于内心，便会危害于施政，如果萌生于政措，便会妨害于实行。今后再有圣人出现，也一定会同意我的见解。"

公孙丑说："宰我和子贡都善于辞令，冉牛、闵子、颜渊都善于阐述德行，而孔子却已兼有他们的长处，却还是说，'对于言谈辞令，我还有所欠缺。'先生您既善养浩然之气，又善于辞令，也算是圣人了吧？"

孟子说："哎呀！你这是什么话呢！子贡曾经问过孔子'老师您算是圣人了吧？'孔子曰，'圣人我还没达到，我不过是不厌倦地学习和教育罢了。'子贡说，'学习能不满足，是智慧；教学能不厌倦，是仁德。先生既有智慧又有仁德，已经是圣人了。'孔子都不认为自己是圣人，你却问我是不是圣人。这像什么话呢！"

公孙丑说："我曾听说：子夏、子游、子张，皆具备孔子某一方面的优点，冉牛、闵子、颜渊，大体上具备孔子的才德，只是不及他的博大精深。请问。您更接近上面哪一类人呢？"

孟子说："暂且丢开这个话题。"

公孙丑问：伯夷和伊尹这两人怎么样？"

孟子说："他们有着不同的处世之道。不合理想的君主不去侍奉，不合理想的老百姓也不愿治理；天下太平则积极进取，天下混乱则隐退，这是伯夷的处世之方。侍奉什么样的君主不是侍奉呢？治理什么样的百姓不是治理呢？天下太平也积极进取，天下混乱也积极进取，这是伊尹的处世之道。可以出仕就出仕，可以退职就退职，能够久做就久做，能够赶快离开就赶快离开：这是孔子的处世之道。他们三人都是历史上的圣人。我达不到他们的程度。至于理想，我愿以孔子为榜样。"

公孙丑问："伯夷、伊尹跟孔子相比，是一样的伟大吗？"

孟子说："不是的。自从有了人类社会，还没有像孔子这样的伟大人物。"

公孙丑问："那么他们是否有相同之处呢？"

孟子说："有啊。若有方圆百里之地给他们治理，就能让诸侯朝拜，统一天下。做一件不合道义的事，杀一个无罪之人而去统治天下，他们都不会干。这是他们所相同的。"

公孙丑问："请问他们的差别在哪里？"

孟子说："宰我、子贡、有若这几位孔门圣徒，智慧足以了解圣人；从坏的方面说，也不会对他们爱戴的人溜须拍马。宰我说：'在我看来，我们的老师比尧、舜贤能得多了。'子贡说：'看到流传的礼仪就知道该国国君的政治情况，听到流传的音乐就知道该国国君的道德状况。即使到了百代之后，评价历代的帝王，也还是要按照孔子所定的标准。自从有了人类以来，还没有过像我们老师这样伟大的人物。'有若说：'难道仅仅人类是这样吗！麒麟对于走兽，凤凰对于飞鸟，泰山对于小土丘，河海对于小水洼，都是同类。而圣人对于民众，也是同类呀。超越他的同类，高出他的群体。自从有了人类社会，还没有出现比孔子更伟大的人物。'"

【鉴读】

在这一章中，孟子揭示了造就自我、完善自我、超越自我以及达到目标的重要方法和途径。孟子以为，造就自我、完善自我、超越自我的途径有二：一为知言，二为养气。只有两者并重，才能真正达到不动心的理想境界，知言是认识他人，养气是造就自我。

浩然之气，至大至刚。不是一般所谓"精气"、"血气"，而是充满正义，充满仁义道德的正气、骨气。不是属于医学的生理范畴，而是属于人文的精神范畴。这种气，阳刚而气壮山河，气贯长虹，气冲霄汉。

"说大人则藐之，匆视其巍巍然。"(《孟子·尽心下》)

"富贵不能淫，贫贱不能移，威武不能屈。"(《孟子·滕文公下》)都是源于这种气。

然而，这种气可养而不可得。"是集义所生者，非义袭而取之也。"就是养也要日积月累，水到渠成；而不能拔苗助长，急于求成。

第三章

【原文】

孟子曰："以力假①仁者霸，霸必有大国；以德行仁者王，王不待②大。汤以七十里，文王以百里。以力服人者，非心服也，力不赡③也；以德服人者，中心悦而诚服也，如七十子之服孔子也。《诗》云④：'自西自东，自南自北，无思⑤不服。'此之谓也。"

【注释】

①假：借，凭借。
②待：等待，引申为依靠。
③赡：充足。
④《诗》云：引自《诗经·大雅·文王有声》。
⑤思：助词，无义。

【译文】

孟子说："用武力而假借仁义的人可以称霸，所以称霸必须是大国。用道德而实行仁义的人可以使天下归服，使天下归服的不一定是大国。商汤只有方圆七十里，周文王只有方圆一百里，用武力征服别人的，别人并不是真心服从他，只不过是力量不够罢了；用道德使人归服的，是心悦诚服，就像七十个弟子归服孔子那样。《诗经》说：'从西从东，从南从北，无不心悦诚服。'正是说的这种情况。"

【鉴读】

这一章反复阐明了王道比之于霸道的优越性。孟子分析了称霸的原因和结果，指出了称霸只能以力假仁，对方迫于压力而服从，不会心悦诚服；以德服人，施行仁政，实践王道，人们便能心悦诚服。

这与孔子在《论语·子路》和《论语·季氏》中的有关论述一样，都是讲的以德服人而不是以力服人。孔孟一脉相承，采用的是攻心为上、以柔克刚的政治方针、

后世诸葛亮七擒孟获，可以说正是活学活用孔孟思想的典型。成都武侯祠的对联"能攻心则反侧自肖，从古知兵非好战"其实也正是表达的这种思想。

第四章

【原文】

孟子曰："仁则荣，不仁则辱；今恶辱而居不仁，是犹恶湿而居下也。如恶之，莫如贵德而尊士，贤者在位，能者在职；国家闲暇，及是时，明其政刑。虽大国。必畏之矣。《诗》云：'迨天之未阴雨，彻彼桑土，绸缪牖户。今此下民，或敢侮予^①？'孔子曰：'为此诗者，其知道乎！能治其国家，谁敢侮之？'今国家闲暇，及是时，般乐怠敖^②，是自求祸也。祸福无不自己求之者。《诗》云：'永言配命，自求多福^③。'《太甲》曰：'天作孽，犹可违；自作孽，不可活。'此之谓也。"

【注释】

①迨天之……或敢侮予：语出《诗经·豳风·鸱鸮》。迨，等到。彻，取。桑土，桑树根的皮。绸缪，修补。诗意说未下雨之前及时修好鸟巢。该诗是寓言体，以鸱鸮（即猫头鹰）口气写出。

②般乐怠敖：放纵自己，不干正事，耽于享乐。

③永言配命，自求多福：语出《诗经·大雅·文王》。永，长。言，语气助词。配命，配合天命，按照天命的要求去做。

【译文】

孟子说："国君施仁政则安富尊荣，不施仁政肯定会招来屈辱。不愿受到屈辱但却不行仁政，这就像讨厌潮湿却住在低洼的地方一样。如果不想招致屈辱，最好看重道德，尊重士人，使贤能者有职有权。国家无事时，及时地修明政治，即便是大国也会敬畏了。《诗经》上说：'赶在天尚未阴雨时，衔来桑树根的皮，修补我的巢。树下的人，有谁还敢欺负我？'孔子评论说：'写这首诗的人，大概懂得治国之道吧？能治理好他的国家，谁还敢来欺负他！'现在可就不同了，国家无事时，尽量放纵游乐，不干正事，这是自己给自己寻求祸败呀！是祸是福都是自找的。《诗经》上又说：'永远地配合天命行事，才能得到幸福。'《尚书·太甲》中说：'天降祸，还可躲。自己求祸，便活不下去了。'说的就是这个道理。"

【鉴读】

此章是说，要免除国家的内忧外患，只能尊贤使能，奉行仁道。尤其重要的是，在平安的时候，必须要防患于未然。同时也揭示了孟子的荣辱观，福祸观以及孟子的价值取向。全章论述了"祸福无不自己求之者"这一论点。告诫君王及时修德施仁，趋利避害，造福人民。

孟子的本意是规劝当政者施行仁政，同时，他指出的"恶湿居下"现象却是普遍地存在于我们的生活之中。个人生活中的小事有这样的现象，国家行政上的大事也有这样的现象发生。所以孟子苦心提醒大家，既然厌恶潮湿，就不要自居于低洼的地方；既然厌恶耻辱，就不要自居于不仁的境地。说到底，还是要求当政者实施仁政。这才是孟子政治学说中万变不离其宗的主题。

第五章

【原文】

孟子曰："尊贤使能，俊杰在位，则天下之士皆悦而愿立于其朝矣。

市，廛而不征^①，法而不廛^②，则天下之商皆悦而愿藏于其市矣。关，讥而不征，则天下之旅皆悦而愿出于其路矣。耕者助而不税^③，则天下之农皆悦而愿耕于其野矣。廛，无夫、里之布^④，则天下之民皆悦而愿为之氓矣。信能行此五者，则邻国之民仰之若父母矣。率其子弟，攻其父母，自生民以来未有能济者也。如此，则无敌于天下。无敌于天下者，天吏也。然而不王者，未之有也。”

【注释】

①廛而不征：廛，指放货物的仓库。为商人提供存放货物的仓库而不向他们征税。

②法而不廛：法，依法收购。对滞销品依法收购而不使积压，这是防止物价波动过大而采取的措施。

③助而不税：助指助耕公田，而不向私田另外征税。孟子提倡井田制，故有此说。

④夫、里之布：夫布，指对不种田又无正当职业者征收的一种税。里布，对住宅周围没种桑麻者所征的一种税。

【译文】

孟子说：“尊重有贤德的人，任用有才能的人，让才德杰出的人居于上位，天下的士人就会高兴，愿意到这里为官。市场上为商人提供存放货物的场所却不向他们征税，商品滞销时又依法收购，天下的商人就很高兴愿意到这里做买卖了。关口上只稽查却不征税，天下旅行的人就会很愿意走在这里的大路上。农民只需要耕种公田而不另外缴税，天下的农民也就高兴并愿意在这里的土地上耕种了。住宅不收另外的税，天下的老百姓就会高兴地愿做这里的臣民。如果真的能做到这五点，那么邻国的老百姓就会像仰望父母那样看待他。带领子弟去打他们的父母，自从有了人类谁也没成功过。能做到这样，天下就没有对手了。天下没有对手，就等于是上天派下来管理天下的人。这样还不能称王于天下，是没有发生过的事情。”

【鉴读】

此章主旨是，只要能够行王道，关心民众的疾苦，国家就会强盛起来。孟子阐明了王道政治的五条具体措施，揭示了实行王道政治的巨大威力和作用。这五条具体措施的实质是仁政爱民，让士、农、商贾、行旅、居民都能享受仁爱的实惠。

我们从孟子展开的描述中，看到了一幅开放的治国蓝图：从干部政策到商业、农业、城市居民、海外关系等各个方面，无不以开放的姿态来处理。开放则得民心、得民心则国家兴旺发达。

无论是在古代还是现代，关于用人，关于税收（商业税、关税、农业税、城市人口土地占用税等），恐怕都有很多地方不尽如人意。这里面错综复杂的原因是非常之多的，需要专题研究。其中根本的一条恐怕还是理论与实践的冲突。一方面，理论毕竟含有很多理想的成分；另一方面，治理一个国家（甚至一个地区）绝非纸上谈兵那样容易，其中千头万绪的矛盾，千丝万缕的纠葛，非个中人绝难有所体会。

第六章

【原文】

孟子曰："人皆有不忍人之心①。先王有不忍人之心，斯有不忍之政矣。以不忍人之心，行不忍人之政，治天下可运之掌上，所以谓人皆有不忍人之心者，今人乍②见孺子将入于井，皆有怵惕③恻隐之心；非所以内交④于孺子之父母也，非所以要誉⑤于乡党朋友也，非恶其声而然也。由是观之，无恻隐之心，非人也；无羞恶之心，非人也；无辞让之心，非人也；无是非之心，非人也。恻隐之心，仁之端⑥也；羞恶之心，义之端也；辞让之心，礼之端也；是非之心，智之端也。人之有是四端也，犹其有四体也。有是四端而自谓不能者，自贼者也；谓其君不能者，贼其君者也。凡有四端于我⑦者，知皆扩而充之矣，若火之始然⑧，泉之始达。苟能充之，足以保⑨四海；苟不充之，不足以事父母。"

【注释】

①不忍人之心：怜悯心，同情心。

②乍：突然、忽然。

③怵惕：惊惧。

④内交：内交即结交，内同“纳”。

⑤要誉：博取名誉。要同“邀”，求。

⑥端：开端，起源，源头。

⑦我：同“己”。

⑧然，同“燃”。

⑨保：定，安定。

【译文】

孟子说："每个人都有怜悯体恤别人的心情。先王由于怜悯体恤别人的心情，所以才有怜悯体恤百姓的政治。用怜悯体恤别人的心情，施行怜悯体恤百姓的政治，治理天下就可以像在手掌心里面运转东西一样容易了。之所以说每个人都有怜悯体恤别人的心情，是因为，如果今天有人突然看见一个小孩要掉进井里面去了，必然会产生同情的心理；这不是因为要想去和这孩子的父母拉关系，不是因为要想在乡邻朋友中博取声誉，也不是因为厌恶这孩子的哭叫声才产生这种惊惧心理的。由此看来，没有同情心，简直不是人；没有羞耻心，简直不是人；没有谦让心，简直不是人；没有是非心，简直不是人。同情心是仁的发端；羞耻心是义的发端；谦让心是礼的发端；是非心是智的发端。人有这四种发端，就像有四肢一样。有了这四种发端却自认为不行的，是自暴自弃的人；认为他的君主不行的，是暴弃君主的人。凡是有这四种发端的人，知道都要扩大充实它们，就像火刚刚开始燃烧，泉水刚刚开始流淌。如果能够扩充它们，便足以安定天下，如果不能够扩充它们，就连赡养父母都成问题。"

【鉴读】

这一章是孟子"性善"的理论精髓，其实不过是从"孺子将入于井"，人自然地产生"怵惕恻隐之心"推断演绎出来的。孟子只说人有仁、义、礼、智四种萌芽，并没有说人都有这四种心。孟子在此提出了著名的"四端说"，同情之心是仁的发端，羞耻之心是义的发端，谦让之心是礼的发端，是非之心是智的发端。这一说法是性善论的基础，也是孟子仁政学说的理论基石。

从理论基础来说，孟子从天赋性善论（"四心"）推导出天赋道德论（"四端"），再推导出"不忍人之政"（仁政）。从实践来说，他重视后天努力（"扩而充之"）的作用。而且，撇开关于先天还是后天、唯心还是唯物的抽象讨论，孟子联系到自身所处的战国时代背景看问题，主张人性本善，强调天赋道德，推行仁爱政治，这些都是具有积极意义的。

第七章

【原文】

孟子曰："矢人岂不仁于函人哉？矢人唯恐不伤人，函人唯恐伤人。巫匠亦然。故术不可不慎也。孔子曰：'里仁为美。择不处仁，焉得智？'夫仁，天之尊爵也，人之安宅也。莫之御而不仁，是不智也。不仁、不智，无礼、无义，人役也。人役而耻为役，由弓人而耻为弓，矢人而耻为矢也。如耻之，莫如为仁。仁者如射：射者正己而后发；发而不中，不怨胜己者，反求诸己而已矣。"

【译文】

孟子说："造箭的人本性怎能一定不如造铠甲的人更仁慈呢？可造箭的人就担心他的产品不能伤人，而造铠甲的就担心他的产品不能保护人。巫、匠也是这样：巫医想让病人痊愈，木匠却只有死了人才有生意。所以选择职业不可不小心。孔子说：'选择居住地点，靠近仁人才是好的，不选择仁者为邻，怎能说是聪明呢？'仁是上天颁给人的高贵的爵位，是人的很好的处所。没人阻拦却不行仁义，是不聪明的。不仁德聪明，又不讲礼义，只能被人役使。被人役使又以为耻，就像造弓的人却耻于造弓，造箭的人耻于造箭一样。如果不想被人役使，不如去行仁义。仁像射箭一样。射箭的人先端正自己的姿势然后才把箭射出，射出但没中，不怨恨超过自己的人，只是在自己身上寻找原因罢了。"

【鉴读】

人的本性虽然是善的，但是能否做到仁却受到外界因素的阻碍。因此人完全具有自主选择的能力。孟子的本意还是为"仁"而鼓与呼，但在我们读来，他所提出的"术不可不慎"的问题却更为有意思。

造箭的人生怕自己所造的箭不能够伤害人，而造铠甲的人却生怕自己所造的铠甲保护不了人。医生生怕自己的医术不高明救不了人，而棺材店的老板却生怕没有人死，棺材卖不出去。这并不是因为造箭的人和棺材店的老板就一定没有造铠甲的人和医生仁慈，而是职业使他们各自产生出不同的心理状态，或者说是职业心理。所以，孟子得出结论说："术不可不慎。"选择职业一定要谨慎。这一准则放在今天也亦然。

第八章

【原文】

孟子曰："子路，人告之以有过，则喜。禹闻善言，则拜。大舜有[①]大焉，善与人同[②]，舍己从人，乐取于人以为善。自耕稼、陶、渔以至为帝，无非取于人者。取诸人以为善，是与人为善[③]者也。故君子莫大乎与人为善。"

【注释】

①有：同"又"。
②善与人同：与人共同做善事。
③与人为善：与：偕同。

【译文】

孟子说："子路，别人指出他的过错，他就很高兴。大禹听到有教益的话，就给人家敬礼。伟大的舜帝又更为了不得：总是与别人共同做善事。舍弃自己的缺点，学习人家的优点，非常快乐地吸取别人的长处来行善。从他种地、做陶器、捕鱼一直到做帝王，没有哪个时候他不向别人学习。吸取别人的优点来行善，也就是与别人一起来行善。君子，最重要的就是要与别人一起来行善。"

【鉴读】

孟子讲修养方法，举子路、夏禹、舜为例，赞颂圣贤为善的诚心，子路闻过则喜，夏禹听到善言则拜谢，大舜善与人同，舍己为人，这都是做人的至高境界。在善的面前，是没有人、我之分的，自己不善而他人有善，就舍己从人；自己有善而他人还没有达到，就公之于众与他人一起来实施。

今天我们说，与人为善，是指善意帮助别人。这与孟子所说的意思既密切相关又略为有所不同。孟子的意思，与人为善就是与别人一起行善，而这种与人一起行善的基础是吸取别人的优点，改正自己的缺点。从闻过则善、闻善言则拜，到与人为善，虽然有程度的不同，但其性质都是一样的，这就是善于吸取别人的优点而改正自己的缺点。

在《论语·学而》篇里，孔子曾经说过："丘也幸，苟有过，人必知之。"把别人能够给自己指出过错看做一大幸事。可见，孔、孟在如何正确对待自己的缺点和别人的优点这个问题上也是一脉相承的。

第九章

【原文】

孟子曰："伯夷，非其君不事，非其友不友。不立于恶人之朝，不与恶人言。立于恶人之朝，与恶人言，如以朝衣朝冠坐于涂炭①。推恶恶②之心，思与乡人③立，其冠不正，望望然④去之，若将浼⑤焉。是故诸侯虽有善其辞命而至者，不受也。不受也者，是亦不屑就已。柳下惠⑥，不羞污君，不卑小官；进不隐贤，必以其道；遗佚⑦而不怨，厄穷而不悯⑧。故曰：'尔为尔，我为我，虽袒裼裸裎⑨于我侧，尔焉能浼我哉？'故由由然⑩与之偕而不自失焉，援而止之而止。援而止之而止者，是亦不屑去已。"孟子曰："伯夷隘，柳下惠不恭。隘与不恭，君子不由也。"

【注释】

①涂炭：肮脏之处。涂，泥巴。炭，炭灰。
②恶恶：讨厌恶人、坏事。
③乡人：普通人。
④望望然：愤怒的样子。

⑤浼：污染。

⑥柳下惠：姓展名禽，鲁国人，相传他品性高洁坐怀不乱。

⑦遗佚：放弃。

⑧厄穷而不悯：厄穷，穷困。悯，担忧。

⑨袒裼裸裎：袒裼，露背。裸裎，光着身子。

⑩由由然：得意洋洋的样子。

【译文】

孟子说："伯夷这个人，不符合自己理想的君主他不侍奉，不符合自己理想的朋友他不交往，不在坏人充斥的朝廷做官，更不与坏人说话。在充斥坏人的朝廷做官，与坏人交谈，在他认为，就像穿着上朝用的衣帽却坐在泥巴炭灰中一样。他把厌恶坏人的心理推广开去，和普通人在一起，如果那人的帽子没戴正，他也会头也不回地离开，好像那人会玷污他的清白。所以诸侯也有人派使者说尽了好话请他去做官的，他总不接受。之所以不接受，也是不屑于去那里做官。柳下惠则不同，侍奉的君主不好他不觉得是耻辱，官职小他也不自卑，做官时一定推荐贤人，行事都合于正道。免职了也不抱怨，穷困潦倒也不担忧，并说：'你是你，我是我。即使你光身露体在我旁边，你怎能够污染我呢？'依然心情很好地与别人在一起而不失自己的操守，别人留他就留下。留他他就不走了，也是不屑于离开呀。"孟子还说："伯夷心胸狭窄，柳下惠玩世不恭。狭隘与不恭，真君子都是不会这样做的。"

【鉴读】

伯夷与柳下惠都是不平凡的人物，伯夷的特点是不屑于就位，柳下惠的特点是不屑于去位。不屑于就位则清高，清高则狭隘，水至清则无鱼，人至察则无徒。不屑于去位则和合，则容易流于不恭、不敬。因此孟子举伯夷来警戒人的轻进，举柳下惠警戒人之轻退，以克服狭隘与不恭的毛病。

从侧面也可以体味出孟子的用意，他认为，一个真正的君子，应该是按照中庸之道来行事处世的。凡事应当讲究分寸，把握好尺度，不可走向极端。

第四篇　公孙丑下

第一章

【原文】

孟子曰："天时不如地利，地利不如人和。三里之城，七里之郭，环而攻之而不胜。夫环而攻之，必有得天时者矣；然而不胜者，是天时不如地利也。城非不高也，池非不深也，兵革非不坚利也，米粟非不多也，委而去之，是地利不如人和也。故曰：域民不以封疆之界，固国不以山谿^①之险，威天下不以兵革之利。得道者多助，失道者寡助。寡助之至，亲戚畔^②之；多助之至，天下顺之。以天下之所顺，攻亲戚之所畔，故君子有不战，战必胜矣。"

【注释】

①山谿：指山谷。
②畔：这里指背叛。

【译文】

孟子说："在战争中，季节、天气等条件都不如地理条件重要，但地理条件却还没有人心一致重要。一座城周仅三里，外城仅七里的小城，围起来攻打却打不下来。能够围起来攻打，有了一定的有利时机，但却不能取胜，就说明季节、天气等条件都不如地理条件重要。再如，一座大城，城墙不是不高，护城河不是不深，武器不是不锋利，铠甲不是不坚固，粮食不是不多，但不得不弃城而去，这就说明地理条件还是不如人的团结重要。所以说：控制老百姓不是靠造边疆的界墙，巩固国家不是靠山谷的险峻，威震天下也不是靠武器的锋利和铠甲的坚固。用先王之道治国的就有很多人来帮助他，不用先王之道治国的帮助他的人就少。少到极点时，甚至连亲戚都会背叛他。帮助他的人多到一定程度，连天下都会归顺。凭天下归顺的形势，去攻打众叛亲离的人，所以君子可能不打仗，但要是一打仗，肯定会胜利。"

【鉴读】

这一章强调了民心向背的重大作用。按照孟子的看法，老百姓不是靠封锁边境线就可以限制住的，国家也不是靠山川、险阻就可以保住的，所以，闭关锁国是没有出路的。要改革，要开放，要提高自己的国力，让老百姓安居乐业。只要做到了这些，就会"得道者多助"，孟子虽然举军事的例子作为比喻，其意义和重点决不限于军事斗争。

由此所引出的"得道者多助，失道者寡助"，则成了千古传颂的名句。以至于我们现在还常常用它来评价国际关系，谴责霸权主义。当然，"天时不如地利，地利不如人和"也同样是名言，而且，还更为广泛地应用于商业竞争、体育比赛中。这充分说明它所蕴涵的哲理是丰富、深刻而具广阔的延展性的。

第二章

【原文】

孟子将朝王①，王使人来曰："寡人如②就见者也，有寒疾，不可以风。朝，将视朝③，不识可使寡人得见乎？"

对曰："不幸而有疾，不能造朝④。"

明日，出吊⑤于东郭氏。公孙丑曰："昔者辞以病，今日吊，或者不可乎？"

曰："昔者疾，今日愈，如之何不吊？"

王使人问疾，医来。

孟仲子⑥对曰："昔者有王命，有采薪之忧⑦，不能造朝。今病小愈，趋造于朝，我不识能至否乎？"

使数人要⑧于路，曰："请必无归而造于朝！"

不得已而之景丑氏⑨宿焉。景子曰："内则父子，外则君臣，人之大伦也。父子主恩，君臣主敬。丑见王之敬子也，未见所以敬王也。"

曰："恶！是何言也！齐人无以仁义与王言者，岂以仁义为不美也？其心曰：'是何足与言仁义也'云尔，则不敬莫大乎是。我非尧舜之道，不敢以陈于王前，故齐人莫如我敬王也。"

景子曰："否。非此之谓也。《礼》曰，'父召，无诺。君命召，不俟驾。'固将朝也，闻王命而遂不果，宜与夫礼若不相似然。"

曰："岂谓是与？曾子曰：'晋楚之富，不可及也；彼以其富，我以吾仁；彼以其爵，我以吾义，吾何慊⑩乎哉？'夫岂不义而曾子言之？是或一道也。天下有达尊三：爵一，齿一，德一。朝廷莫如爵，乡党莫如齿，辅世长民莫如德。恶得有其一以慢其二⑪哉？故将大有为之君，必有所不召之臣；欲有谋焉；则就之。其尊德乐道，不如是，不足与有为也。故汤之于伊尹，学焉而后臣之，故不劳而王，恒公之于管仲，学焉而后臣之，故不劳而霸。今天下地丑⑫德齐，莫能相尚⑬无他，好臣其所教⑭，而不好臣其所受教。汤之于伊尹，桓公之于管仲，则不敢召。管仲且犹不可召，而况不为管仲者⑮乎？"

【注释】

①王：指齐宣王。

②如：往，去。

③朝，将视朝：上午将上朝堂处理政务。

④造朝：上朝。造，去、上。

⑤吊：吊唁、吊丧。

⑥孟仲子：孟子堂弟。

⑦采薪之忧：疾病的委婉说法。采薪，砍柴。

⑧要：等。

⑨景丑氏：即下文"景子"，齐国大夫。

⑩慊：遗憾。

⑪有其一以慢其二：指齐王用权力轻视齿、德。慢，轻视。

⑫丑：接近。

⑬相尚：超过。

⑭好臣其所教：喜用不如自己的人做大臣。

⑮不为管仲者：孟子自指。因其推崇王道蔑视霸道，故自称不屑做管仲。

【译文】

孟子将要去见齐宣王，齐宣王却派人来说："我本来应该亲自去看您，可不巧得了感冒，吹不得风，我上午将到朝堂上处理政务，不知能不能在朝廷上见到您呢？"

孟子说："真不巧，我也得了病，上不了朝。"

第二天，孟子到东郭氏家吊丧。公孙丑问："先生昨天借口生病不去上朝，今天却出门吊丧，大概说不过去吧？"

孟子说："昨天病了，今天好了，为什么不能出门吊丧呢？"

齐宣王派人探视病情，连医生也带来了。孟子堂弟孟仲子说："昨天大王要他去上朝，可惜病了，不能去。今天，他病稍微轻一些，已赶赴朝堂，不知道有没有走到？"随后，孟仲子派几个人在路上拦住孟子，告诉他："一定别回家，要先到朝廷"。

孟子不得已只得到景丑氏家中借宿。景丑说："家庭内的父子关系，国家的君臣关系，是最重要的人伦关系。父子之间主要讲恩情，君臣之间主要讲尊重。我看到大王敬重你，却没看到你尊重大王呀。"

孟子说："嘿！你这是什么话！你们齐国人没有跟齐王讲仁义的，难道说是认为仁义不好吗？不是的。他们是内心认为'这样的君主怎么配跟他谈仁义'罢了。这是最大的不尊重。不是尧、舜的治国方法，我不敢在大王面前谈说，所以你们齐国人都没有我尊重大王。"

景丑说："不是的，我指的并不是这个。《礼》上规定：'父亲叫你，不等答应就应前去。''君王召见，不等车子驾好就出发。'你本来要去朝见大王，听说大王召见你你却不去了。与礼制的规定好像不同吧。"

孟子说"怎能这样说呢？曾子说：'晋国、楚国国君的富裕，我是赶不上的。但是他们靠着他们的富，我却靠着我的仁。他们靠着爵位，我靠着我的义。我比他们有什么遗憾呢？'要是不对，曾子能这样说吗？他有他的道理啊。天下有三样东西是最尊贵的：爵位是一个，年纪是一个，道德是一个。朝廷最重爵位，乡里最尊重年龄，辅助君王爱护百姓最重道德。

怎么可以靠其中的一种而轻视另外两种呢？所以将建立大功业的君王一定有他召见不去的大臣；想有什么和他商量，就应主动前去。他对道德的尊重、对大道的喜爱如果不到这种程度，就不可能有大的作为。所以商汤对于伊尹，先向他学习然后才敢做他的君主，所以，不需劳心费力就能称王于天下。齐桓公对于管仲也是如此，先向他学习然后才敢做他的君主，所以不用劳心费力就能称霸于诸侯。现在天下的几个大国，面积差不多，道德也相近，都不能让别的国家服气。没有别的原因，只是因为喜欢任用不如他的人，而对比自己强、自己应学习的人则不喜欢任用。商汤对于伊尹，齐桓公对于管仲，都不敢召见。连管仲都不能召见，更何况是对看不起管仲的人呢？"

【鉴读】

这一章，齐王召请孟子，孟子认为他这样做不够礼貌，所以以生病为借口推辞。由此可以看出孟子自视甚高的傲气。

孟子认为，士人的恭敬，主要不是表现在趋奉应命上面，而是应该批评政务的不足，陈说美德的善行。作为国君，不应该看重地位和财富，而是以崇尚美德、尊敬贤士为重。如果上下能够沟通，王业就有希望了。

孟子主张君王"尊贤使能"，"尊德乐道"，礼贤下士，主动放下自己尊贵的架子而启用贤才，甚至拜贤才为老师，就像商汤王对待伊尹，齐桓公对待管仲那样。其实，这也是儒学在用人问题上的基本观点。虽然孔、孟本人一生宣扬这种观点而自身并没有受到过这种待遇，但他们的思想却对后世的用人之道产生了极其深远的影响。刘备"三顾茅庐"请诸葛亮的故事，就是这种影响最为典型的例证。

第三章

【原文】

陈臻①问曰："前日于齐，王馈兼金②一百而不受；于宋，馈七十镒而受；于薛，馈五十镒而受。前日之不受是，则今日之受非也；今日之受是，则前日之不受非也。夫子必居一于此矣。"

孟子曰："皆是也。当在宋也，予将有远行，行者必以赆③，辞曰'馈赆'。予何为不受？当在薛也，予有戒心，辞曰：'闻戒，故为兵馈之。'予何为不受？若于齐，则未有处也。无处而馈之，是货之也。焉有君子而可以货取乎？"

【注释】

①陈臻：孟子弟子。

②兼金：质地好的金，价格高出普通金一倍。金，指铜，作货币用，当时称为金。

③赆：馈赠给旅行者的礼物。

【译文】

孟子的弟子陈臻问："过去您在齐国的时候，齐王送您上好的黄金一百镒你没接受；但后来到了宋国，宋王送您七十镒您却接受了；在薛地，薛君送您五十镒您也接受了。如果过去不接受齐王的馈赠是对的，那么后来又接受馈赠就应该错了；如果后来接受馈赠是对的，那么开始不接受就不对了：这两种情况老师您必居其一。"

孟子说："接受不接受都是对的。在宋国时，我将要远行，对旅行者必定要赠送礼物，宋君说是'赠送礼物'，我为什么不接受呢？在薛地时，我需士兵的警卫。薛君说：'听说有警戒，所以为士兵送些给养。'我为什么不接受呢？至于在齐国，没有什么特殊的事情没什么原因却要赠送金钱，是把我当成商品了。君子怎么可以当做商品买来呢？"

【鉴读】

这一章，孟子通过回答自己的辞受所招致的责难，阐明了自己的取舍立场。孟子认为没有理由则不能够接受别人的馈赠。君子对于礼物不是以多少来确定接受与否的，而是以是否合乎道理来取舍。如果排除了这一原则和标准，那么就是收受贿赂，君子本身也就不再成其为君子了。

孔子说："富与贵，是人之所欲也，不以其道得之，不处也。"（《论语·里仁》）也就是我们常说的"君子爱财，取之有道。"从思想方法上来说，就是既坚持原则又通权达变。不仅处理经济问题如此，就是个人的立身处世也是如此。所以孟子说孔子是'可以仕则仕，可以止则止；可以久则久，可以速则速"（《公孙丑上》）的"圣之时者"。（《万章下》）也就是突出他通权达变而识时务的一面。甚至包括孔子的名言"用之则行、舍之则藏"（《论语·述而》）和孟子的名言"穷则独善其身、达则兼善天下"（《孟子·尽心下》）等，也无不是这种精神的体现。

第四章

孟子之平陆①，谓其大夫②曰："子之持戟之士③，一日而三失伍④，则去之否乎？"

曰："不待三。"

"然则子之失伍也亦多矣。凶年饥岁，子之民，老羸转于沟壑、壮者散而之四方者，几千人矣。"

曰："此非距心之所得为也。"

曰："今有受人之牛羊而为之牧之者，则必为之求牧⑤与刍矣。求牧与刍而不得，则反诸其人乎？抑亦立而视其死与？"

曰："此则距心之罪也。"

他日，见于王曰："王之为都⑥者，臣知五人焉。知其罪者，惟孔距心。"为王诵⑦之。

王曰："此则寡人之罪也。"

【注释】

①平陆：齐国边境邑名。

②大夫：据下文，这里的大夫名孔距心。

③持戟之士：守卫的士兵。一说为战士。

④失伍：失其行伍，意谓脱离职守。

⑤牧：这里指牧地。

⑥都：都邑。

⑦诵：背诵复述。

【译文】

孟子到平陆，对平陆的长官孔距心说："你的守卫战士，一天之中三次失职脱离岗位，你是否要开除他呢？"

孔距心说："用不着等到三次便开除他。"

孟子说："那么，你的失职之处也很多。灾荒饥馑之年，你的人民百姓，老弱的转死于沟壑之中、青壮年流散到四方的，将近有一千人。"

孔距心说："(由于有灾害，)这不是我的力量所能做到的。"

孟子说："假如现在有一个接受别人的牛羊而为别人放牧的人，那么他必须为这群牛羊寻找牧场与草料。如果寻找不到牧场与草料，是将牛羊归还给它的原主呢，还是站在那里看着牛羊一只只死掉？"

孔距心说："如此说来，这就是我的错了。"

过了些时候，孟子见到齐王，说："在齐国境内的都邑长官，我认识五位。能够认识自己过错的，只有孔距心一人。"于是把那件事复述了一遍。

齐王说："这样说来，这是我的错误啊。"

【鉴读】

这一章与上一章旨趣相同，但是孟子论辩的方式不一样，上一章是孟子自己设想的譬喻，虽然使得齐宣王无法作答，但是口头仍未认错，仅仅把话题扯到别处来推脱责任。这一章，孟子强调，无论是官员还是国君，都应该具有责任心。孟子善于把深刻的道理说得简单明白，他用战士失职的比喻引导平陆大夫认识到自己的过错，用平陆大夫认识到自己的过错再来引导齐王认识到的自己失职。这种换位思考、观人察己的思维方式与今亦有重要作用。

第五章

【原文】

孟子谓蚳蛙①曰："子之辞灵丘②而请士师③，似也，为其可以言也。今既数月矣，未可以言与？"

蚳蛙谏于王而不用，致为臣而去。齐人曰："所以为蚳蛙则善矣；所以自为，则吾不知也。"

公都子④以告。

曰："吾闻之也：有官守者，不得其职则去；有言责者，不得其言则去。我无官守，我无言责也，则吾进退，岂不绰绰然有余裕哉？"

【注释】

①蚳蛙：齐国大夫。
②灵丘：齐国边境邑名。
③士师：官名，管禁令，狱讼，刑罚等，是法官的通称。
④公都子：孟子的学生。

【译文】

孟子对蚳蛙说："您辞去灵丘县长而请求做法官，这似乎有道理，因为可以向齐王进言。可是现在你已经做了好几个月的法官了，还不能向齐王进言吗？"

蚳蛙向齐王进谏，齐王不听。蚳蛙因此辞职而去。齐国人说："孟子为蚳蛙的考虑倒是有道理，但是他怎样替自己考虑呢？我们就不知道了。"

公都子把齐国人的议论告诉了孟子。

孟子说："我听说过：有官位的人，如果无法尽其职责就应该辞官不干；有进言责任的人，如果言不听，计不从，就应该辞职不干。至于我，既无官位，又无进言的责任，那我的进退去留，岂不是非常宽松而有自由的回旋余地吗？"

【鉴读】

这一章阐明了孟子的进退观，孟子认为，有官守的人和有言责的人进退都要有原则，"有官守者，不能其职则去"，"有言责者，不得其言则去"。而没有二者的孟子，认为自己进退去留的选择就比较自由了。孔子曾说"不在其位，不谋其政"，孟子的意思也大致相同。孟子认为，作为正式的官员，有自己的职责范围，应该是尽到自己的责任，孟子那样无职位的人，虽说不能以这样的标准要求，但是如果并不能因此而完全无道德责任和历史使命，否则就不能称其为"君子"或者"士"了。

第六章

【原文】

孟子为卿于齐，出吊于滕[1]，王使盖大夫王驩[2]为辅行[3]。王驩朝暮见，反齐、滕之路，未尝与之言行事也。

公孙丑曰："齐卿之位，不为小矣；齐、滕之路，不为近矣。反之而未尝与言行事，何也？"

曰："夫既或治之，予何言哉？"

【注释】

①出吊于滕：到滕国去吊丧。指滕文公之丧。

②盖大夫王马驩：盖，齐国邑名，故城在今山东沂水县西北。王驩，齐王宠信的嬖臣。

③辅行：副使。指跟孟子到滕吊丧的副使。

【译文】

孟子在齐国当卿相，奉命去滕国吊丧。(齐)王派盖邑大夫王驩为副使同往。王驩(跟孟子)从早到晚在一起，往返于齐、滕两国途中，(孟子)不曾跟他交谈过公事。

公孙丑说："齐卿的官位，可不算小；齐、滕之间的路程，也不算近。但往还途中未曾跟他谈过公事，这是为什么？"

(孟子)说："有关的事他一个人擅自包办了，我还有什么话可说呢？"

【鉴读】

这一章记载孟子出使吊亡的事件以及公孙丑对孟子出使的言行的责难，更加突出记载了孟子自己申辩的言语准则。其中透露着孟子对于小人的态度，虽态度十分严厉，但是言行却很谨慎，不强行争执论理，这也就是孔子说的"邦无道，危行言逊"的处世态度。

从孟子一书来看，孟子并非都采取这样态度，他作为正式官员是遵守此道的，而作为没有职位的自由人则是言语犀利，据理论辩的，这里面既有身份、地位的因素，也有社会条件不同的因素。

第七章

【原文】

孟子自齐葬于鲁①，反于齐，止于嬴②。

充虞③请曰："前日不知虞之不肖，使虞敦匠事④。严⑤，虞不敢请。今愿窃有请也：木⑥若以美⑦然。"

曰："古者棺椁无度⑧，中古⑨棺七寸，椁称之。自天子达于庶人，非直为观美也，然后尽于人心⑩。不得⑪，不可以为悦；无财，不可以为悦。得之为有财⑫，古之人皆用之，吾何为独不然？且比化⑬者，无使土亲肤，于人心独无恔乎⑭？吾闻之也：君子不以天下俭其亲。"

【注释】

①自齐葬于鲁：孟子母亲在鲁国去世，时孟子在齐国做官，要赶赴鲁国埋葬母亲。

②嬴：齐国南部的城市，靠近鲁国。

③充虞：孟子弟子。在治丧期间曾做监工。

④敦匠事：监督木匠造棺材。敦，督促、监督。

⑤严：时间急促，来不及。

⑥木：指棺材。

⑦以美：太美。以同"已"。指棺椁的豪华超出一般。

⑧棺椁无度：对棺椁的厚度没有规定统一的标准。

⑨中古：指西周以后。

⑩尽于人心：能尽人子之孝心。

⑪不得：受制度的限制不能厚葬。

⑫得之为有财：按礼制规定可以厚葬和有较多的财物。为，与、和。

⑬比化：为死者考虑。比，为。化：死者。

⑭无恔：不愉快。恔，愉快。

【译文】

孟子从齐国回到鲁国去埋葬他的母亲。回到齐国，停留在嬴城。弟子充虞问道："过去您不了解我水平低下，让我分管棺材的制造，时间紧急，我没敢多问。现在我想把内心的疑问说出来：棺椁好像太豪华了些。"

孟子说："上古之时，对棺和椁的厚度无具体的规定。周公制礼以来，棺的厚度定为七寸，椁的厚度也是七寸，从天子到老百姓都是如此。并不仅仅是为了好看，只有这样，孝子才能安心。按礼制规定不能厚葬的，不能够称心；财力绵薄无力厚葬的，也不能够称心。按礼能够厚葬和财力丰厚的，古人都会厚葬，为什么单单我不能这样呢？况且为了死者考虑，不让土壤亲近尸体，难道孝子之心不愉快吗？我曾听说：君子不会为了天下节约财物而薄待他们的父母。"

【鉴读】

孟子认为，在安葬父母的问题上，只要是礼制和财力两方面许可，就要尽力做得好一些。尤其是本章最后的一句话"君子不以天下俭其亲"，更是格言似的表达了孟子关于"孝"的看法。孟子以为，丧礼是否得当，主要有两条：其一是是否尽到了做人子的孝心；其二是与自己的能力是否相当，实际所为没有达到财力所能承担的程度，就说不上是尽孝心。

《论语》里有不少孔子及其弟子关于"孝"、"丧"问题的论述。其中比较重要而又与本章所论问题关系密切的如孔子在《八佾》篇里的说法："与其易也，宁戚。"意思是说，丧礼与其铺张浪费，宁可悲哀可度。所以，孔子其实更重视的是内在情感方面，而要求在物质方面节俭办事，反对丧事过分大办，铺张浪费。这一点，在孟子这里显然已发生了变化。时代不同，个人所处地位不同，财力状况不同都导致了这种变化。但万变不离其宗，有一点是肯定的，就是强调丧事是"孝心"的重要体现，必须引起我们的高度重视。

第八章

【原文】

沈同^①以其私问曰："燕可伐与？"

孟子曰："可。子哙不得与人燕，子之不得受燕于子哙。有仕于此，而子悦之，不告于王而私与之吾子之禄爵；夫士也，亦无王命而私受之于子，则可乎？何以异于是？"

齐人伐燕。或问曰："劝齐伐燕，有诸？"

曰："未也。沈同问'燕可伐与'，吾应之曰，'可'，彼然而伐之也。彼如曰，'孰可以伐之？'则将应之曰，'为天吏，则可以伐之。'今有杀人者，或问之曰，'人可杀与？'则将应之曰，'可'。彼如曰，'孰可以杀之？'则将应之曰：'为士帅，则可以杀之。'今以燕伐燕，何为劝之哉？"

【注释】

①沈同：齐国大臣。

【译文】

沈同以私人身份问孟子说："燕国可以攻打吗？"

孟子回答："可以。燕王哙不应该把燕国交给别人，燕相子之也不能从子哙手中接受燕国。假如有个人在这里做官，你喜欢他，而瞒着君王把你的俸禄爵位私自让给他，而这个人，也没有君王的命令而私自接受你的俸禄爵位，这样可以吗？燕国的情况同这有什么区别？"

齐国军队果真去攻打燕国。有人问孟子说："您劝齐国攻打燕国，有这么回事吗？"

孟子回答："没有。沈同问我'燕国可以攻打吗'，我回答他说'可以'。他们就这样去攻打燕国了。他如果问：'谁可以攻打燕国？'我便会回答他说：'只有天吏，才可以攻打它。'就比如杀人犯，有人问我：'这杀人犯应该处死吗？'我将回答他：'应该处死。'他如再问：'谁可以处死他？'我将回答他：'只有士师，才可以处死他。'现在以一个同燕国一样应该攻打的国家去攻打燕国，我为什么要劝他呢？"

【鉴读】

　　齐国讨伐燕国，是战国中期的一项重大事件。孟子对此事情的态度很明显，燕国的国政败坏，民众因此遭受苦难，所以是可以去讨伐的，但是讨伐者必须施行优于燕的政策，否则，伐燕是没有任何意义的，而且也不能得到百姓的支持。在此，衡估的准则是和民众的利害、爱憎相一致的。

第九章

【原文】

　　燕人畔^①。王曰："吾甚慙^②于孟子。"

　　陈贾^③曰："王无患焉。王自以为与周公孰仁且智？"

　　王曰："恶，是何言也？"

　　曰："周公使管叔监殷，管叔以殷畔^④。知而使之，是不仁也；不知而使之，是不智也；仁智，周公未之尽也，而况于王乎？贾请见而解之。"

　　见孟子，问曰："周公何人也？"

　　曰："古圣人也。"

　　曰："使管叔监殷，管叔以殷畔也，有诸？"

　　曰："然。"

　　曰："周公知其将畔而使之与？"

　　曰："不知也。"

　　"然则圣人且有过与？"

　　曰："周公，弟也；管叔，兄也；周公之过，不亦宜乎？且古之君子，过则改之；今之君子，过则顺之。古之君子，其过也，如日月之食，民皆见之；及其更^⑤也，民皆仰之。今之君子，岂徒顺之，又从为之辞^⑥。"

【注释】

　　①畔：通"叛"。齐国破燕之后，赵国帮助燕人另立燕昭王，反抗

齐国，所以对齐国来说就是"燕畔"。

②慙：即惭。

③陈贾：齐国大夫。

④据《史记》载：周武王去世后，成王年少，周公旦辅持朝政。管叔、蔡叔恐周公旦于成王不利，乃挟武庚作乱。后周公旦承成王命伐武庚，杀管叔，放逐蔡叔。

⑤更：改变。

⑥辞：借口。

【译文】

燕国人起而抗齐。齐王说道："（孟子对我建议了那么多好方法，现在这种局面，使）我感到面对孟子很惭愧呵！"

陈贾劝道："大王您不要在这件事情上难过了。您自己掂量掂量，和周公相比，谁在仁和智方面强一些呢？"

齐王说："咄，这是什么话！"

陈贾说道："周公任命管叔去治理殷，管叔却率领殷地的人起来造反。这种结果，若周公早有预见却仍然派遣管叔去殷地，那就是周公不仁；如果周公始料不及，没想到后果就派管叔去殷地执政，那就是周公不明智，不善察人。仁和智，周公那样的圣人都没有尽善尽美地做到，何况大王您呢？我请求去见孟子把这事儿解释清楚。"

陈贾见了孟子以后，问道："周公是什么人呀？"

孟子回答说："是古代的大圣人。"

陈贾又说："派遣管叔去殷地执政，管叔却鼓动殷人起来造反，周公做过这件事吗？"

孟子回答说："做过的。"

陈贾接着追问："周公预先就知道管叔将会谋反，而派遣他去殷地的吗？"

孟子回答说："他事先并没有预见到。"

陈贾于是说："那么圣人也会犯错误喽？"

孟子回答说："周公是弟弟，管叔是哥哥，（难道弟弟还会怀疑同胞兄长谋反吗？）周公所犯的错误，也是人之常情，不足为怪。而且，古代的圣人君子，有了缺点错误就会立即改正；但现在的某些所谓君子呢，有了错误竟将错就错，不思悔改。古代的君子，他的过错就好像日蚀月蚀一样，人民群众都看得一清二楚；一旦他改正，老百姓都抬起脑袋高兴而敬重地望着他。现在有些所谓君子，哪里仅仅是将错就错而已，甚至还要编造一套五花八门的理由和借口来为自己辩护。”

【鉴读】

这一章分别记载了齐王和陈贾的对话以及陈贾与孟子的对话，集中讨论了齐王在对待燕国的问题上的过失。齐军由于没有得到燕国民众的支持，不得不撤了回来。因为孟子在齐国战胜燕国之初就已经提醒齐王，如果不施行仁政，就不能保持已经取得的成果。所以，齐王觉得有愧于孟子。但是大臣陈贾试图通过“圣人也有过失”的事实为齐王的错误辩护，这实际上是一种阿谀奉承的行为。这种做法受到孟子义正辞严的驳斥。

第十章

【原文】

孟子致为臣①而归。王就见孟子，曰：“前日愿见而不可得，得侍同朝②，甚喜。今又弃寡人而归，不识可以继此而得见乎？”

对曰：“不敢请耳，固所愿也。”

他日，王谓时子③曰：“我欲中国④而授孟子室，养弟子以万钟⑤，使诸大夫国人皆有所矜式⑥，子盍为我言之？”时子因陈子⑦而以告孟子，陈子以时子之言告孟子。

孟子曰：“然。夫时子恶知其不可也？如使予欲富，辞十万而受万，是为欲富乎？季孙曰：‘异哉子叔疑！使己为政，不用，则亦已矣，又使其子弟为卿。人亦孰不欲富贵？而独于富贵之中，有私龙断焉⑧。’古之为市也，以其所有，易其所无者，有司者治之耳。有贱丈夫焉，必求龙断而登之，以左右望而罔市利。人皆以为贱，故从而征之。征商，自此贱丈夫始矣。”

【注释】

①致为臣：辞官。

②得待同朝：在一起做事，这是齐王的客气话。

③时子：齐国大臣。

④中国：即国中，在首都临淄。国，指都城。

⑤万钟：俸禄的数目。一钟等于六斛四斗。

⑥矜式：效法、学习的榜样。

⑦陈子：孟子弟子陈臻。

⑧龙断：即垄断。

【译文】

孟子辞去齐国卿位准备回乡。齐宣王主动去看望他，说："过去想见您却没有机会，后来有机会一起做事情了，我非常高兴。现在您却要弃我而去，不知以后我们还能见面吗？"

孟子说："只是我不敢提出来罢了，这本是我很希望的。"

过了几天，齐宣王对时子说："我想在都城赠给孟子一套房子，每年给他一万钟俸禄，让我们国家所有的官员和民众都能有个效法的榜样，你为什么没有替我转达给孟子呢？"时子通过孟子的学生陈臻把这话传给孟子，陈臻把时子的话原原本本地告诉了孟子。

孟子说："唉。时子怎么明白这不行呢？如果我想富的话，怎么会推辞十万钟俸禄而去接受一万钟的俸禄，我难道是想富贵吗？季孙说：'子叔疑太奇怪！自己执政，退职后又让他的子弟做卿大夫。哪个人不想富贵呢？他却想让自己家族垄断富贵的机会。'上古设立市场，是用自己所有的，换自己没有的，市场的管理员管理市场秩序。有道德卑下的人，一定要选高处，站在高处左右张望，哪里能赚钱就到哪里。人们都认为这人道德卑下，所以开始征税。向商人征税就从这道德卑下的人开始。"

【鉴读】

孟子在齐宣王那里虽然受到比较好的待遇，在不少问题上（例如是否攻打燕园，是否占领燕园等）齐宣王也征求他的意见。但齐宣王始终不愿实施孟子所提出的"仁政"方案，所以，孟子还是只有"致为臣而归"，辞职归家了。

当齐宣王通过臣下来转达留住孟子的愿望时，孟子以"辞十万而受万，是为欲富乎?"作为回答，表明了自己做官绝对不是为了个人发财致富，而是为实现政治抱负，济世救民。接着，孟子便说了一段寓言式的话，指出了官场和商场都有人想进行垄断的现象。就孟子的本意而言，"贱丈夫"的寓言是为了配合说明官场与商场一样存在着垄断，干扰着他说服齐王实施仁政。而这，正是他不愿意享受十万钟的俸禄而辞职还乡的根本原因。

第十一章

【原文】

孟子去齐，宿于昼①。有欲为王留行者，坐而言②，不应，隐几③而卧。客不悦曰："弟子齐宿④而后敢言，夫子卧而不听，请勿复敢见矣。"

曰："坐，我明语子。昔者，鲁缪公无人乎子思之侧，则不能安子思；泄柳、申详无人乎缪公之侧，则不能安其身。子为长者虑，而不及子思，子绝长者乎，长者绝子乎?"

【注释】

①昼：齐国西南的近邑，在山东临淄西南。

②坐而言：坐指跪坐，即两膝着地，腰、股伸直的姿势，比较严肃、恭敬。

③隐几：伏着靠几。隐，凭靠。几，供老年人坐时倚靠的家具。

④齐宿：齐通斋。提前一天斋戒，以示慎重。

【译文】

孟子离开齐国，在昼邑过夜。有个人想为齐王挽留孟子，恭敬地跪坐着劝说，孟子不理睬，斜靠着几憩息。那说客不高兴地说："弟子提前一天进行斋戒才敢来劝说您，先生倒躺着不听，恕我以后再也不敢和您相见了。"

孟子说："坐下，我明白地告诉你吧。过去，鲁穆公如果没有遣人常在子思身边伺候致意，就不能使子思安心；泄柳、申详如果没有使贤人常在鲁穆公身边维护，自己就不能安心。你替我这位老人打算，却比不上鲁穆公对待子思，到底是你与我这老年人决绝呢，还是我这老年人与你决绝？"

【鉴读】

这一章通过孟子与"有欲为王留行者"的对话，揭示了孟子离开齐王的原因主要是齐王既没有尊重孟子的政见，又没有像鲁公礼贤子思那样的有诚意，所以孟子对欲为齐王挽留他的人态度傲慢。这说明齐王并不能够真正的重视人才，以诚待人，留住贤才，同时我们可以体会到孟子的傲气与狂妄。这里丰富了我们对孟子形象的认识与感受，使孟子这一伟大的思想家也多了一份人情味。

第十二章

【原文】

孟子去齐，尹士①语人曰："不识王之不可以为汤武，则是不明也；识其不可然且至，则是干泽②也。千里而见王，不遇故去，三宿而后出昼，是何濡滞③也？士则兹不悦。"

高子④以告，曰："夫尹士恶知予哉？千里而见王是予所欲也，不遇故去岂予所欲者？予不得已也！予三宿而出昼，于予心犹以为速，王庶几改之。王如改诸则必反予⑤，夫出昼而王不予追也，予然后浩然有归志。予虽然，岂舍王哉？王由足用为善，王如用予，则岂徒齐民安，天下之民举安。王庶几改之，予日望之。予岂若是小丈夫然哉？谏于其君而不受则怒，悻悻然见于其面。去则穷日之力而后宿哉？"

尹士闻之曰："士诚小人也。"

【注释】

①尹士：齐国人。
②干泽：追求利禄。干，求。
③濡滞：迟缓。
④高子：孟子弟子，齐国人。
⑤反予：召我回去。

孟子离开了齐国。齐国人尹士跟人说：“孟子如果不知道齐王并不能做到像商汤、周武王那样的明君，就说明孟子并不够聪明。如果明明知道齐王不行，但还是来了，这就有追求利禄的嫌疑。从千里之外赶来见齐王，没有被重用所以离去，在边境小城住了三晚才离开，行动是多么迟缓啊！我对这一点很不高兴。”

学生高子把尹士的话转达给孟子。

孟子说：“尹士怎能理解我呢？从千里之外赶来见齐王是希望他实行王道，是我向往的。没被重用而离开齐国，难道是我所期望的吗？我在昼住了三个晚上才离开，我还认为离开得太快呢。希望齐王能改正错误，如果他改正了错误，一定会召我回去。等到离开昼而齐王却没派人来追，我才毅然决然地要回去。我即使离开了齐国，心中怎能舍得下齐王呢？齐王还有行善政的道德基础。齐王如果用我的主张，岂止是能让齐国老百姓得以安居乐业、天下老百姓都能安居乐业。齐王要是能回心转意，我天天盼望着。难道我像某些小人吗？劝谏君主却没被采纳，就恼了，怒形于色，离开的时候想快快地走，走了一整天才找地方住下。”

尹士听说了，说：“我的确是小人啊。”

【鉴读】

这一章充分显现了孟子以天下为己任的道德责任感，体现了孟子寻找道济时，爱君泽民的仁爱思想。尹士对孟子的批评，显然存在一定的误解，也并不了解孟子的真正用意，而只是根据其行为草率下结论。孟子虽然不像孔子那样，“知不可为而为之”，但是只要有一线希望，他还是不肯轻易放弃的。诚如朱熹所评：“此章见圣贤行道济时汲汲之本心，爱君泽民蜷蜷之余意。”

第十三章

【原文】

孟子去齐，充虞路问曰：“夫子若有不豫色①然。前日虞闻诸夫子曰：'君子不怨天，不尤人。'"曰："彼一时也，此一时也。五百年必有王者兴，其间必有名世者。由周而来，七百有馀岁矣。以其数，则过矣；以其时考之，则可矣。夫天未欲平治天下也；如欲平治天下，当今之世，舍我其谁也！吾何为不豫哉？"

【注释】

①不豫色：不高兴的样子。

【译文】

孟子离开齐国时，弟子充虞在路上问道："老师好像不太高兴。过去我曾听您说：'君子既不埋怨上天，也不责怪别人。'"

孟子说："当时有当时的情况，现在有现在的情况。从历史发展上看，大约五百年定会有王者兴起，这中间一定有不一般的人物辅佐他。从周的兴起到现在，已经七百多年了。从年数上看，已经超过五百年了；考察现在的社会现实，也正是急需王者出现的时候，老天爷不想让天下太平也就算了，如果想让天下太平，在今天的社会上，除了我还有谁能行呢？我为什么不高兴呢？"

【鉴读】

这一章主要反映了孟子的自负与用世的心态。它所表达的孟子的思想感情是极复杂的。有些像告老还乡歌，又有些像解甲归田赋。"当今之世，舍我其谁也？"大有孔子所说"天生德于予，桓魋其如子何？"（《论语·速而》）的味道。其底蕴是一种"以天下为己任"的社会责任感和使命感。当然，孟子的表达是有愤激情绪的，因此也成为后世批判孔、孟之道时的靶子之一，认为他们不可一世，狂妄到了极点。

第十四章

【原文】

孟子去齐，居休①。公孙丑问曰："仕而不受禄，古之道乎？"曰："非也；于崇②，吾得见王，退而有去志；不欲变，故不受也。继而有师命③，不可以请。久于齐，非我志也。"

【注释】

①休：故城在今山东滕州北十五里，距孟子家约百里。

②崇：地名，今不可考。

③师命：师旅之命。

【译文】

孟子离开齐国，居于休地。公孙丑问道："做官却不受俸禄，合乎古道吗？"孟子说："不；在崇，我见到了齐王，回来便有离开的意思；不想改变，所以不接受俸禄。不久，齐国有战事，不可以申请离开。然而长久地淹留在齐国，并不是我的心愿。"

【鉴读】

公孙丑对孟子在齐国任职而不受俸禄的行为不理解，孟子告诉他，之所以这样做，是因为齐王不能采纳自己的主张，早就有了离开的意向，至于在齐国逗留的时间长，是由客观局势决定的，并非自己的本意。

这里可以看到孟子的凛然大义以及坚定的原则性。

第五篇　滕文公上

第一章

【原文】

滕文公为世子，将之楚，过宋而见孟子。孟子道性善，言必称尧舜。

世子自楚反，复见孟子。孟子曰："世子疑吾言乎？夫道一而已矣。成覸^①谓齐景公曰：'彼丈夫也，我丈夫也，吾何畏彼哉？'颜渊曰：'舜何人也？予何人也？有为者亦若是。'公明仪^②曰：'文王我师也，周公岂欺我哉？'今滕，绝长补短，将五十里也，犹可以为善国。《书》曰：'若药不瞑眩，厥疾不瘳。'^③"

【注释】

①成覸：人名。齐国人。

②公明仪：鲁国贤人。

③若药不瞑眩，厥疾不瘳：瞑眩，指头晕。瘳，愈。意为如果用药不感到晕眩，说明药量不足，起不到治疗效果。孟子借此喻告滕太子，必须下决心除恶才能为善。

【译文】

滕文公做世子时，要到楚国去，途经宋国，去见孟子。孟子宣扬人性本善，说话总以圣王尧、舜为证。

太子从楚国回来时又去见孟子。孟子说："世子怀疑我的话吗？治国的大道只有一条罢了。成覸对齐景公说：'他是大丈夫，我也是大丈夫，我为什么要怕他呢？'颜回说：'大舜是什么人哪？我又是什么人哪？想有所作为的人也应以大舜为榜样！'公明仪说：'周文王是我的老师。周公这话能哄我吗？'滕国虽小加起来将近五十里方圆，还可以治理成一个好国家。《尚书》上说：'如果药力不能让病人晕眩，这说明药力不足，病就好不了。'"

【鉴读】

这一章，孟子向为世子时的滕文公讲述自己的主张，滕文公心中疑惑，因此再次向孟子求教。孟子告诉他，古往今来，不论圣贤还是普通人，本性都是善的，圣贤能做到的，普通人经过努力也能够做到，除此之外，别无他理。也就是说，孟子揭示了人应该努力为善的道理。

"道性善"和"称尧舜"是孟子思想中的两条纲，而这两方面又是密切联系的。"道性善"就是宣扬"性善论"。"性善"的正式说法，最早就见于这里。所以，本章还有重要的思想史资料价值。"称尧舜"就是宣扬唐尧虞舜的"王道"政治，也就是孟子所提倡的"仁政"。所谓"先王有不忍人之心，斯有不忍人之政矣。""不忍人之心"的善良本性是"不忍人之政"的仁政的基础，二者的关系是密不可分的。所以，孟子"道性善"要"言必称尧舜"，这是非常清楚的。

第二章

【原文】

滕定公①薨②，世子谓然友③曰："昔者孟子尝于我言于宋，于心终不忘。今也不幸至于大故，吾欲使子问于孟子，然后行事。"

然友之邹，问于孟子。

孟子曰："不亦善乎！亲丧，固所自尽④也。曾子曰：'生，事之以礼；死，葬之以礼，祭之以礼，可谓孝矣。'⑤诸侯之礼，吾未之学也；虽然，吾尝闻之矣，三年之丧，⑥齐疏之服，⑦飦粥之食，⑧自天子达于庶人，三代共之。"

然友反命，定为三年之丧。父兄百官皆不欲，曰："吾宗国⑨鲁先君莫之行，吾先君亦莫之行也，至于子之身而反之，不可。且《志》⑩曰：'丧祭从先祖。'"

曰："吾有所受之也。"谓然友曰："吾他日未尝学问，好驰马试剑。今也父兄百官不我足⑪也，恐其不能尽于大事。子为我问孟子！"

然友复之邹问孟子。

孟子曰："然。不可以他求⑫者也。孔子曰：'君薨，听于冢宰⑬，歠粥⑭，面深墨⑮，即位而哭，百官有司莫敢不哀，先之也。'上有好者，下必有甚焉者矣。君子之德，风也；小人之德，草也。草尚⑯之风，必偃⑰。是在世子。"

然友反命。世子曰："然。是诚在我。"

五月居庐⑱，未有命戒⑲。百官族人可，谓曰知⑳。及至葬，四方来观之，颜色之戚，哭泣之哀，吊者大悦。

【注释】

①滕定公：滕国国君，滕文公之父。

②薨：诸侯去世。

③然友：太子的老师。

④自尽：自己尽心尽力。

⑤生，事之以礼；死，葬之以礼，祭之以礼，可谓孝矣：据《论语》记载，这本为孔子的话，大概孔子弟子皆以此言教人。

⑥三年之丧：根据儒家的规定。父母去世之后要守孝三年。

⑦齐疏之服：齐，衣服下边。疏，粗布：指守孝期间不能穿好衣服。

⑧饘粥之食：稀饭。

⑨宗国：滕国面积小，是鲁国的附庸，故祢鲁为"宗国。"

⑩《志》：记录古代礼制的一种书。

⑪不我足：对我不满意。

⑫不可以他求：不能到别处找办法。

⑬冢宰：宰相。

⑭歠粥：喝稀饭。

⑮面深墨：脸上呈现出深黑色。

⑯尚：即"上"。

⑰偃：倒伏。

⑱居庐：住在庐里。庐是一种临时搭建的小棚子。

⑲命戒：命令教戒。

⑳可谓曰知：太子可说是懂礼了。

【译文】

滕定公去世了。太子对他的老师然友说："孟子曾跟我在宋国交谈过，我心中念念不忘。现在却不幸遇到了丧事，我想派你先去问问孟子，再行丧葬之礼。"

然友就去了邹国，向孟子请教。

孟子说："这样做很好哇！父母去世了，后人本来就该尽心尽力去做。曾子说：'父母在世时，侍奉他们有礼节；去世以后，埋葬他们有礼节，到以后祭祀他们也有礼节，就可以说是孝子了。'关于诸侯的丧礼，我没学习过。但是，我曾听说过。要行三年的丧期，穿粗布毛边的衣服，喝稀饭，这些要求，自夏商周以来，从天子到老百姓都是一样的。"

然友把孟子的话告诉太子，于是决定丧期为三年。可是宗族长辈和百官都不愿意，议论说："我们的宗主国鲁国的先王没行过三年之丧，我们的先王也没实行过三年之丧。到了世子这里却要违反旧典，这是不行的。并且《志》书上说：'丧礼祭礼要依从先代传下的规矩。'"

太子说："我这是从贤人那里学习的。"又对然友说，"我过去没有勤学好问，只喜欢骑马和剑术。现在父老百官都不赞同我的做法，我担心他们无法完成大礼，你再去替我问问孟子。"

然友便再度到邹国去问孟子。

孟子说："我也料到他们会不满意，但这样的事首先要靠自己。孔子说：'先君去世了，政权暂时由宰相掌管，继位的新君只喝稀饭，脸上有深黑色，站在灵位前哭泣。百官没有敢不悲哀的，因为新君做了他们的表率。在上位的喜欢什么，到了下边必定喜欢得更厉害。君子的德性就像是风，小人的德性就像是草。风吹在草上，肯定把草吹倒。'这事关键还在太子啊。"

然友把孟子的话告诉太子，太子说："是啊，这事关键还在我呀。"

埋葬之前的五个月，他一直住在草棚里，没发布过命令和戒律。百官和亲族，都说太子知礼。等到下葬的时候，从四方来看的，看到太子面色悲伤，哭得非常沉痛，前来吊丧的人都非常悦服。

【鉴读】

本章中，孟子对丧礼进行了阐述。滕定公去世了，滕世子打算遵从儒家的礼仪，但却遇到了阻力。经过孟子的启发，他认识到，能否顺利行善，取决于自己有无信心。同时他还指出，只要统治者发挥以身作则的作用，下级便会效仿，这在治理国家，尤其是道德教化中，永远都是一条重要的规律。

领导人以身作则，上行下效是孔子反复申诉的一个话题，孟子也同样继承了孔子的思想。他在本章里所说的"君子之德，风也；小人之德，草也。革尚之风，必偃。"正是孔子在《颜渊》里面说的"君子之德风，小人之德草，草上之风，必偃'的再阐发。

第三章

【原文】

滕文公问为国。

孟子曰："民事不可缓也。《诗》云：'昼尔于茅，宵尔索绹；亟其乘屋，其始播百谷①。'民之为道也，有恒产者有恒心，无恒产者无恒心。苟无恒心，放辟邪侈，无不为已。及陷乎罪，然后从而刑之，是罔民也。焉有仁人在位罔民而可为也？是故贤君必恭俭礼下，取于民有制。阳虎②曰：'为富不仁矣，为仁不富矣。'

"夏后氏五十而贡，殷人七十而助，周人百亩而彻，其实皆什一也。彻者，彻③也；助者，藉④也。龙子⑤曰：'治地莫善于助，莫不善于贡。'贡者，校⑥数岁之中以为常。乐岁，粒米狼戾⑦，多取之而不为虐，则寡取之；凶年，粪其田而不足，则必取盈焉。为民父母，使民盼盼然⑧，将终岁勤动，不得以养其父母，又称⑨贷而益之，使老稚转乎沟壑，恶在其为民父母也？夫世禄，滕固行之矣。《诗》云：'雨我公田，遂及我私⑩。'惟助为有公田。由此观之，虽周亦助也。

"设为庠序学校以教之。庠者，养也；校者，教也；序者，射也。夏曰校，殷曰序，周曰庠；学则三代共之，皆所以明人伦也。人伦明于上，小民亲于下。有王者起，必来取法，是为王者师也。

"《诗》云：'周虽旧邦，其命惟新。'⑪文王之谓也。子力行之，亦以新子之国！"

使毕战⑫问井地。

孟子曰："子之君将行仁政，选择而使子，子必勉之！夫仁政，必自经界⑬始。经界不正，井地不钧⑭，谷禄不平，是故暴君污吏必慢其经界。经界既正，分田制禄可坐而定也。

"夫滕，壤地褊小，将为⑮君子焉，将为野人焉。无君子，莫治野人；无野人，莫养君子。请野九一而助，国中什一使自赋。卿以下必有圭田，⑯圭田五十亩；余夫二十五亩。死徙无出乡，乡田同井，出入相友，守望相助，疾病相扶持，则百姓亲睦。方里而井，井九百亩，其中为公田。八家皆私百亩，同养公田；公事毕，然后敢治私事，所以别野人也。此其大略也；若夫润泽之，则在君与子矣。"

【注释】

①昼尔于茅，宵尔索绹；亟其乘屋，其始播百谷：昼，白天。茅，草。宵，夜里。索绹，搓绳子。亟，急。乘，修缮。

②阳虎：鲁国季氏的家臣。

③彻：通、通行。

④藉：借、凭借。

⑤龙子：古代贤人。

⑥挍：同"校"，比较。

⑦狼戾：狼藉、散乱、多而乱。

⑧盻盻然：盻，怒视。怒目而视的样子。

⑨称：举。

⑩雨我公田，遂及我私：井田制时期，有公、私田之分。百姓盼天下雨，先落在公田，然后再落到自家的私田里。

⑪周虽旧邦，其命惟新：惟，助词，无义。意思是，周虽然是个古老的国家，但是它禀承天命，国运充满新气象。

⑫毕战：人名，滕国的大臣。

⑬经界：井田的边界。经，同界。

⑭不钧：钧与均，古代相通用。

⑮为：有。

⑯圭田：圭，洁、洁净。圭田，供祭祀使用的田地。

【译文】

滕文公问孟子该如何治理国家。

孟子说："百姓的农业生产是不可拖延的。《诗经》上说：'我们白天割茅草，晚上还要搓绳子。趁空闲赶快修房子，季节一到就要播种了。'百姓的特点是有稳定的资产之后才有固定的道德追求，没有稳定的资产就没有固定的道德追求。一旦没有道德理想，就会放荡胡来，无恶不作。等到犯了罪，接着把他治罪判刑，这就和张开网捕捉老百姓一样。有仁德的人执政，怎么可能张网捕捉百姓呢？所以贤明的君主一定恭敬、节俭、礼贤下士，对老百姓征税有一定的限度。阳虎说：'要想富裕就不能仁慈，要想仁慈就别想富贵。'

夏禹时每个农民得田五十亩，要把收成的十分一给国家；殷商时每个农民得田七十亩，要助耕公田七亩左右作为赋税；西周每个农民得田百亩，全天下的税率统一，都是十分之一；夏商周三代税制表面不同，实际上都是向农民收取十分之一左右。彻也就是税率统一，助也就是借力助耕公田。龙子说：'管理土地助法最好，贡法最不好。'贡法就足计算出几年收成的平均数作为征税的数额。收成好时，粮食很多，多收一点也不算残暴，却不够收；收成不好时，收成连够明年施肥的费用都不够，却还要收取足够的税额。做老百姓的父母官，却让老百姓愤恨地看着，辛劳一年到头，收成还不够赡养父母，只能又靠借债才能缴税，老弱病残者饿死于沟中无人埋葬，这怎能说是老百姓的父母呢？做官人世代领取国家俸禄，滕国本来就这样做了。《诗经》上说：'雨啊，落到公田里吧，顺便也把我的私田浇。'只有实行助法才有公田，从这首诗看，就是西周也用助法。

再设立学校教导老百姓：庠的意思是供养，校的意思是教导，序的意思是射箭。夏朝叫校，商朝叫序，周朝叫庠，学习的内容则是一样的，就是让百姓懂得人伦关系。百姓明白了人伦，自然就会相亲相爱。有能称王于天下的人出现，一定会这样做，这就成了王者师了。

《诗经》上说：'周虽然是古老的国家，可它的命运却是新的。'这是针对周文王说的呀。你努力去做，也可以让你的国家不断进步。"

滕文公派毕战请教井田制度。

孟子说："你的君主准备实行仁政，特地挑选你来，你一定要努力啊！实行仁政，一定要从划分田界开始。田界划分不正确，井田大小不均匀，作为俸禄的田租收入就不会公平，所以暴虐的君主和贪官污吏必然搞乱正确的田界。田界划分正确了，分配田地，制定俸禄，可不费力地确定下来。

"滕国，土地狭小，可也得有官员，有农夫。没有官员就没人管理农夫，没有农夫就没人养活官员。请考虑在乡村实行九分抽一的助法，城市中实行十分抽一的贡法。卿相以下官员一定有祭祀用的圭田，圭田每家五十亩。多余劳动力，每人土地二十五亩，无论埋葬和搬迁，都不出本乡范围，同一井田的邻居，出入相互友爱，防御盗贼，相互帮助，身患疾病，相互照顾，如此，百姓就亲密和睦了。每方圆一里，划分为一个井田，一个井田九百亩，当中一百亩是公田。八家都各自有私田一百亩，共同耕种公田。公田耕种完毕，然后再料理私人事务，这就是官员与农夫的差别。这只是一个大致轮廓。如果要调整得更合理些，就在于君主和你了。"

【鉴读】

这一章是孟子谈论仁政的重要言论之一。其主要观点大致有二，其一，施行仁政首先要安定民众，使他们富庶起来，具体的措施就是井田制；其二，民众富裕起来之后，要对他们进行"明人伦"的道德教育。具体说来，就是当政者必须要切实为百姓着想，从具体的治国措施上，就是要使民以时，减轻税赋，而且还要兴办学校，加强教化。只有这样，才能使百姓安心生产，相互帮助，风俗淳美，和谐有序，从而使一个国家富强，在诸侯林立的时代取得有利的竞争地位。

此章中，叙述井田制的文字引起了后世学者们的注意，后世研究先秦井田制，也都少不了引述这一段材料，因此这一段话，也有着丰富的史料价值。

第四章

【原文】

有为神农之言者许行^①，自楚之滕，踵门^②而告文公曰："远方之人闻君行仁政，愿受一廛^③而为氓^④。"

文公与之处^⑤。

其徒数十人，皆衣褐，捆屦、织席以为食。^⑥

陈良^⑦之徒陈相与其弟辛负耒耜^⑧而自宋之滕，曰："闻君行圣人之政，是亦圣人也。愿为圣人氓。"

陈相见许行而大悦，尽弃其学而学焉。

陈相见孟子，道许行之言曰："滕君则诚贤君也；虽然，未闻道也。贤者与民并耕而食，饔飧而治⑨。今也滕有仓廪府库，则是厉民⑩而以自养也，恶得贤？"

孟子曰："许子必种粟而后食乎？"

曰："然。"

"许子必织布而后衣乎？"

曰："否。许子衣褐。"

"许子冠乎？"

曰："冠。"

曰："奚冠？"

曰："冠素⑪。"

曰："自织之与？"

曰："否，以粟易之。"

曰："许子奚为不自织？"

曰："害于耕⑫。"

曰："许子以釜甑爨⑬，以铁耕乎？"

曰："然。"

"自为之与？"

曰："否，以粟易之。"

"以粟易械器者，不为厉陶冶；陶冶亦以其械器易粟者，岂为厉农夫哉？且许子何不为陶冶，舍⑭皆取诸其宫中⑮而用之？何为纷纷然与百工交易？何许子之不惮烦？"

曰："百工之事，固不可耕且为也。"

"然则治天下独可耕且为与？有大人之事，有小人之事。且一人之身，而百工之所为备⑯，如必自为而后用之，是率天下而路也。故曰，或劳心，或劳力；劳心者治人，劳力者治于人；治于人者食人⑰，治人者食于人，天下之通义也。

"当尧之时，天下犹未平，洪水横流，泛滥于天下，草木畅茂，禽兽繁殖，五谷不登⑱，禽兽偪人，兽蹄鸟迹之道交于中国。尧独忧之，举舜而敷治⑲焉。舜使益⑳掌火，益烈山泽而焚之，禽兽逃匿。禹疏九河，瀹济、漯㉑而注诸海，决汝、汉，排淮、泗而注之江，然后中国可得而食也。当是时也，禹八年于外，三过其门而不入，虽欲耕，得乎？

"后稷㉒教民稼穑，树艺五谷。五谷熟而民人育。人之有道也，饱食、暖衣、逸居而无教，则近于禽兽。圣人有忧之，使契㉓为司徒，教以人伦——父子有亲，君臣有义，夫妇有别，长幼有序，朋友有信。放勋㉔曰：'劳之来之㉕，匡之直之，辅之翼之，使自得之，又从而振德之㉖。'圣人之忧民如此，而暇耕乎？

"尧以不得舜为己忧，舜以不得禹、皋陶㉗为己忧。夫以百亩之不易为己忧者，农夫也。分人以财谓之惠，教人以善谓之忠，为天下得人者谓之仁。是故以天下与人易，为天下得人难。孔子曰：'大哉尧之为君！惟天为大，惟尧则之㉘，荡荡乎㉙民无能名焉！君哉舜也！巍巍乎㉚有天下而不与㉛焉！'尧舜之治天下，岂无所用其心哉？亦不用于耕耳。

"吾闻用夏变夷者，未闻变于夷者也。陈良，楚产也，悦周公、仲尼之道，北学于中国。北方之学者，未能或之先也。彼所谓豪杰之士也。子之兄弟事之数十年，师死而遂倍之㉜。昔者孔子没，三年之外，门人治任㉝将归，入揖于子贡，相向而哭，皆失声，然后归。子贡反，筑室于场㉞，独居三年，然后归。他日，子夏、子张、子游以有若似圣人，欲以所事孔子事之，强曾子。曾子曰：'不可。江汉以濯之㉟，秋阳以暴之，皜皜乎不可尚已㊱。'今也南蛮𫘝舌之人㊲，非先王之道，子倍子之师而学之，亦异于曾子矣。吾闻出于幽谷，迁于乔木者，未闻下乔木而入于幽谷者㊳。《鲁颂》㊴曰：'戎狄是膺㊵，荆舒是惩㊶。'周公方且膺之，子是之学，亦为不善变矣。

"从许子之道，则市贾不贰，国中无伪。虽使五尺之童适市，莫之或欺。布帛长短同，则贾相若；麻缕丝絮轻重同，则贾相若；五谷多寡同，则贾相若；屦大小同，则贾相若。"

曰："夫物之不齐，物之情也。或相倍蓰㊷，或相什伯，或相千万。子比而同之，是乱天下也。巨屦小屦同贾，人岂为之哉？从许子之道，相率而为伪者也，恶能治国家？"

【注释】

①有为神农之言者许行：有位信奉农家学说名叫许行的人。神农之言，指农家假托上古帝王神农的名义宣扬自己的主张。许行，楚国人，

农家代表人物。

②踵门：至滕文公殿门。

③廛：住宅。

④氓：农民。

⑤与之处：给他住所。

⑥捆屦、织席以为食：编草鞋、织席子为生。

⑦陈良：楚国人，信奉儒家学说。

⑧耒耜：农具。

⑨饔飧而治：早餐叫饔，晚餐叫飧，此指亲自烧火做饭，同时治理国家。

⑩厉民：危害老百姓。

⑪冠素：戴白色丝绸织的帽子。

⑫害于耕：妨碍耕种。

⑬爨：烧火做饭。

⑭舍：同"啥"，什么。

⑮宫中：房中。

⑯一人之身，而百工之所为备：一个人的生存需求，是由各种行业的人共同提供的。

⑰食人：养活人。

⑱不登：不能成熟。

⑲敷治：治理。

⑳益：舜的大臣。

㉑瀹济、漯：疏通济水、漯水。

㉒后稷：周始祖，传说是农业的发明者。

㉓契：舜臣名，为商的先祖。

㉔放勋：即尧。

㉕劳之来之：慰劳安抚老百姓。

㉖振德之：振，同"赈"，救济。德，对人民施以恩德。

㉗皋陶：舜时的法官。

㉘则之：效法天。

㉙荡荡乎：浩大无边的样子。

㉚巍巍乎：高大庄严的样子。

㉛有天下而不与：虽有天下，而好像与己无关。不与，不相干。

㉜倍之：倍，同"背"，背叛。

㉝治任：打点行装。

㉞场：坟前祭祀用的空地。

㉟濯之：洗涤。

㊱皜皜乎不可尚已：光明洁白得谁也比不上。皜，光明洁白的样子。尚，超过。

㊲南蛮鴃舌之人：这是孟子骂许行的话。南蛮，南方不开化之人，固许行为楚人，楚文化与中原文化有些差异，中原人士当时有些轻视楚国。鴃舌，鴃鸟的话。鴃，伯劳鸟。

㊳下乔木而入于幽谷者：乔木，高大的树木，喻高尚。幽谷，深幽的山谷，喻低洼、下流。

㊴《鲁颂》：《诗经》中的一部分，是鲁国祭祀周公的诗。下引见《鲁颂·闷宫》。

㊵戎狄是膺：击退西方和北方的入侵。戎狄，西周时西方和北方的部族。

㊶荆舒是惩：制御荆舒。荆，即楚国。舒，靠近楚国的小国。惩，制御。

㊷倍蓰：二倍到多倍。蓰，五倍。

【译文】

有个宣扬农家学说的代表人物叫许行，从楚国来到了滕国，到了滕文公的宫门口对文公说："我家在远方，听说君王要实行仁政，很希望得到住处，成为您的百姓。"滕文公给了他一处住所。他的学生有几十人，都穿粗麻布衣服，以织草鞋编席为生。

陈良的学生陈相和他的弟弟陈辛，扛着农具也从宋国到了滕国，也去拜见滕文公："听说君王推行圣人之政，您也是圣人，很想成为圣人治理下的百姓。"陈相遇到许行，非常喜欢，便抛开他过去所学的儒家学说，一心一意地向许行学习。

陈相遇到孟子，转述许行的话说："滕文公确实是位贤明的君主，可是还不懂得大道理。贤能的君王应该与老百姓一起种田，自己亲自烧火做饭，同时治理国家。而今滕国却建有仓库放剥削来的财物，这是损害老百姓来提高自己的生活水平，怎能说是贤明呢?"

孟子说:"许先生一定要先种粮食才吃饭吗?"

陈相说:"是的。"

孟子说:"许先生一定要先织布才穿衣吗?"

陈相说:"不是的。许先生穿粗麻布衣服。"

孟子说:"许先生他戴帽子吗?"

陈相说:"戴。"

孟子说:"许先生戴什么样子的帽子呢?"

陈相说:"戴白色丝绸织的帽子。"

孟子说:"帽子是许先生自己织的吗?"

陈相说:"不是的，是用粮食换来的。"

孟子说:"许先生为什么不自己织帽子呢?"

陈相说:"那样会妨碍种庄稼的。"

孟子说:"许先生也是用锅和陶器煮饭，也是用铁耕田吧?"

陈相说:"是的。"

孟子说:"这些炊具和农具是他自己造的吗?"

陈相说:"不是的，是他用粮食换来的。"

孟子说:"用粮食换取各种器具，并不是剥削陶匠和铁匠;制陶和冶铁的工人也用他们的产品换取粮食，难道就是剥削农民吗?为什么许先生不制陶锻铁，什么东西都从自己房中拿出来用呢?为什么还要忙忙碌碌地与各种各样做工的交换产品，许先生难道不怕麻烦?"

陈相说:"各种工匠的工作，本来就不能边种田边干的。"

孟子说:"那么治理天下就能边种田边干了吗?有统治阶层，又有被统治阶层，他们有不同的工作。况且一个人生存所必需的是由各种工种的人提供的，如果一定自己做的才能用，就等于让天下人整天在路上奔忙。所以说:有的人劳心，有的人劳力;劳心的人管理别人，劳力的人被管理。被管理的人要供养别人，管理人的人要被人供养;这是天下共通的。"

"尧的时候，天下还不太平，洪水到处流淌，泛滥于天下;到处草木茂盛，禽兽很多，种的庄稼不能收成，禽兽危害人类的生存，中原地区到处是禽兽的足迹。尧很忧虑，选拔舜去进行治理。舜委派益掌管放火，益焚烧山泽的杂树杂草，禽兽逃跑了;又委派大禹疏通多条河流，疏通了济水、漯水，让它们注入大海；决开汝水、汉水、淮水、泗水，让它们排入长江，这以后中原地区才适合人类居住。这个时候，大禹八年在外奔波，三次经过自家门口都来不及进去，即使想种田，可能吗？后稷教会老百姓种庄稼，种植各种粮食，五谷成熟了，老百姓能很好地生活。人有这样的特点：吃饱了穿暖了，非常悠闲，若不受教育，就跟禽兽的区别不大。尧又担忧起来，便委派契管理人民，教导人民各种伦理关系：父子之间要相亲相爱，君臣之间要讲求忠义，夫妇之间要有内外的分别，长幼之间有先后次序，朋友之间要讲究信用。尧又天天慰劳安抚老百姓，纠正老百姓的缺点，帮助老百姓改正错误，让他们顺着自己善良的本性发展，又救济他们，对他们施以恩德。圣人这样为百姓着想，能有时间种田吗？尧把不能得到舜这样的贤人当成自己的心病，舜把不能得到大禹、皋陶这样的贤人当成自己的心病。担心自己的一百亩农田耕种不好的，是农民。把财物分给别人叫做恩惠，用善来教导别人叫做忠诚，替天下选拔到人才叫做仁爱。所以把天下交给别人并不难，难的是替天下老百姓找到好的接班人。孔子说：'尧做君主做得伟大啊！天是最伟大的，只有尧能效法天，尧胸怀宽广、无边无际，老百姓无法用语言表达！大舜也是合格的君主呀！简直像高山一样，自己统治天下可又好像天下不是他自己的！'尧舜治理天下，难道还不算下工夫吗？可他们也没耕田呀。"

"我只听说过用中原较高的文化去同化边疆落后部族的，却没听说被落后部族所同化的。陈良，是楚国出生的，喜欢周公、孔子的学说，到中原地区去学习；北方的学者，也不一定比他强，他是人们所说的豪杰呀。你们兄弟两人奉他为师几十年，他去世之后，你们却背叛了他。过去，孔子去世以后，弟子们守孝三年，打点行装准备走了，又到了子贡的房中行礼，相对哭了起来，每人都痛哭失声，然后才回去。可子贡又回来了，在空地上建一所房子，子夏、子张、子游几个人因为有若有点像孔子，想用过去对孔子的礼节对待有若，他们强迫曾子接受。曾子却说：'不行。我们老师的德行，像经过长江、汉水的水洗过，又经过夏日的骄阳曝晒过的丝绸一样，光明洁白，无人可比！'现在，许行从落后地区出来，说着听不懂的语言，批评先王的政治；你却背叛自己的老师向他学习，跟曾子太不同了。我听说从深谷出来迁到高处乔木上的，却没听说下了高处的乔木而到幽深的山谷里去的。《诗经·鲁颂》

说：'击退戎、狄，制御荆、舒。'周公要击退他们，你却要向他们学习，也可说太不善于根据情况变化了。"

陈相说："实行了许先生的主张，市场上商品的物价就统一了，国中也没人做假；即使是小孩子到市场上，也没人欺骗他。布帛长短相同，价钱就差不多；麻线、丝帛的重量相同，价钱也就差不多；粮食多少相同，价钱也就差不多；鞋子大小相同，价钱也就差不多。"

孟子说："事物之间存在差别，是自然现象：有的差别两倍五倍，有的差别十倍百倍，甚至千倍万倍。你硬要它们相同，这就是让天下乱了。鞋子只要尺寸相同就同价，谁还做质地好的鞋子呢？若实行了许先生的主张，便等于是带领天下人做假，怎么能治理好一个国家呢！"

【鉴读】

这一章记载了孟子与信奉"神农之言"者的论战。所谓"神农"之言，是当时诸子百家中属于农家的一个流派。孟子驳斥了农家否认社会分工的必要性和合理性的观点，认为一个社会如果要正常运转，没有社会分工是不可能的。这是在此意义上，提出了"劳心者治人，劳力者治于人；治于人者食人，治人者食于人"的观点。

社会分工是人类历史发展的必然规律，也是文明的表现。从理论上说，生产力的发展必然导致社会分工，这是不可阻挡的历史趋势；社会分工又将进一步促进生产力的发展和社会进步，这也是必然的结果。社会分工和矛盾对立的出现，从人类发展的总体上来看是不可转移的必然趋势，但从局部的阶段性角度来看充满了尖锐斗争，充满了暴力和邪恶。正是面对这种令人困惑的复杂情况，思想家们提出了各自的观点和解决办法。

第五章

【原文】

墨者夷之①，因徐辟②而求见孟子。孟子曰："吾固愿见，今吾尚病，病愈，我且往见，夷子不来！"

他日，又求见孟子。孟子曰："吾今则可以见矣。不直③，则道不见④；我且直之。吾闻夷子墨者，墨之治丧也，以薄为其道也；夷子思以易天下，岂以为非是而不贵也；然而夷子葬其亲厚，则是以所贱事亲也。"

徐子以告夷子。

夷子曰："儒者之道，古之人若保赤子⑤，此言何谓也？之则以为爱无差等，施由亲始。"

徐子以告孟子。

孟子曰："夫夷子信以为人之亲其兄之子为若亲其邻之赤子乎？彼有取尔也⑥。赤子匍匐将入井，非赤子之罪也。且天之生物也，使之一本，而夷子二本故也⑦。盖上世⑧尝有不葬其亲者，其亲死，则举而委之于壑⑨。他日过之，狐狸食之，蝇蚋⑩姑⑪嘬⑫之。其颡⑬有泚⑭，睨而不视⑮。夫泚也，非为人泚，中心达于面目，盖归反虆梩而掩之⑯。掩之诚是也，则孝子仁人之掩其亲，亦必有道矣。"

徐子以告夷子。夷子怃然为间曰："命之矣。"

【注释】

①墨者夷之：信奉墨家学说的学者夷之。墨家是战国时期反对儒学的一个派别。

②徐辟：孟子弟子。

③不直：不直说。

④则道不见：真理就不明白。

⑤若保赤子：语见《尚书·康诰》。意为先王爱护人民像保护小孩子一样。

⑥彼有取尔也：这句话是打个比方啊。

⑦而夷子二本故也：但是夷子却认为人有两个来源，所以才这样认为。

⑧上世：上古之世。

⑨举而委之于壑：把父母的尸体丢弃在沟里。

⑩蝇蚋：苍蝇和蚊虫。

⑪姑：语气助词。

⑫嘬：聚在一起吃。

⑬颡：额头。

⑭泚：出汗的样子。

⑮睨而不视：不忍心正视，只能斜视。睨，斜视。

⑯反蘽梩而掩之：带来土筐和木锹来掩埋。

【译文】

墨家的夷之想经过孟子的学生徐辟求见孟子。孟子说："我本来是想见他的。但我正病着，待我病好了，我将前去见他。夷子就不用来了！"

过了几天，夷子又提出想见孟子。

孟子说："现在可以见他了。不把话直说出来，真理就不明白，我就直说出来吧。我听说夷先生信奉墨学，墨家办理丧事，把薄葬当成标准。夷先生想用这种主张移风易俗，难道不是认为不这样就不可贵了吗？可夷之先生又厚葬他的爹娘，这正是用他所认为的低贱的方法对待他的父母啊。"

徐辟把孟子的话转给夷之。夷之说："儒家的理论认为古代先王'像爱护小孩子那样爱护百姓'，这话是什么意思呢？我则认为对别人的爱是没有程度的差别的，只是实行的时候是从父母开始的。"

徐辟又把夷之的话告诉孟子。

孟子说："夷之先生真的认为一个人对他侄子的爱与对邻居的小孩的爱是一样吗？这句话只是打个比方。小孩子爬着爬着就要掉进井里，这并不是小孩的过错呀。老天生出万物，是让万物只有一个根源，而夷之先生却认为有两个，所以他才那样说。大概远古曾经有不埋葬父母的。父母去世后，就扔到沟里去。过几天经过这里，见到狐狸在吃尸体，苍蝇、蚊子也聚在一起叮咬。这人脸上就会大汗淋漓，斜着眼而不敢正视。这汗并不是让别人看到，是内心真情表现在脸上的结果。于是，这人就回去带来土筐木锹来埋葬尸体。埋葬尸体确实是正确的，那么孝子埋葬他父母时，也一定有规矩了。"

徐辟把这话告诉了夷之。夷之怅然若失，顿了一会儿说："我已受过他的教诲了。"

【鉴读】

春秋战国时期，诸子百家各自从不同的立场出发，纷纷阐明自己的政治观点、伦理思想，并且相互之间展开激烈的辩论。这一章则记述了孟子与墨家学派的一次交锋。墨家学派是当时著名的"显学"之一，墨家从维护小生产者利益的角度出发，针对儒家提出的"厚葬"、"爱有差等"等主张，明确地提出了"节葬"、"兼爱"等思想，墨家主张爱别人就如同爱自己一样，爱别人的亲人就如同爱自己的父母一样，没有高低贵贱之分，没有远近亲疏之别。孟子在此，就是批驳了这一思想。墨家的社会蓝图固然美好，但是在封建社会初期，无疑只是一种不切合实际的幻想。儒家重视尊卑有序等礼仪道德，虽然有着维护封建宗法等级制度的作用，却是与当时的社会历史阶段相适应的。

第六篇　滕文公下

第一章

【原文】

陈代曰："不见诸侯，宜若小然；今一见之，大则以王，小则以霸。且《志》曰：'枉尺而直寻'，^①宜若可为也。"

孟子曰："昔齐景公田，招虞人以旌，不至，将杀之。志士不忘在沟壑，勇士不忘丧其元^②。孔子奚取焉？取非其招不往也。如不待其招而往，何哉？且夫枉尺而直寻者，以利言也。如以利，则枉寻直尺而利，亦可为与？昔者赵简子使王良与嬖奚乘，终日而不获一禽。嬖奚反命曰：'天下之贱工也。'或以告王良。良曰：'请复之。'强而后可，一朝而获十禽。嬖奚反命曰：'天下之良工也。'简子曰：'我使掌与女乘。'谓王良，良不可，曰：'吾为之范我驰驱，终日不获一；为之诡遇^③，一朝而获十。《诗》云：'不失其驰，舍矢如破。我不贯与小人乘，请辞。'御者且羞与射者比^④；比而得禽兽，虽若丘陵，弗为也。如枉道而从彼，何也？且子过矣：枉己者，未有能直人者也。"

【注释】

①寻：古代长度单位，八尺为寻。
②元：本。
③诡遇：不循正道地行驶。
③比：并。此处意合作。

【译文】

陈代说："过去不去拜见诸侯，只是坚守着自己的气节，似乎太小气点；今天与诸侯一见，发现这是自我实现的一种方式，从小处讲可以辅佐诸侯称霸，从大处讲可以辅佐诸侯称王。《志》书上讲：'缩着只有一尺，伸开便长至八尺。'看来与诸侯合作还是可行的。"

孟子说："原来齐景公打猎时，有一次用旗子召唤猎场侍人员，可这个人并未应召前来，齐景公便准备杀他。有志气的人不因横尸沟壑就忘记信念，有勇气的人不怕牺牲决不抛弃正义。孔子肯定这个小官的哪一点呢？就在于他不听从那种不正确的召唤方式。要是没受召请便主动前往，又算是什么行为？况且缩着一尺伸开八尺的说法，是从利益上考虑的。但若仅仅考虑个人利益的话，受屈八尺而伸开一尺也是可以干的了？（虽然利益不大，可毕竟还是有利啊！）过去晋国的掌权大臣赵鞅，命令很善于驾车的王良给他宠爱的小臣奚驾车，一整天也没射到一只鸟。奚回去跟赵鞅说：'王良是天下最差的驭手。'有人告诉了王良，王良便跟奚说：'再去一次。'奚经王良一再要求才同意，这次一个早晨便射下了十只鸟。回来后奚又与赵鞅说：'王良是天下最好的驭手。'赵鞅说：'那我派王良专门给你驾车。'通知王良后，王良不干，说：'第一次我按驾车的规范执行，结果一只鸟也射不到。第二次我驾着车胡乱奔跑，反而一早上就射十只鸟，这是不正常的。《诗经·大雅·车攻》篇里说：'驾驶车子正确奔驰，射出的箭就一定命中目标。再说我也不习惯与小人同在一车上。现在我请求辞职。连驾车的人都不愿与下贱的射手合作，感到那是一种耻辱，即使能够猎获堆积如山的禽兽，也坚决不干。你若是委屈自己的理想信念去依从别人又算是什么事？并且你最大的错误就在于：个人信念扭曲的人，不可能纠正别人。"

【鉴读】

陈代是孟子的弟子，他对于孟子的坚持原则不以为然，觉得老师在礼仪问题上应当暂且委屈一点。陈代为孟子所出的是一个以屈求伸的主意。"枉尺而直寻"，先弯曲自己，哪怕显得只有一尺长，有朝一日实现抱负，伸展开来，就可以有八尺长了。孟子认为，陈代的想法不正确，如果一开始就在原则问题上让步，如何实现大目标呢。从这里我们可以看到，虽然孔、孟都很倡导通权达变的思想，但在立身处世方面，却是非常认真而不可苟且的。因为，对他们来说，这是一个原则问题。对于真正的"士"来说，节操和节气比生命还要重要，这是中国传统知识分子的优良传统。

第二章

【原文】

景春曰："公孙衍、张仪岂不诚大丈夫哉？一怒而诸侯惧，安居而天下熄①。"

孟子曰："是焉得为大丈夫乎！子未学礼乎？丈夫之冠②也，父命之；女子之嫁也，母命之，往送之门，戒之曰：'往之女③家，必敬必戒，无违夫子！'以顺为正者，妾妇之道也。

"居天下之广居，立天下之正位，行天下之大道。得志与民由之，不得志独行其道。富贵不能淫，贫贱不能移，威武不能屈：此之谓大丈夫。"

【注释】

①熄：同"息"，指安宁。

②冠：加冠，即戴帽子。古代男子二十岁时举行加冠礼仪，作为成为一个大人的标志。

③女：同"汝"。

【译文】

景春说："公孙衍、张仪难道不是大丈夫吗？他们一发怒各国君主都不安恐惧，他们安稳地呆在家里，整个天下都静悄悄地没一点生气。"

孟子说："这怎么能算是大丈未呢！你难道忘了学过的礼仪制度吗？在男子举行成人礼的时候，父亲要教导他一些成人之后遵守的道德规范；女儿出嫁的时候，母亲要教导她一些当儿媳妇应该遵循的规则，送女儿出门时，告诫她说：'到了婆家，要恭敬谨慎，不要违抗丈夫的命令。'以顺从为正确的行为准则，就是妇女做人的道德规范，"居住要在宽广的大屋子里，站立要在最正直的位置上，行走要在天下最光明的大道上；得志时与民众共同欢乐，不得志时也要坚守自己正确的道德风尚；身在富贵之中要不迷乱本性，身在贫贱之中也不要改变志向，威势武力之下也决不卑躬屈膝有违道义：这样才能称得上大丈夫。"

这一章是在讨论什么是"大丈夫"。当时所谓的"大丈夫",犹如现今我们所说的"男子汉"。景春认为公孙衍、张仪能够左右诸侯,挑起国与国之间的战争,"一怒而诸侯惧,安居而天下息,"是了不得的男子汉大丈夫。孟子则认为公孙衍、张仪之流靠摇唇鼓舌、曲意顺从诸侯的意思往上爬,没有仁义道德的原则,因此,不过是小人、女人,奉行的是"委妇之道",哪里谈得上是大丈夫呢?

孟子的办法是针锋相对地提出真正的大丈夫之道。这就是他那流传千古的名言:"富贵不能淫,贫贱不能移,威武不能屈。"怎样做到?那就得"居天下之广居,立天下之正位,行天下之大道",再抱以"得志与民由之,不得志独行其道"的立身处世态度,也就是孔子所谓"用之则行,舍之则藏,"(《论语·述而》)或如孟子在另外的地方所说的"穷则独善其身,达则兼济天下。"(《尽心上》)那就能够成为真正的大丈夫了。

孟子关于"大丈夫"的这段名言,句句闪耀着其思想和人格的光辉,在历史上曾鼓励了不少志士仁人,成为他们不畏强暴,坚持正义的座右铭。

第三章

【原文】

周霄问曰:"古之君子仕乎?"

孟子曰:"仕。传曰'孔子三月无君,则皇皇如也,出疆必载质①',公明仪曰:'古人之三月无君则吊。'"

"三月无君则吊,不以急乎?"

曰:"士之失位也,犹诸侯之失国家也。《礼》曰:'诸侯耕助以供粢盛②夫人蚕缫以为衣服。牺牲③不成,粢盛不洁,衣服不备,不敢以祭。'惟士无田则亦不祭;牲杀、器皿、衣服不备,不敢以祭,则不敢以宴,亦不足吊乎?"

"出疆必载质,何也?"

曰："士之仕也犹农夫之耕也，农夫岂为出疆舍其耒耜哉？"

曰："晋国亦仕国也，未尝闻仕如此其急。仕如此其急也，君子之难仕何也？"

曰："丈夫生而愿为之有室，女子生而愿为之有家，父母之心人皆有之。不待父母之命、媒妁④之言，钻穴隙相窥，逾墙相从，则父母、国人皆贱之。古之人未尝不欲仕也，又恶不由其道。不由其道而往者，与钻穴隙之类也。"

【注释】

①质：同"贽"，古时初次拜见别人时所带礼物。

②粢盛：盛在器物中的粮食，以做祭品。

③牺牲：古时祭祀时用作贡品的牛、猪、羊等。

④媒妁：即"谋，酌"之变体，偏旁用"女"，指婚、嫁之事。故"媒妁"即有关男婚女嫁的商量考虑，后引指为嫁、婚之事的牵线人。

【译文】

周霄问："古代德才兼备的人也要为官吗？"

孟子说："当然要当官。书上记载说：'孔子三个月没有君主的任用，就会感到内心焦虑惶惶不安，离开所居国家时，必须携带着给所去国家君主的见面礼。'公明仪说：'过去的贤人三个月得不到君主任用，其朋友就会安慰他。"

周霄说："三个月不被任用，就受到慰问安抚，是不是太急了点？"

孟子说："有知识和品行的士人失去的职务就好比是诸侯国君主失去自己的国家：《礼》书上说：'诸侯国君主亲自参加劳动，是为了生产出用于祭祀用的粮食；夫人亲自养蚕缫丝，是为了织出用于祭祀时穿戴的礼服。要是祭祀用的牺牲不充足，粮食及器具不干净，礼服不合适，就不敢进行祭祀。士人失去了土地，也不敢进行祭祀。'士人没有了职务，那么供应祭祀的粮食、牲畜、器具、礼服等都难以准备充分，也就不能举行祭祀；不举行祭祀，就不能聚会、饮宴，一个士人都到了这种地步还不该被安慰吗？"

周霄问："出国时都要带上见面礼，指的什么意思？"

孟子答："士人当官，就像农民耕地一样，农民难道会为了出国就扔掉他的耕种工具吗?"

周霄说:"晋国也是一个士人求取官职的国度,但没听说过为了当官就这么着急的。如此急不可待地想当官,但真正贤明的士人又是很难得到相应的职务,这是为什么呢?"

孟子说:"男孩生下来做父母的总想给他找个好媳妇,女儿生下来父母就想让她嫁个好人家。普天之下的父母都有同样的心愿。要是子女不等父母的安排,不经过媒妁的撮合,就钻墙洞扒门缝相互偷看,甚至爬墙前去约会,那么父母及所有人民都会鄙视他们。过去的贤明士人并不是不想当官,只是不喜欢违背正确谋取官职正的方式。要是通过非正当手段谋取官职,就跟钻墙洞扒门缝的那些无耻男女一样了。"

【鉴读】

这一章,与陈代劝说孟子那一章基本相同。孔子"三月无君则惶惶如",不是担心没有官做,而是忧虑没有行道的机会。然而,君子虽然急于出仕行道,却又不见利忘义。儒家是主张积极"入世"的,但是,在孔、孟眼里,虽然出仕做官可以实现自己的抱负和人生追求,但是如果不是靠道义去做官,做了官之后不能实现自己的"道",单纯为做官而做官,甚至为名利而做官,都是不可取的。

第四章

【原文】

彭更问曰:"后车数十乘,从者数百人,以传食^①于诸侯,不以泰^②乎?"

孟子问:"非其道,则一箪食不可受于人;如其道,则舜受尧之天下,不以为泰,子以为泰乎?"

曰:"否;士无事而食,不可也。"

曰:"子不通功^③易事^④,以羡补不足,则农有余粟,女有余布;子如通之,则梓匠轮舆皆得食于子;于此有人焉,入则孝,出则悌,守先王之道,以待后之学者,而不得食于子。子何尊梓匠轮舆,而轻为仁义者哉?"

曰："梓匠轮舆，其志将以求食也；君子之为道也，其志亦将以求食与？"

曰："子何以其志为哉？其有功于子，可食⑤而食之矣。且子食志乎？食功乎？"

曰："食志。"

曰："有人于此，毁瓦画墁⑥，其志将以求食也，则子食之乎？"

曰："否。"

曰："然则子非食志也，食功也。"

【注释】

①传食：接受食品供应。
②泰：同"太"
③功：同"工"，手工业。
④事：产品。
⑤食：供给饮。
⑥墁：新粉刷的墙壁。

【译文】

彭更问："先生从行的车辆几十乘，追随人员有几百人，住处豪华，有诸侯国君主提供的精美食品，这是否有些过分？"

孟子说："不遵循正当的途径，别人给的一篮子干粮也不能接受；遵循天下事物的正确规律，像舜受尧给的整个天下都不过分。你认为我这样作为过分了吗？"

彭更说："我没这个意思。但读书之人并不从事具体的生产活动，就享受饮食居所，我觉着还是不应该。"

孟子说："你如果不与各行各业的手工业生产者交换产品，用此来弥补自己所缺少的东西，那么农民就会有剩余的粮食，女人就会有剩余的布匹；你如果与各种劳动者交换产品，那么伐木的、做家具的、制车轮的、造车厢的人都可以由此得到他们所需要的食物了。这里有个人，进门孝敬父母，出门善待另立门户的兄弟，严格遵守前代贤王流传下来的道德规范，并把这些优秀传统教导给后来的学子，这样的人却不能得到好的饮食供给。你为何独独尊重那一些木匠，却慢待施行仁义的读书人呢？"

彭更说："各行手工业者，其劳作的动机就是换碗饭吃；读书的贤明人士，目的也是为了吃饭吗？"

孟子说："你为什么偏要以目的为标准呢？这些工匠为你办事，应该供饭也就供应了。那么你是因为他们的目的呢，还是因为他们给你干了工作？"

彭更说："因为目的。"

孟子说："这里假如有个人，揭了你房上的瓦、污了你新粉过的墙，他的目的也是为了得到饮食，你也会给他们食物吗？"

彭更说："当然不给"。

孟子说："那你就不是因为目的去提供食物，而是因为具体工作了。"

【鉴读】

彭更是孟子的弟子，他认为孟子"后车数十乘，从者数百人，以传食于诸侯"过于奢侈，提出疑问。孟子认为，士是以行道而服务社会，所以他们的"得食"与农民生产粮食，妇女纺纱而"得食"一样合理，也就是说"士"是以精神产品来求食的。

这里也涉及了伦理学中的一个问题，对行为进行善恶评判时，以动机为标准还是以效果为标准。一般来说，坚持道义论的思想家都是主张善恶评价应该根据行为者的动机，孟子在这里就是持这种观点；对于功利论者来说，应该根据行为的效果来做善恶评价。这两种观点都不全面，应该将动机与效果结合起来，也就是墨子所说的"合其志功而观"。

第五章

【原文】

万章问曰："宋，小国也。今将行王政，齐、楚恶而伐之，则如之何？"

孟子曰："汤居亳，与葛为邻。葛伯放①而不祀，汤使人问之曰：'何为不祀？'曰：'无以供牺牲也。'汤使人遗②之牛羊，葛伯食之，又不以祀。汤又使人问之曰：'何为不祀？'曰：'无以供粢盛也。'汤使亳众往为之耕，老弱馈食。葛伯率其民，要③其有酒食黍稻者夺之，不授者杀之。有童子以黍肉饷，杀而夺之。《书》曰：'葛伯仇饷。'此之谓也。为其杀是童子而征之，四海之内皆曰：'非富天下也，为匹夫匹妇④复仇也。''汤始征，自葛载⑤。十一征而无敌于天下。东面而征，西夷怨。南面而征，北狄怨。曰：'奚为后我？'民之望之，若大旱之望雨也。归市者弗止，芸⑥者不变，诛其君，吊其民，如时雨降，民大悦。《书》曰：'徯我后，后来其无罚。''有攸⑦不惟臣，东征、绥厥士女。筐⑧厥玄黄⑨，绍我周王见休⑩，惟臣附于大邑周。'其君子实玄黄于筐，以迎其君子；其小人⑪箪食壶浆，以迎其小人。救民于水火之中，取其残而已矣。《太誓》曰：'我武惟扬，侵于之疆，则取于残，杀伐用张，于汤有光。'不行王政云尔；苟行王政，四海之内皆举首而望之，欲以为君。齐、楚虽大，何畏焉？"

【注释】

①放：放纵，不加检点约束。

②遗：赠与。

③要：同"腰"，半路上。

④匹夫匹妇：普通男女。

⑤载：开始。

⑥芸：同"耘"，耕种土地的农民。

⑦攸：古国名。

⑧筐：盛东西的竹篮子。

⑨玄黄：黑色和黄色，这里指青黑色和黄色丝绸。

⑩休：美好。

⑪小人：百姓。

【译文】

万章问："宋国是个相对弱小的国家，现在准备施行称王于天下的仁政；要是此举招致邻国齐、楚等的讨伐，该如何？"

孟子说："商汤王在亳地时，与葛国相邻。葛国君主葛伯是个行为放纵不守礼法的人，从来不祭祀其祖先和天地。汤派人去问：'因什么原因而不举行祭祀活动呢？'葛伯说'没有牛羊来作祭品。'汤派人送去了牛羊，但葛伯将牛羊杀来吃了，却又不做祭品举行祭祀。汤再次派人去问：'为什么仍不祭祀呢？'葛伯回答：'我没有祭祀用的粮食。'汤派属下百姓去帮葛伯耕种土地，老弱者负责往田边送饭。葛伯率领手下士兵在半路上截拦送饭的人，夺取所携饭菜，杀死不交者。有一小孩携带着黄米和肉，葛伯杀了小孩，夺了所带饭菜。《尚书》上说：'葛伯恨送饭的人'，就指这件事。商汤王因为小孩的被杀而起兵征讨，四海之内的人都说：'汤并不是想搜刮天下的财富，而是要为屈死的平民百姓报仇雪恨。''汤开始统一天下的大业，就是从征讨葛国展开的'，自此，经过十一次大的征伐，天下没有哪个国家可以抵挡。汤率兵向东攻伐，西边的民众就埋怨；汤率兵南征，北边的百姓就埋怨，纷纷说：'为什么不先来攻伐我们这里？'可见百姓的盼望心情，就像久旱之后盼望下雨一样。因为商汤攻占的地方，商人继续买卖，农民仍旧耕田种地，只是诛杀暴君，安抚百姓，就像及时雨的到来，百姓极为高兴。《书》上说：'等到商汤王来后，我们就不必遭受残酷的刑罚了。'

"东方有个攸国不愿归顺周朝时，周王派兵征讨，去安抚他们国家的百姓，当地的人民用竹篮子盛着黑色、黄色丝绸，请人介绍求见周王，并以得见周王而深感荣幸，衷心归附于周国。'在军队到达之处，贵族用放有黑、黄色丝绸的篮子迎接当官的，平民百姓携带着干粮美酒欢迎周王的士兵。因为周王的军队是救民逃脱水深火热的悲惨境地，只杀那些欺压百姓的残暴君主。《尚书·太誓》上说：'充分发挥我们的武力，占领他们的国土，抓住那些残暴的统治者加以杀戮，这是比商汤的征伐更光荣的事。'

"宋国只是还没有施行称王于天下的仁政；若是真施仁政，那么天下的百姓都伸长了脖子盼着，想拜宋国君主为大王。齐、楚虽然都是相邻大国，又有什么好怕的呢？"

【鉴读】

孟子认为，强弱之势都是可以改变的，关键在于行仁政，得民心。如果真这样做了，弱者有可能变强大，而不行此道的强者将因此失去民众的拥护而衰落。

"仁政"是孟子最根本的政治主张，而孟子之所以主张仁政，又与他看到了民心向背的重要性有着直接的关系。孟子的仁政思想，是与他的民本思想一脉相承的。先秦时期"民本"和"仁政"思想的出现和蓬勃发展并不是偶然的，它有着深厚的现实基础，是社会历史发展的必然反映。

第六章

【原文】

孟子谓戴不胜曰："子欲子之王之善与？我明告子。有楚大夫于此，欲其子之齐语也，则使齐人傅①诸？使楚人傅诸？

曰："使齐人傅之。"

曰："一齐人傅之，众楚人咻②之，虽日挞而求其齐也不可得矣；引而置之庄岳之间数年，虽日挞而求其楚亦不可得矣。子谓薛居州善士也，使之居于王所。在于王所者，长、幼、卑、尊居州也，王谁与为不善？在王所者，长、幼、卑、尊皆非薛居州也，王谁与为善？一薛居州，独如宋王何？"

【注释】

①傅：即"为之傅"，教导。

②咻：吵闹，乱说。

【译文】

孟子对宋国大臣戴不胜说："你想让你们的大王达到多行善事的境地吗？我明明白白地回答你。假如有一位楚国的大臣在这，想让他的儿子懂得齐国方言，那么是请齐国人教育他呢？还是请楚国人教他？"

戴不胜说："当然是请一个齐国人当他的老师。"

孟子说："若是只有一个齐国人教他，却有好多楚国人纷纷攘攘地整天围在身边说着楚国方言，即使你天天用鞭子抽打着他说齐国话，也是办不到。若是领他到一个齐国的山间村庄里安顿下来住上几年，就是天天抽着让他讲楚国话，也同样是办不到。你所说的薛居州，倒实在是一个诚实善良的人，因此安排他与宋王一起居住。若是跟宋王同住的老少上下全是薛居州一样的好人，王能跟着谁干坏事呢？反过来，要是上下左右全是与薛居州完全不一样的人，宋又可以跟谁一起干好事呢？所以，单凭一个薛居州能对宋王产生多大影响力？"

【鉴读】

在这里，孟子认为一个国家能否施行王政，能否保民而王，关键在于这个国家的上层领导集团的群体素质高不高，而不取决于一个高素质的大臣，一个高素质的大臣是无法改变君王的素质的，尤其无法面对被一大群素质差的官吏所包围着的君主。孟子看到了领导集团整体素质的重要性，也看到了环境对君王的重要性。

"近朱者赤，近墨者黑"，周围的环境和人际关系对于一个人的素质养成来说具有非常重要的作用。孟子小时候相传曾经数次搬家，原因就是孟母想给他找个良好的成长环境，可见，我国自古就重视环境对教育和学习的影响。这条规律也被我国的政治家运用到国家的治理中，春秋时期齐国政治家管仲提出的"四民分业"的政策就是一例。

第七章

【原文】

公孙丑问曰："不见诸侯何义？"

孟子曰："古者不为臣不见，段干木①逾垣而辟②之，泄柳闭门而不内③，是皆已甚；迫，斯可以见矣。阳货欲见孔子④而恶无礼，大夫有赐于士，不得受于其家，则往拜其门。阳货瞷⑤孔子之亡也，而馈孔子蒸豚；孔子亦瞷其亡也，而往拜之。当是时，阳货先，岂得不见？曾子曰：'胁肩谄笑，病于夏畦⑥'。子路⑦曰：'未同而言，观其色赧赧然，非由之所知也。'由是观之，则君子之所养，可知已矣。"

【注释】

①段干木：姓段干，名木，晋国人，清高而不屑为官。魏文侯去拜访他，他却翻墙逃走不见。

②辟：同"避"。

③泄柳：人名，鲁穆公时人。内，同"纳"。

④阳货欲见孔子：事见《论语·阳货》。"见"在这里作使动用法，是阳货想让孔子来拜见他的意思。

⑤瞷：窥视。

⑥胁肩谄笑，病于夏畦：胁肩，耸起肩头，故作恭敬的样子。胁肩谄笑形容逢迎谄媚的丑态。畦：本指菜地间划分的行列，这里作动词用，指在菜地里劳动。

【译文】

公孙王问道："不主动去拜见诸侯是什么道理？"

孟子说："在古代，一个人如果不是诸侯的臣属便不去拜见。段干木跳墙躲避魏文侯，泄柳闭门不接待鲁穆公，这些都做得过分了。迫不得已时，见还是应该见的。从前阳货想要孔子去拜见他，又厌恶别人说他不懂礼仪。大夫如果对士人有所赏赐，士人没有在家亲自接受的话，就得上大夫家去拜谢。于是，阳货便趁孔子不在家的时候，给孔子送去一只蒸乳猪。孔子也打听到阳货不在家时，前去拜谢。当时，要是阳货真心诚意地先去看孔子，孔子难道不去拜见他吗？曾子说：'耸起两个肩头，做出一副讨好人的笑脸，这真比顶着夏天的毒日头在菜地里干活还要令人难受啊！'子路说：'分明不愿意和那人谈话，却要勉强去谈，脸上还做出羞惭的样子，这种人不是我所能够理解的。'从这里看来，君子是怎样修养自己的，就可以知道了。"

【鉴读】

这一章与孟子和陈代谈论不去见诸侯章的含义基本相同。公孙丑问孟子为什么不见诸侯，孟子告诫他"古之人不为臣不见"这一做人的原则是他不见诸侯的原因。同时孟子又告诫公孙丑如何遵守"不为臣不见"这一原则，第一不能太过，第二不能不及，应该适宜。

维护好一个社会的良好秩序，就必须有一套明确的行为标准，在中国封建社会中，这套行为标准就是"礼"。在儒家思想中，礼制是规范人们行为的基本准则，也是人品道德的外在反映，任何人在任何事情上都要遵守。在孟子看来，按照礼制行事，也是一个人的气节和品质的反映。一个人固然不可太孤傲，但是相比之下，没有原则，只会察言观色的"胁肩谄笑"之徒更加让人鄙视。

第八章

【原文】

戴盈之曰："什一，去关市之征，今兹未能，请轻之，以待来年，然后已，何如？"

孟子曰："今有人日攘①其邻之鸡者，或告之曰：'是非君子之道。'曰：'请损之，月攘一鸡，以待来年，然后已。'如知其非义，斯速已矣，何待来年！"

【注释】

①攘：捉。

【译文】

宋国大臣戴盈之说："征取十分之一的地税，免掉关卡和集市的税利，现在还很难做到。现在我们先逐渐减轻税收，等明年再完全执行。如何？"

孟子说："现在有这样一个人，每天都要偷邻居家养的鸡，有人告诉他：'这不是好人干的事。'他说：'那我就少偷点，改成每个月偷一只鸡，等到明年，我再彻底不偷。'减轻税收之举与这个人的少偷鸡有什么区别？对一件事情，知道它是不合道义的，就该马上停下来，为什么要等到明年呢？"

【鉴读】

文中偷鸡贼的逻辑就是改错分步，明明认识到不对，但就是不愿意彻底改正，而以数量减少来遮掩性质不改的问题。孟子借此告诫戴盈应该知错就改，不应该拖拖拉拉。

这则偷鸡贼的寓言生动幽默，看似荒唐可笑，实际上是人心写照。在我们的生活中，无论是戒烟、戒赌、戒毒，还是"反腐倡廉"中披露出来的一些案子，其当事人不是多少都有一点这个偷鸡贼的心态和逻辑吗？改恶从善，痛改前非。这是每个人都懂得的道理，做到却是非常难。

第九章

公都子曰："外人皆称夫子好辩，敢问何也？"

孟子曰："予岂好辩哉？予不得已也。天下之生久矣，一治一乱。

"当尧之时，水逆行，泛滥于中国，蛇龙居之，民无所定，下者为巢，上者为营窟。《书》曰：'洚水警余。'洚水者，洪水也。使禹治之。禹掘地而注之海，驱龙蛇而放之菹①；水由地中行，江、淮、河、汉是也。险阻既远，鸟兽之害人者消，然后人得平土而居之。

"尧舜既没，圣人之道衰，暴君代②作，坏宫室③以为汙池，民无所安息；弃田以为园囿，使民不得衣食。邪说暴行又作，园囿、汙池、沛泽多而禽兽至。及纣之身，天下又大乱。周公相武王，诛纣伐奄，三年讨其君，驱飞廉④于海隅而戮之，灭国者五十，驱虎、豹、犀、象而远之，天下大悦。《书》曰：'丕⑤显哉，文王谟⑥！丕承哉，武王烈！佑启我后人，咸以正无缺'。

"世衰道微，邪说暴行有作，臣弑其君者有之，子弑其父者有之。孔子惧，作《春秋》。《春秋》，天子之事也；是故孔子曰：'知我者，其惟《春秋》乎！罪我者，其惟《春秋》乎！'

"圣王不作，诸侯放恣，处士横议，杨朱、墨翟之言盈天下，天下之言不归杨，则归墨。杨氏为我，是无君也；墨氏兼爱，是无父也。无君无父，是禽兽也。公明仪曰：'庖有肥肉，厩有肥马；民有饥色，野有饿莩，此率兽而食人也。'杨、墨之道不息，孔子之道不著，是邪说诬民，充塞仁义也。仁义充塞，则率兽食人，人将相食。吾为此惧，闲⑦先圣之道，距⑧杨、墨，放淫辞，邪说者不得作。作于其心，害于其事；作于其事，害于其政。圣人复起，不易吾言矣。

"昔者，禹抑洪水而天下平，周公兼夷狄，驱猛兽而百姓宁，孔子成《春秋》而乱臣贼子惧。《诗》云：'戎狄是膺，荆舒是惩，则莫我敢承。'无父无君，是周公所膺也。我亦欲正人心，息邪说，距诐行，放淫辞，以承三圣者；岂好辩哉？予不得已也。能言距杨、墨者，圣人之徒也。"

【注释】

①菹：此指长满水草的沼泽。

②代：更替。

③宫室：指民众房屋。

④飞廉：又作"蜚廉"，传说中一食人恶兽。

⑤丕：大。

⑥谟：计谋。

⑦闲：同"衔"，遵从、捍卫。

⑧距：同"拒"，批驳、抗拒。

【译文】

公都子说："别人都说先生喜欢辩论，请问这是什么原因？"

孟子回答："我哪里是喜欢辩论呀！我这是迫不得已。人类的出现已经有很长时间了，总是一段时间安宁，一段时间战乱。在尧帝统治时期，大水横冲直撞到处泛滥，鳄鱼、水蛇等爬虫依靠水势盘踞，百姓没有了住处，平地上的人只好像鸟一样在树上安身、山坡上的人挖窑洞为家。

《书》上说：'洚水警告我们。'洚水就是洪水的意思。天子派大禹治水，禹挖掘河道把洪水引到海里，把盘踞的爬虫赶到长满杂草的沼泽里；这时大水顺着河道在土地中间流过，就是今天的长江、淮河、黄河、汉水。恶劣的环境脱离了，为害人群的走兽飞禽消失了，人们才又得以在平地上安定下为。

"尧、舜等圣贤君主去世之后，他们的良好的道德也衰微下来，残暴的君主一个接一个地出现，他们毁坏房舍，开挖成池塘，百姓就没了住处；霸占耕地改建成园林猎场，百姓就没有了赖以生产粮食的土地。这时邪恶的理论学说及残暴的行为再次兴盛，猎场、池塘、沼泽多了，飞禽走兽也随之聚集。到了纣王统治时，天下又混乱起来。周公辅佐武王诛灭纣王，讨伐奄国经三年苦战才取得胜利，驱赶飞廉到海边才将之杀死，再占领其他小国共五十个，把虎、豹、犀、象等野兽赶到边远地区，天下人民都极为高兴。《书》上说：'伟大啊！文王的计谋；光荣啊！武王的功勋。教诲，保佑我们这些后人，都能正确而不犯错误。'

　　"周朝国力衰微之后，良好的风尚随之消亡，邪恶理论及残暴行为又一次盛行，有大臣犯上作乱弑其君主的，有儿子犯上杀其父亲的。面对这种情况，孔子很担忧，因此著《春秋》一书。编著《春秋》，本来是天子的事情，孔子不得已而做了，因此曾说：'理解我的人是因为我写了这部《春秋》，责难我的人也是因为这部《春秋》!'

　　"当今这种形势，圣明君主没有出现。各诸侯国君都是放纵不羁，没有职务的读书人也是胡说八道，杨朱、墨翟创建的理论占据各学说的主导地位。人们的思想不是倾向于杨朱学说，就是倾向于墨子学说。杨氏理论的根本是为我，人人都只想着为自己，心中便没有君主的概念；墨子学说的根本是兼爱，而不加区别地一概爱护，也就没有了父母这一概念。一个人要是没有君主、父母的观念，就成禽兽了。公明仪说：'厨房里有肥肉，马棚里有壮马，而百姓面黄肌瘦，城外有饿死者的尸体，这就是统治者带领野兽吃人啊!'要是杨朱、墨子的理论不消除，孔子创建的仁义理论不发扬光大，等于是邪恶理论蒙蔽百姓，仁义观念被堵塞难以发展。仁义道德发扬不了，结果自然就是放纵野兽吃人，甚至是人们也会自我残杀起来。我很担忧目前这种状况，所以坚决遵循古代圣人的道义，来抗拒杨朱、墨子等邪恶理论，批驳其错误言论，使邪说无法推广。否则，邪恶观念发自内心，就会危害人们的行为；指导人们行为的话，就会危害执行政务管理。即使圣人再次降临，也不会改变我的观点。

　　"过去大禹治服洪水，天下才有太平；周公兼并四方各族，驱除凶猛野兽，百姓才有了安宁；孔子著成《春秋》一书，那些犯上作乱、为害人民的坏人就感到恐惧。《诗经·鲁颂·泮水》上说：'攻打戎狄，惩处荆舒，就无人敢不遵从我的命令。'没有忠君、孝父思想的边远地区之人，是周公讨伐打击的人。现在我也想端正人们的思想观念，平息各种邪恶理论，抗拒错误的行为，批驳放纵的言论，就是想继承大禹、周公、孔子三位圣人的丰功伟业啊!我又哪里是喜欢辩论，实属迫不得已的啊!能通过辩论来抗拒杨朱、墨子学说的流行，也是圣人弟子的应尽义务啊!"

【鉴读】

　　这一章，别人指责孟子喜欢辩论，孟子声明自己并非好辩，而是为了拨乱反正，捍卫圣贤之道。从《孟子》一书中可以体察到，孟子的辩论色彩是非常浓的，孟子觉得，自己处在大道败坏的年代与社会中，如果不奋起捍卫圣道，端正人心，破除邪说，圣人之学将会中衰，因此他说自己的喜好辩论是"不得已"。

春秋战国时期"百家争鸣"的社会大背景下，每一个学派都认为自己的学说才是医治社会痼疾的良药，从而极力否定和批驳其他学派的观点。孟子将墨子、杨朱的学说比喻为邪说，就是这个原因。

第十章

【原文】

匡章曰："陈仲子岂不诚廉士哉？居於陵，三日不食，耳无闻，目不见也。井上有李、螬①食实者过半矣，匍匐往，将②食之；三咽，然后耳有闻，目有见。"

孟子曰："于齐国之士，吾必以仲子为巨擘③焉。虽然，仲子恶能廉？充仲子之操，则蚓而后可者也。夫蚓，上食槁壤，下饮黄泉。仲子所居之室，伯夷之所筑与？抑亦盗跖之所筑与？所食之粟，伯夷之所树与？抑亦盗跖之所树与？是未可知也。"

曰："是何伤哉？彼身织屦，妻辟𫄙，以易之也。"

曰："仲子，齐之世家也；兄戴，蓋④禄万钟，以兄之禄为不义之禄而不食也，以兄之室为不义之室而不居也，辟⑤兄离母，处于於陵。他日归，则有馈其兄生鹅者，已频顣曰：'恶用是鶂鶂⑥者为哉？'他日，其母杀是鹅也，与之食之。其兄自外至，曰：'是鶂鶂之肉也。'出而哇⑦之。以母则不食，以妻则食之；以兄之室则弗居，以於陵则居之，是尚为能充其类也乎？若仲子者，蚓而后充其操者也。"

【注释】

①螬：即蛴螬。

②将：拿起。

③巨擘：大拇指。

④蓋：齐国一个地区．陈仲子之兄封地。

⑤辟：同"避"。

⑥鶂：古同"鹢"，水鸟名，形似鸬鹚，善高飞。

⑦哇：吐出东西的声音，此处指吐东西。

【译文】

匡章说："陈仲子，算得一个真正的廉洁之人了吧！他住在於陵这个地方，有一次三天没有饭吃，耳朵听不到声音，饿得眼睛也看不清东西了；这时发现井边上有一个李子，还被蛴螬吃了一大半，陈仲子坚持着爬过去，拿起来就往嘴里吃；咽下了三口，耳朵才能听得见声，眼睛也才开始看得见东西。"

孟子说："在齐国的士人里，我确是觉得陈仲子是独一无二的。尽管如此，他仍不能算是廉洁之人。以陈仲子的全部操行品德，至多可以排在蚯蚓的后面。你看蚯蚓，爬到上面吞吃一些泥土和烂草根，钻到底下喝点土里的积水，这才是真正的清廉呢！从来不依靠别人。倒是陈仲子，他住的房子，是伯夷那样的好人盖的呢，还是盗跖那样的坏人盖的呢？他吃的粮食，是伯夷那样的好人种出来的？还是盗跖那样的坏人种的呢？这些都不清楚啊！"

匡章说："这有什么关系？他自己编草鞋，妻子纺麻线，房子和粮食都是自己换来的呀！"

孟子说："陈仲子，也是齐国的世代贵族出身呀。他的哥哥陈戴，仅在盖地一年的收入就有万钟粮食。陈仲子认为哥哥的俸禄是不义之财就坚决不吃，认为哥哥的房子是不义之室就坚决不住，他避开哥哥，告别母亲，独自住在於陵那个地方。有一次他回家，见有人送给哥哥一只活鹅，就皱着眉头缩着鼻子说：'为什么送来这么一只嘎嘎叫的怪物呢！'过了几天，母亲杀了鹅，送了点肉给他吃。随后，哥哥从门外进来，说：'你刚吃的就是嘎嘎叫的怪物肉呀！'陈仲子马上跑出去哇哇地吐了。他母亲做的饭就不吃，妻子做的就吃；哥哥的房子就不住，於陵的屋子就住下。这样的人还能算是个人吗？像陈仲子这样不近人情的蠢物，还是排到蚯蚓后面去修炼自己的操守吧！"

【鉴读】

这一章可以当作讽刺文学来读。

陈仲子是齐国著名的"廉士",可孟子却认为他的作为并不能算是廉洁,尤其是不能提倡、推广他的这种作为。孟子尖刻地讽刺说,要做到他那样,除非把人先变成蚯蚓,只吃泥土,喝地下水,这才能够做到彻底"廉洁"。而真正要用这种"廉"的标准来衡量,就是陈仲子本人也没有能够做到。这只是一种沽名钓誉,一种酸腐,用我们今天流行的话来说,就是一种"假",一种虚伪。而用朱熹引范氏的话来说,就更为严重:"仲子避兄离母,无亲戚、君臣、上下,是无人伦也,岂有无人伦而可以为廉哉?"(《孟子集注》)

　　按照孔子、孟子的看法,廉洁就是"见得思义'",就是"非其道,则一箪食不可受于人;如其道,则舜受尧之天下,不以为泰。"

第七篇　离娄上

第一章

【原文】

孟子曰："离娄①之明、公输子②之巧，不以规矩，不能成方员；师旷③之聪，不以六律④，不能正五音⑤；尧、舜之道，不以仁政，不能平治天下。今有仁心仁闻⑥而民不被其泽，不可法于后世者，不行先王之道也。故曰，徒善不足以为政，徒法不能以自行。《诗》云：'不愆不忘，率由旧章⑦，'遵先王之法而过者，未之有也。圣人既竭目力焉，继之以规矩准绳⑧，以为方员平直，不可胜用也；既竭耳力焉，继之以六律正五音，不可胜用也；既竭心思焉，继之以不忍人之政，而仁覆天下矣。故曰：'为高必因丘陵，为下必因川泽。'为政不因先王之道，可谓智乎？是以惟仁者宜在高位。不仁而在高位，是播其恶于众也。上无道揆⑨也，下无法守也，朝不信道，工不信度，君子犯义，小人犯刑，国之所存者幸也。故曰，城郭不完，兵甲不多，非国之灾也；田野不辟⑩，货财不聚，非国之害也。上无礼，下无学，贼民兴，丧无日矣。《诗》曰：'天之方蹶，无然泄泄⑪。'泄泄犹沓沓也。事君无义，进退无礼，言则非先王之道者，犹沓沓也。故曰，责难于君谓之恭，陈善闭⑫邪谓之敬，吾君不能谓之贼。"

【注释】

①离娄：亦称"离朱"，相传黄帝时人。能千百步之外见秋毫之末。

②公输子：名班（亦为"般"），春秋末年鲁国的巧匠，故亦称鲁班。

③师旷：春秋晋平公时的乐师。

④六律：相传黄帝时伶伦截竹力简，以简之长短区别音之高低，并以此作为音乐的标准音高。

⑤五音：古代以宫、商、角、徵、羽为音阶。

⑥闻：声誉。

⑦不愆两句：出自《诗·大雅·假乐》，是一首赞美周成王的诗。愆，过错。

⑧准绳：准是测量水平的仪器，绳是规范垂直的工具。

⑨道揆：道，义理；揆，度，衡量。

⑩辟：垦殖，开辟。

⑪天之两句：出自《诗·大雅·板》。蹶，动也。泄，同"呭"，多说话的样子。

⑫闲：通"辟"，意为排斥，抵制。

【译文】

孟子说："即便有离娄那样的好眼力，公输子那样高超的技巧，如果没有圆规和直尺，也画不出方形和圆形；即使有师旷那样好的听力，如果不用六律，也不能校正五音；即使有尧舜之道，如果不施行仁政，也不能治理好天下。现在有的诸侯虽然有仁爱的心思名声，但百姓却没有受到他的恩泽，他的心思和名声无法成为后代学习效法的榜样，原因就在于他不施行前代的圣王之道。所以我认为，光有善心还不足以很好地执政，光有法度不可能自动实行。《诗经·大雅·假乐》说：'不犯错误，不要忘记，一切都遵循旧的规章。'遵循先代圣王的法度而犯错误的，从来没有过。圣人既然用尽了目力，又用圆规、直角尺、水平仪和绳墨，制作方的、圆的、平的、直的东西，这些东西就用不尽了；圣人既然用尽了听力，又用六律校正五音，各种音调就用不尽了；圣人既然用尽了心思，又施行仁政，仁爱就遍布天下了。所以我认为，修筑高台一定要凭借山陵，挖深池一定要借助于河沼洼地。执政如不依靠先代圣王之道，难道是聪明吗？所以，只有具备仁德的人才适于处于高位上：品质不好的人却处在高位，这是等于把恶劣品质宣扬给百姓。居于上位的人不按真理标准衡量事物，居下层人就不受法规制约：朝廷不讲道义，工匠不依尺度，官吏触犯义理，百姓触犯刑律，如果这样的国家还能存在，真是侥幸。所以我认为，城墙不坚固，装备不充足，并不是国家的灾难；田野荒芜，财物不足，也不是国家的灾祸。如果在上位的人没有礼貌，在下位的人不受教育，刁民起来作乱，那么国家灭亡就没有几天了，《诗经·大雅·板》说：'上天正在变动，不要这么泄泄。'泄泄，也就是"沓沓"，说话喋喋不休。侍奉君王不合道义，行为举止不合礼规，开口就诋毁先王之道，这就是喋喋不休。所以说，要君王做艰难的事，叫做'恭'；向君王谏言，驳斥异论，叫做'敬'；认为自己的君王不施行仁政，叫做"贼。"

【鉴读】

这一章讲了治理国家的两条根本措施：一是法先王；二是选贤才。

"法先王"是因为"不以规矩，不能成方圆"；"不以六律，不能正五音"；"不以仁政，不能平治天下。"相反，"遵先王之法而过者，未之有也。"正反两方面的道理都说明了这一点，所以一定要"法先王"。孟子的"法先王"思想，实际上也就是孔子"祖述尧舜，宪章文武"思想的继承。选贤才是因为"惟仁者宜在高位。"一旦不仁者窃据了高位，奸邪当道，残害忠良，必然就会是非颠倒，黑白混淆，世风日下，天下大乱。历史依据不胜枚举。所以，一定要注意领导干部的选拔。

第二章

【原文】

孟子曰："规矩，方员之至也；圣人，人伦之至也。欲为君，尽君道；欲为臣，尽臣道。二者皆法尧舜而已矣。不以舜之所以事尧事君，不敬其君者也；不以尧之所以治民治民，贼其民者也。孔子曰：'其二，仁与不仁而已矣。'暴其民甚则身杀国亡；不甚，则身危国削，名之曰'幽'、'厉'①，虽孝子慈孙，百世不能改也。诗云：'殷鉴不远，在夏后之世②。'此之谓也。"

【注释】

①幽厉：周有暴君幽王和厉王，故"幽"、"厉"都是不好的谥号。
②殷鉴两句：出自《诗·大雅·荡》，是一首哀伤周衰落的诗。鉴，原指铜镜，引申为教训。

【译文】

孟子说："圆规和直尺，是画方形和圆形的基准。圣人，是为人的标准。要做君王，就要全力实君王之道；要做臣下，就要尽量遵守为臣之道。君道和臣道都应该以尧舜为标准。不遵循舜侍奉尧的准则去侍奉自己的君王，是对君王的不敬；不遵循尧管理百姓的准则去管理百姓，是残害百姓。孔子说过：'治国的办法有两个：施行仁政和不施行仁政。'对百姓过分暴虐，就会自身被杀，国家灭亡；即使不过分，也会危及自身，国势衰弱。君王死后有'幽'、'厉'的恶谥，即使他们有孝顺父母的子孙，经过一百代这个恶谥还是改变不了。《诗经·大雅·荡》说：'殷商有一面不远的历史镜子，是夏朝。'就是这个道理。"

【鉴读】

此章承上章而言。既然治理国家有赖于"法治"和"治人"，那么，作为君主来说，就应该效法舜推行的"先王之道"，作为臣属来说，就应效法圣人以仁道侍奉君主，治理民众。也就是说，国君与臣属各有其职责。

孟子在这里所讲，还是对历史经验教训的一种深刻剖析，只不过是把爱民、仁政的政治模式借前代圣王尧舜予以人格化，并把暴虐、残害人民的统治方式也借桀纣等暴君使其更加直观，更易于理解罢了。

第三章

【原文】

孟子曰："三代之得天下也以仁，其失天下也以不仁。国之所以废兴存亡者亦然。天子不仁，不保四海；诸侯不仁，不保社稷；卿大夫不仁，不保宗庙①；士庶人不仁，不保四体。今恶死亡而乐不仁，是犹恶醉而强②酒。"

【注释】

①宗庙：这里指采邑（封地），因为卿大夫先有采邑然后才有宗庙。
②强：勉强。

【译文】

孟子说:"夏商周三代获得天下是由于仁,失去天下是由于不仁。诸侯国家的兴衰存亡也是由于同样的原因。天子不仁,不能够保有天下;诸侯不仁,不能够保住国家;卿大夫不仁,不能够保住祖庙;士人和平民百姓不仁,不能保全身家性命。现在的人既害怕死亡却又乐于做不仁义的事,这就好像既害怕醉却又偏偏要拼命喝酒一样。"

【鉴读】

这章仍然是讲"仁道"是最根本的行为规范。

我们在此,分析一下孟子雄辩的句式:

"今恶死亡而乐不仁,是犹恶醉而强酒。"现在的人既害怕死亡却又乐于做不仁义的事,这就好像既害怕醉却又偏偏要喝酒一样。"今恶辱而居不仁,是犹恶湿而居下也。"(《公孙丑上》)现在的人既厌恶耻辱却又居于不仁的境地,这就好像既厌恶潮湿却又居于低洼的地方一样。"今也欲无敌于天下而不以仁,是犹执热而不以濯也。"(《离娄上》)现在的人既想无敌于天下却又不行仁道。这就好像既热得受不了却又不愿意洗澡一样。

这一类相同的句式,指出生活中的悖逆现象,以此来说明抽象的道理,往往如以掌去背,令人翻然猛醒,尤其具有启迪意义,同时也鲜活地体现了孟子杰出的论辩艺术。

第四章

【原文】

孟子曰:"爱人不亲,反其仁①;治人不治,反其智;礼人不答,反其敬行有不得者皆反求诸己,其身正而天下归之。《诗》云:'永言配命,自求多福。'"

【注释】

①反其仁:反问自己仁爱是否做到位了。

【译文】

孟子说："爱别人却得不到别人的亲近，那就应反问自己的仁爱是否不够；管理别人却不能够管理好，那就应反问自己的管理才智是否有问题；礼貌待人却得不到别人相应的礼貌，那就应反问自己的礼貌是否到家。凡是行为得不到预期的效果，都应该反过来检查自己，自身行为端正了，天下的人自然就会归服。《诗经》说：'长久地与天命相配合，自己寻求更多的幸福。'"

【鉴读】

这一章是说，遇到问题应该先检讨自身的行为是否遵循了正道。自己端正了，做事才会取得成就。《公孙丑上》里孟子说过："仁者如射：射者正己而后发；发而不中，不怨胜己者，反求诸己而已矣。"

从个人品质说，是严于律己，宽以待人，凡事多作自我批评。也就是孔子所说的"躬自厚而薄责于人，则远怨矣。"（《论语·卫灵公》）从治理国家政治说，是正己以正人。"其身正，不令而行；其身不正，虽令不从。"（《论语·子路》）

儒家政治，强调从自身做起，从身边事做起。"内省"是儒家提出的道德修养方法中非常重要的一种，其相关论述，在《论语》和《孟子》中不胜枚举。这是现代人在道德修养中值得继承与发扬的宝贵品质。

第五章

【原文】

孟子曰："人有恒[①]言，皆曰'天下国家'。天下之本在国，国之本在家，家之本在身。"

【注释】

①恒：长久。

【译文】

孟子说："人们有句口头语，都说'天下国家。'天下的基础是国，国的基础是家，家的基础是个人。"

【鉴读】

这一章是说天下国家的根本在于个人，个人修养立定了根本，就能把家、国、天下的事情办好。《大学》发挥的"修身、齐家、治国、平天下"正是这一原理。

我们今天常说："没有国哪有家？没有家哪有我？"似乎与孟子所强调的恰恰相反。关键是出发点不同。我们今天面对利益，要求奉献，所以强调公而忘私，先人后己；先国家，后集体，再个人。儒者则是强调道德的自我完善，要求修身为本，所以是先己后人，推己及人。"身修而后家齐，家齐而后国治，国治而后天下平。"（《大学》）可见，路数虽反，道理却是相通：都是要求为他人，为集体，为国家，为人类作出贡献。这才是最根本的。

第六章

【原文】

孟子曰："为政不难，不得罪于巨室。巨室之所慕，①一国慕之；一国之所慕，天下慕之；故沛然德教溢乎四海。"

【注释】

①巨室：指为国人所钦敬、仿效的贤卿大夫的家族，如春秋时晋国的六卿、鲁国的三桓等。

【译文】

孟子说："治理国政并不难，不要得罪世家大族。世家大族所仰慕的，整个国家就会仰慕；整个国家所仰慕的，普天之下就会仰慕，因此德教仁政就会声势浩大、不可阻挡地充满天下各个地方。"

【鉴读】

孟子认为，从事政治管理工作不难，只要不得罪那些世臣和大家就行了。因为世臣大家所思慕的，一国人都会思慕；一国人所思慕的，天下人都会思慕；因而德教就可以遍布天下。

"上行下效谓之风"，在上位者的道德对于民众来说具有示范和表率作用。因此孟子提出，统治者要加强修养，率先垂范，使得道德教化能够很好地推行，达到天下和谐稳定的目的。要想治理好自己的国家，必须首先治理好自己的家庭，自己的家庭就是自己的小国家，要是能够治理好自己的家庭，就能使小家庭的家学渊源世代相传。中国古代就很讲究耕读传家，慢慢地就能够发展成世家大族，这样的世家为世人所仰慕，因此孟子说不得罪那些世家大族也是有一定的道理的。实质上是希望这些大家族能够以身作则，把一些优良的传统发扬光大，在社会上形成一种积极向上的风气，这样，整个国民素质提高了，治理国家的政事也就容易了。

第七章

【原文】

孟子曰："天下有道，小德役①大德，小贤役大贤；天下无道，小役大，弱役强。斯二者，天也。顺天者存，逆天者亡。齐景公曰：'既不能令，又不受命，是绝物②也。'涕出而女于吴③。今也小国师大国而耻受命焉，是犹弟子而耻受命于先师也。如耻之，莫若师文王。师文王，大国五年，小国七年，必为政于天下矣。《诗》云：'商之孙子，其丽不亿。上帝既命，侯于周服。侯服于周，天命靡常。殷士肤敏，祼将于京④。'孔子曰：'仁不可为众也。夫国君好仁，天下无敌。'今也欲无敌于天下而不以仁，是犹执热而不以濯也。《诗》云：'谁能执热，逝不以濯⑤？'"

【注释】

①役：此处的"役"与下一句的"役"都是"役于"的意思。

②绝物：没有国家与之来往，即走投无路。

③涕出一句：齐景公因不能抵御吴的进攻，只好把自己的女儿嫁到吴国"和亲"。

④《诗》云一句：出自《诗·大雅·文王》。孙子，即子孙；丽：数量；不亿：不下亿万，侯：发语词；肤敏：美丽睿智；裸：祭祀时酹酒迎神；将：助祭。

⑤《诗》云一句：出自《诗·大雅·桑柔》。执热：拿了烫手的东西。

【译文】

孟子说："天下政治清明时，道德品质不高的人会被道德品质高的人驱使；天下政治黑暗时，不很贤明的人会被强大力量驱使，弱者听从于强者的驱使。这两种情况都是天意。顺从天意的就生存，违背天意的就灭亡。齐景公曾说过：'既然不能命令别人，又不愿接受别人的命令，这就是绝路啊。'因此流着泪把女儿嫁到吴国。现在小国向大国学习而又把接受大国命令看成是耻辱的事，这就像做学生的把听从老师的命令看成耻辱的事一样。如果把接受命令看成是耻辱的事，不如向文王学习。以文王为师，大国需用五年时间，小国需用七年时间，就能一统天下了。《诗经·大雅·文王》说：'殷商的子孙。数量不止十万人。上帝已授命，他们都要服从周朝。殷商的子孙却都要服从周朝，可见天意不是固定不变的。殷商的臣下美丽睿智的，都到周都助祭。'孔子说过：'仁德的力量是不能按人数多少计算的。君王如果重视仁德，就能天下无敌。'现在许多诸侯想无敌于天下，却又不遵循仁义之道，这就像热得厉害却不洗澡。《诗经·大雅·桑柔》说：'谁能够热得厉害时却不去洗澡呢？'"

【鉴读】

前面两章谈到的是修身齐家，这里孟子开始谈治国平天下了。孟子认为，社会历史的发展规律是，有仁德的人能够赢得人心，从而统一天下。因此他强调诸侯国君都要向推行仁政的国家学习。孟子还通过"顺天者存，逆天者亡"的命题，告诫统治者要认清形势，顺应历史发展的规律。这一命题一方面反映了孟子的顺应天命的天命观，认为人不能违背规律；另一方面也表明了他主张人应该在规律面前发挥主观能动性，要通过自己的主观努力认识规律、利用规律。

我们可以将实行仁政赢得天下与顺应天命两者结合起来，正所谓"尽人事，知天命"。在现实生活中，我们也应当锁定目标，不遗余力地付出自己的劳动和汗水，同时又要保持心态上的达观，明白有一些事情不能左右，这样在经营自己的人生时，无论是荣耀还是挫折，都能够泰然自若，胸怀坦荡，乐观生活。

第八章

【原文】

孟子曰："不仁者可与言哉？安其危而利其灾，乐其所以亡者。不仁而可与言，则何亡国败家之有？有孺子歌曰：'沧浪之水清兮，可以濯我缨；沧浪之水浊兮，可以濯我足^①。'孔子曰：'小子听之！清斯濯缨，浊斯濯足矣，自取之也。'夫人必自侮然后人侮之，家必自毁而后人毁之，国必自伐而后人伐之。《太甲》曰'天作孽犹可违，自作孽不可活，'此之谓也。

【注释】

①沧浪一诗：这四句歌词是楚歌。

【译文】

孟子说："怎能和不仁德的人谈论什么呢？这些人处在危险之中却心安理得，灾难临头却以为是吉利，把导致亡国灭家的事还当成是乐事。不仁德的人如果还可以和他谈论，那又怎么会发生亡国灭家的事呢？从前有首小孩子唱的歌：'沧浪的水清亮呀，可以洗我的帽缨；沧浪的水浑浊呀，可以洗我的双脚。'孔子说：'弟子们听着！水清就洗帽缨，水浊就洗双脚，这都是水本身决定的。'对人来说，一定先有自招侮辱的地方，然后别人才会侮辱你；对家来说，一定先有自招毁灭的原因，然后别人才会毁灭它；对国来说，一定先有自讨攻伐的暴政，然后别国才攻伐它。《尚书·太甲》说：'上天降下的灾祸可以躲避，自己作的孽却是逃不掉的。'说的就是这个道理。

这一章中，最有名的就是"沧浪之水清兮，可以濯我缨；沧浪之水浊兮，可以濯我足"。君子何必理会水清还是水浊呢。"沧浪之水"就是孟子说的治国平天下，"水清"就是上一章说的天下有道，"水浊"指的是"天下无道"，缨是用来系帽子的，这里是地位的象征。"濯我缨"指的是君子为人处世，天下有道时则显，为民勤政。"濯我足"就是指天下无道时君子当明哲保身，不问世事。也就是孔子所说的"达则兼济天下，穷则独善其身"。

也就是说，水的用途有贵有贱，是水有清有浊造成的，人有贵有贱，有尊有卑，又何尝不是自己造成的呢。同样，一个家庭，一个国家皆是如此。

人因为不自尊，他人才敢来轻视你。一个家庭由于不和睦，"第三者"才有插足的缝隙；国家动乱，祸起萧墙之内，敌国才能趁机入侵。所以我们分析问题，先要审视自身，找到自己内部存在的问题，才能从根本彻底解决问题。

第九章

【原文】

孟子曰："桀、纣之失天下也，失其民也；失其民者，失其心也。得天下有道，得其民斯得天下矣；得其民有道，得其心斯得民矣；得其心有道，所欲与之聚之，所恶勿施，尔也。民之归仁也，犹水之就下、兽之走圹①也。故为渊殴鱼者獭也，为丛殴爵②者鹯③也，为汤、武殴民者桀、纣也。今天下之君有好仁者，则诸侯皆为之驱矣，虽欲无王不可得已。今之欲王者，犹七年之病求三年之艾也，苟为不畜④，终身不得。苟不志于仁，终身忧辱，以陷于死亡。《诗》云'其何能淑，载胥及溺⑤'，此之谓也。"

【注释】

①圹：旷野。

②爵：同"雀"。

③鹯：一种似鹞的猛禽。

④畜：同"蓄"，储备。

⑤《诗》云一句：出自《诗·大雅·桑柔》。淑：善；载：则，就；胥：皆，都。

【译文】

孟子说："桀、纣失去天下，是因为失去了自己百姓的拥戴；失去百姓拥戴，是因为失去百姓的心。得到天下有办法：得到百姓的心，就得到百姓。得到百姓的心有办法：百姓想得到的，就替他们积聚，百姓憎恶的，就不要强加给他们，如此而已。百姓归附仁德，就像水往低处流，兽往旷野走一样。所以替深潭把鱼驱赶到那里去的是水獭，替丛林把鸟雀赶去那里的是鹯鹰，替商汤、周武王把百姓赶到他们那里的是夏桀和殷纣。如果天下君王爱好仁政，那么诸侯都会替他把百姓赶到他那里，他不想得到天下，也是不可能的。可是现在那些想统一天下的人，就好像得了七年的病却要找三年的陈艾来医治一样，如果平时不注意积蓄，一辈子也找不到。如果不决心施行仁政，一辈子都会忧愁蒙受耻辱，以至于陷入身死国亡的地步。《诗经·大雅·桑柔》说：'这些人怎么能把事情办好，只能是沉沦自溺罢了。'说的就是这个道理。"

【鉴读】

得民心者得天下，而失天下，首先是失去了民心，民心是什么呢？民心就是百姓公认的、约定俗成的礼仪道德。违背了社会公理，百姓就不承认你这个统治者，国家的统治就会失去根基。孟子在这里所讲的，就是善与恶的辩证法。

小而言之，地区与地区之间，单位与单位之间，商家与商家之间，也同样存在着这种"为渊驱鱼，为丛驱雀"的现象。比如说人才"跳槽"，往往是由于原单位的领导人失去了人才的信赖而发生，这等于是这个单位的领导人主动把自己的人才驱赶到另外的单位去。这个道理非常简单。只不过在实际生活与工作中，我们往往不知不觉地做了这种"为渊驱鱼，为丛驱雀"的蠢事还没有意识到罢了。如此说来，倒是有必要反省，看看我们自己是否做了那"为渊驱鱼"的水獭或是"为丛驱雀"的鹯鹰。

第十章

【原文】

孟子曰:"自暴者,不可与有言也;自弃者,不可与有为也。言非礼义,谓之自暴也;吾身不能居仁由义,谓之自弃也。仁,人之安宅也;义,人之正路也。旷①安宅而弗居,舍正路而不由②,哀哉!"

【注释】

①旷:动词,意为空出。
②由:遵循。

【译文】

孟子说:"害自己的人,不能和他谈论什么;抛弃自己的人,不能和他一起做什么。开口就非难礼仪,这是害自己;认为自己不能坚持仁义,这是抛弃自己。仁,是人类最安乐的住宅;义,是人类最光明的大道。空着安乐的住宅不去住,放弃光明大道不去走,真是可悲呀!"

【鉴读】

上一章说到得民心才能得天下,孟子接着在这一章分析了失去天下的原因,那就是为人不仁义,也就是自暴自弃。在这里,自暴自弃指自己不愿意居仁心,行正义,而且还出言诋毁有礼义的行为。稍加引申,也就是自己不愿意学好人做好事而自卑自贱,自甘落后,甚至自甘堕落。这就是成语"自暴自弃"的意思,只不过我们今天使用这个成语时,多半指那些遍受挫折后不能重新振作的人罢了。

一个人如果想要提高自己的素质,就必须学会自尊自爱,主动付出,自暴自弃是没有用的,这样的人永远不可能有所作为。孟子所说的这些话看似简单,实际上揭示了带有普遍性的人生哲理,所谓成功者的经验也莫不如此,那就是从主观出发,孜孜不倦,不抱怨苦难,不责备他人,勤勤恳恳地耕耘,终会收获硕果。

第十一章

【原文】

孟子曰："道在迩①而求诸远，事在易而求诸难，人人亲其亲，长其长②，而天下平。"

【注释】

①迩：近。

②亲其亲，长其长：前一个"亲"和"长"作动词，后一个"亲"和"长"作名词，宾语。

【译文】

孟子说："本来很近的路，却偏偏要跑老远去求；本来很容易的事，却偏偏要往难处去做。其实，只要人人都亲近自己的亲人，尊敬自己的长辈，天下就可以太平了。"

【鉴读】

"道在迩而求诸远"是舍近求远，"事在易而求诸难"是舍易求难。在孟子看来，无论是舍近求远还是舍易求难都没有必要，都是糊涂。相反，只要人人都从自己身边做起，从平易事努力，比如说关爱自己的亲人，尊敬自己的长辈，天下也就会太平了。

孟子这几句话说得平易朴实，但其中却蕴涵着儒家学说的核心内容：一方面是"孝悌也者，其为仁之本与！"（《论语·学而》）另一方面是"老吾老，以及人之老；幼吾幼，以及人之幼，天下可运于掌。"（《孟子·梁惠王上》）归结起来，就是"亲亲而仁民"，再进一步说，也就是《大学》所展开的"修身、齐家、治国、平天下"阶梯了。

第十二章

【原文】

孟子曰:"居下位而不获^①于上,民不可得而治也。获于上有道,不信于友,弗获于上矣。信于友有道,事亲弗悦,弗信于友矣。悦亲有道,反身不诚,不悦于亲矣。诚身有道,不明乎善,不诚其身矣。是故诚者,天之道也;思诚者,人之道也。至诚而不动者,未之有也;不诚,未有能动者也。"

【注释】

①获:取得信任。

【译文】

孟子说:"职位低却还得不到上级信任,是不能把百姓治理好的。获得上级信任有它的办法,得不到朋友的信任,也得不到上级的信任;取得朋友的信任有它的办法,服侍父母得不到父母的信任,也就得不到朋友的信任;取得父母满意有它的办法,反省自己不真诚,也就不能使父母满意;使自己真诚有它的办法,不明白何为善,也就不能使自己真诚。所以,真诚是自然的规律,追求真诚是做人的规律。真诚到了极点却还不能做感动别人的事,从来没有过;不真诚是不可能感动别人的。"

【鉴读】

这一章孟子强调了"诚"的问题。在儒家思想中,"诚"既是一种美德,也是对待人生、道德的基本态度和方法。孟子认为"诚"就是天道运行的基本规律,就是真实不欺、笃实可信。始终遵循客观规律而没有背离或者偏差。这种认识对于人自觉的道德修养来说具有积极的意义。人如果想要成就德业、学业和事业,按照客观规律的要求,同时踏踏实实,勤勤恳恳,便能有所成就。

另外,"诚信"也是当代社会中人们一直提倡的优秀道德品质和道德准则,诚信社会的建立是实现社会和谐的前提;在人际交往中,诚信也是我们结交挚友的起码要求，因为只有真诚对待朋友，才能获得他人的信赖和尊重。可以看出，诚信二字虽然简单，但是却意义深远。

第十三章

【原文】

孟子曰："伯夷辟纣，居北海之滨，闻文王作①，兴曰：'盍归乎来！吾闻西伯②善养老者。'太公辟纣，居东海之滨，闻文王作，兴曰：'盍归乎来！吾闻西伯善养老者。'二老者，天下之大老也，而归之，是天下之父归之也。天下之父归之，其子焉往？诸侯有行文王之政者，七年之内，必为政于天下矣。"

【注释】

①作：兴起。
②西伯：周文王。

【译文】

孟子说："伯夷为躲避商纣，住到北海边上，听说文王兴起来，就兴奋地说：'为什么不去归附呢！我听说西伯很注意赡养老人。'姜太公躲避商纣，住在北海边上，听说文王兴起来，就兴奋地说：'为什么不去归附呢！我听说西伯很注意赡养老人。'这两位老人是天下德高望重的老人，他们都归附文王，这就等于天下所有老长辈都归附文王了。天下所有的老长辈都归附文王了，他们的晚辈还能归附到哪里呢？如果诸侯中有能施行文王那样的仁政的，七年之内，一定能执政天下。"

【鉴读】

这一章阐明了尊贤养老在施政保民治国平天下中的重要意义。孟子认为当时的诸侯如果能像文王那样实行仁政，养老尊贤为先，他便能取信于天下。

中国传统上有尊老爱幼的美德，如果进行深入考察，这种传统是有着深刻的现实基础的。中国传统农业社会中，生产和生活的技艺往往是通过口耳相传的方式传承，老人是经验和技艺的直接掌握者，对于社会的生存和发展来说至关重要，自然会受到人们的尊重和保护。因此，儒家在对社会文化继承的这一规律深刻体认的基础上，把"敬老"当做是"仁政"的重要内涵之一。这也是后世把"孝"作为关系到国家安危的一种重要美德的直接理论来源。

第十四章

【原文】

孟子曰："求也为季氏宰^①，无能改于其德，而赋粟倍他日。孔子曰：'求非我徒也，小子鸣鼓而攻之，可也。'由此观之，君不行仁政而富之，皆弃于孔子者也，况于为之强战？争地以战，杀人盈野；争城以战，杀人盈城。此所谓率土地而食人肉，罪不容于死。故善战者服上刑，连诸侯者次之，辟^②草莱、任土地^③者次之。"

【注释】

①求也一句：求：孔子的弟子冉有；季氏：当时于鲁国执掌大权的季孙氏；宰：家臣。
②辟：开垦。
③任土地：以地分授百姓，使之任耕稼之责。

【译文】

孟子说："冉求担任季孙氏的总管，不但不能改变季孙氏的德行，还把季孙氏的田租增长了一倍。孔子就说：'冉求不是我的门徒，弟子们可以大张旗鼓地声讨他。'从这点看，君王不施行仁政，帮助他聚敛钱财的臣下，都是被孔子唾弃的人，何况那些帮助君王进行战争的人呢？为争夺土地而进行战争，战死的人漫山遍野；为夺取城池而交战，战死的人全城都是。这就叫做为争夺土地而去吃人肉，罪行深重，即使处死也不能偿清；所以好战的人应该得到最严厉的刑罚，联结诸侯挑起战争的人受次一等刑罚，迫使百姓开荒种地以求增加田租的人受再次一等刑罚。"

这一章孟子强调了不修德不重教，单方面强调富国强兵的危害性。治理国家时，只考虑聚财敛税，训练军队，而将国民的道德修养抛之脑后，将仁政爱民的传统统统忘却，这是贻害无穷的。

在春秋战国时期，战争是浪费民力的一项主要活动。墨家提出"非攻"，儒家反对不义之战，就连兵家也提出"慎战"的思想。事实上，战争的危害非常大，极大地破坏生产，造成巨大的经济损失，人民受苦，社会动荡。然而不能回避的是，战争却在当今的社会重演。

第十五章

【原文】

孟子曰："存①乎人者，莫良于眸子。眸子不能掩其恶。胸中正，则眸子了②焉；胸中不正，则眸子眊③焉。听其言也，观其眸子，人焉廋④哉？"

【注释】

①存：观察。
②了：明亮。
③眊：昏暗。
④廋：藏匿。

【译文】

孟子说："长在人身上的器官，没有比眼睛更好的了。眼睛不会掩盖住一个人的邪恶。心术正，眼睛就明亮；心术不正，眼睛就浑浊。一边听一个人说话，一边看他的眼睛，这个人的内心能躲藏到哪里呢？"

【鉴读】

"眼睛是心灵的窗户。"这句名言是意大利文艺复兴时期画家达·芬奇从人物画的角度来说的。而我们看到，早在一千多年前，中国的孟子就已经从识人的角度把这个道理说得非常清楚了。

道貌岸然的人很多，如何才能识别出哪些人是真正的一身正气、仁政爱民，哪些人是沽名钓誉、口是心非呢。孟子给了我们一个辨别方法。孟子认为，识人非常重要，与其察言观色，不如观察他的眼睛。心中所想必能在眼睛中有所呈现。眼神是无法加以掩饰的，观察眼神，洞若观火，无须听他口若悬河，天花乱坠，一双眼睛便能告诉你一切心灵的真相。在人际交往中，我们也可以观察一个人的眼睛，若他的眼睛炯炯有神，无所畏惧，无所闪躲，敢于正视你，那便可见他的真诚与坦荡了。

第十六章

【原文】

孟子曰："恭者不侮人，俭者不夺人。侮夺人之君，惟恐不顺焉，恶得^①为恭俭？恭俭岂可以声音笑貌为哉？"

【注释】

①恶：怎么；得：可以。

【译文】

孟子说："谦恭者不欺侮他人，俭朴者不掠夺他人。欺侮、掠夺他人的国君，唯恐别人不顺从他，怎么做得到谦恭和节俭呢？谦恭和节俭难道可以只用言辞和笑脸表现吗？"

【鉴读】

就如同眼睛是心灵的窗户一样，人的品行也能够通过语言和神态表露出来。有些国君表面上是礼贤下士、仁政爱民，其实是欺名盗世，对此，孟子心知肚明，在这里毫不留情地揭发出来。有些人，谦卑是做在表面的，而不是发自内心的对别人的尊重和一视同仁。

在现实生活中，也能经常见到这样的例子。有些官员自以为身居要职，便高人一等，看不起百姓，对下属颐指气使，盛气凌人。像这样借着权力而不是人品立身的人，最终会因失去人心而自我孤立。

第十七章

【原文】

淳于髡①曰："男女授受不亲，礼与？"

孟子曰："礼也。"

曰："嫂溺，则援之以手乎？"

曰："嫂溺不援，是豺狼也。男女授受不亲，礼也；嫂溺，援之以手者，权②也。"

曰："今天下溺矣，夫子之不援，何也？"

曰："天下溺，援之以道；嫂溺，援之以手。子欲手援天下乎？"

【注释】

①淳于髡：姓淳于，名髡，齐国人。曾仕于齐威王、齐宣王、齐闵王三朝。

②权：变通。

【译文】

淳于髡说："男女之间传递东西时手不相互接触，这是礼的要求吗？"孟子说："正是礼的要求。"淳于髡又问："如果嫂嫂掉进水里，那么是否可以伸手拉她？"孟子说："嫂嫂落水而不伸手拉她，这简直是豺狼。男女之间交接东西时手不相触碰，这是礼的要求；嫂嫂落水伸手去拽，这则是变通。"淳于髡说："现在天下都掉进水里，您不伸手去救，这是为什么呢？"孟子说："天下都掉在水里，应用道义去救；嫂嫂掉进水里，应用手去拉。您要我用手去挽救天下吗？"

【鉴读】

男女授受不亲是中国古代礼制中一条微妙的牵涉性心理问题的规定。由于有这一条规定，当"嫂溺"的时候是否"援之以手"就成了一个令人尴尬的问题了。

　　淳于髡与孟子在这里展开了一场有趣激烈的辩论。孟子虽是亚圣，但这淳于髡先生也非常了得，人虽矮小，其貌不扬，但太史公在《史记》里称他"滑稽多群，数使诸侯，未尝屈辱"。是当时齐国准外交部长级的人物，幽默诙谐的国际名士。且看他问孟子的问题，出语不凡，神出鬼没而又直钉本质。稍有反应不过来，不弄得你尴尬无措，"顾左右而言他"才怪。但是孟子辩艺高超，只需略施机锋转语，以"权"释"礼"，便出人意表又合于情理地回答了对手的诘难，令人不得不服。足可见通权达变，智者风范。

第十八章

【原文】

　　公孙丑曰："君子之不教子，何也？"

　　孟子曰："势不行也。教者必以正；以正不行，继之以怒；继之以怒，则反夷矣①。'夫子教我以正，夫子未出于正也。'则是父子相夷也。父子相夷则恶矣。古者易子而教之，父子之间不责善②。责善则离，离则不祥莫大焉。"

【注释】

　　①夷：伤。

　　②责善：以善相责备。

【译文】

　　公孙丑说："君子不亲自教育儿子，为什么呢？"

　　孟子说："情势上行不通。执教者必定要用正道（来管教）；用正道没有成效就会发怒。发怒就会伤害父子感情，'大人以正道教我，自己却不按正道行事。'这样父子间就伤了感情。父子间伤感情就不好。古时候交换儿子来进行教育，父子之间不以善相责备。以善相责备彼此就会产生隔阂，有隔阂是最不好的事。"

【鉴读】

这一章，孟子论教子之道，谈到了一个现代教育心理学上的问题，教育有一定的方法原则，而为人父母，对自己的孩子不是溺爱、宠爱，便是望子成龙、望女成凤或者恨铁不成钢，因为期待过高，要求过多从而扭曲了正常的家庭关系，这样容易滋生青少年的逆反心理。

同时为人父母首先也得学会以身作则。古人所说"易子而教"也是很有道理的，父子之间不互相责备而求至善，这是理想的教育状态。

第十九章

【原文】

孟子曰："事，孰为大？事亲为大；守，孰为大？守身为大。不失其身而能事其亲者，吾闻之矣；失其身而能事其亲者，吾未之闻也。孰不为事？事亲，事之本也；孰不为守？守身，守之本也。"曾子养曾晢①，必有酒肉；将彻，必请所与；问有馀，必曰：'有。'曾晢死，曾元②养曾子，必有酒肉；将彻，不请所与；问有馀，曰：'亡矣'。将以复进也。此所谓养口体者也。若曾子，则可谓养志也。事亲若曾子者，可也。"

【注释】

①曾晢：曾参的父亲，也是孔子的学生。
②曾元：曾参的儿子。

【译文】

孟子说："服侍谁最重要，服侍父母最重要。那守护什么最重要？守护自身最重要。保持了自己节操又能服侍好父母的人，我听说过；丧失自身节操却能服侍好父母的人，我却没听说过。有谁不做服侍之事呢？而服侍父母是服侍的根本；有谁没有守护之事呢？而守护自身是服侍的根本。曾子奉养他的父亲曾晢，每顿饭一定要有酒肉；撤下桌子时，一定要请示剩下的给谁；问起有没有剩下的，一定回答说'有'。曾晢死了以后，曾子的儿子曾元奉养曾子，每顿饭也一定有酒肉，撤下桌子时，不再请示剩下的给谁了；问起有没有剩下的，就说'没有了'。意思是将剩下的下次再送给曾子吃，这就叫做供养父母的口腹。像曾子那样，那可以叫做养护父母的心意。服侍父母像曾子那样，就行了。"

【鉴读】

这里主要谈的就是"孝道"。能孝顺父母的人，本质也一定坏不到哪里去。这一章，孟子说到他所认为的"孝"的内涵。第一要修身养性，洁身自好，这样父母才不会因自己的过错而受辱。第二要侍奉父母，不但是身体上，还要关心他们的精神，照顾他们的情绪。

"老有所养，老有所依"，每个人都会变成老人，从无私地为子女操劳付出到成为需要照顾和体贴的群体。而实际上，虽然我们现代社会的物质财富不断增多，人们的生活水平也不断提高，但是对于"孝道"的践行却大不如从前。年轻人忙着为自己的事业和前途奋斗打拼，忽略了父母，这种现象非常普遍，那些空巢老人，精神孤单，无所依靠，或者被子女送入养老院而不加关心。孟子的教诲提醒我们，任何时候都不要忘记孝道。这是中华民族最珍贵的传统美德。

第二十章

【原文】

孟子曰："人不足与适①也，政不足间也；惟大人为能格②君心之非。君仁，莫不仁；君义，莫不义；君正，莫不正。一正君而国定矣。"

【注释】

①适：同"谪"，批评，指责。
②格：纠正。

【译文】

孟子说："一个不值得指责的人，那么他怎样执政也就不值得批评。只有贤明高尚的人才能纠正君主思想上的错误。君主仁爱，就没有谁不仁爱；君主讲道义，就没有谁不讲道义；君主行为端正。就没有谁不端正。只要君主的思想端正了，国家也就稳定了。"

【鉴读】

这一章说的是领导人端正自身品行，以身作则的重要性。孟子认为，君王仁，他周围没有不仁的；君王义，他周围没有不义的；君王正，他周围没有不正的。所以一旦君王端正了，国家也就安定了。

我们现在抓政府官员的清正廉洁，不是也出于这种考虑吗。如果领导贪污腐败，假公济私，不实实在在工作，那么可想这个部门的信誉、风气，更不用提什么工作效绩了。那么大至国家，贤明的领导人能够使一个国家治理的充满活力，蒸蒸日上，百姓安康幸福。

第二十一章

【原文】

孟子曰："有不虞①之誉，有求全之毁。"

【注释】

①虞：预料。

【译文】

孟子说："有意料不到的赞誉，也有过分苛求的诋毁。"

【鉴读】

我们不能根据一些表面化的语言考虑用意，更不能听到别人的赞美就飘飘然，听到别人的批评指责就大怒，这都是不正确的心态。褒奖贬损是再正常不过了，"宠辱不惊，闲看庭前花开花落。"这是一种悠然自得的超然态度。毁誉本身就不一定客观准确，有时甚至还是黑白混淆，是非颠倒的。何必因他人对自己赞誉或诋毁而乱了自己的心性呢？

当然，也不能够完全无动于衷，超脱于毁誉之外，真正"闲看庭前花开花落"的人毕竟很少。一般人总是听到别人的赞誉就高兴，听到别人的诋毁就生气。这是人之常情，也是完全可以理解的。当我们的名誉受到了极大的贬损，触及了人的尊严原则的时候，我们也应该采取恰当的方式去维护自己的权利。

第二十二章

【原文】

孟子曰："人之易①其言也，无责耳矣②。"

【注释】

①易：轻易。
②无责耳矣：意思同第二十章之"不足与适"。

【译文】

孟子说："说话太随便，这人便不值得责备了。"

【鉴读】

言多必失，祸从口出，这是从生活实践中总结出来的生活哲理。孟子在这里教育我们，君子应当谨言慎行，如果轻率地发表言论，是对自己对他人的不负责任。因此我们在平常交往中，也应该注意说话交流的方式、方法，学习一些说话的艺术。

第二十三章

【原文】

孟子曰："人之患在好为人师。"

【译文】

孟子说："人的毛病在于喜欢做别人的老师。"

【鉴读】

孟子认为，好为人师也是没有责任心的一种表现。轻率地当别人的老师，不懂装懂，喜欢指挥别人，教导别人而听不得别人的指导，这是人性的弱点，人类的通病。我们还是应当学会虚心，放低姿态，低调做人，踏踏实实地学习生活。孟子在这里是在告诫我们，人不要自以为是，故步自封。

第二十四章

【原文】

乐正子从于子敖之齐。

乐正子见孟子。

孟子曰："子亦来见我乎？"

曰："先生何为出此言也？"

曰："子来几日矣。"

曰："昔者。"

曰："昔者，则我出此言也，不亦宜乎？"

曰："舍馆未定。"

曰："子闻之也，舍馆定，然后求见长者乎？"

曰："克有罪。"

【译文】

乐正子跟从子敖来到了齐国。

乐正子去拜见孟子。孟子说："您也来看我吗？"

乐正子回答说："老师为什么说这样的话呢？"

孟子说："你到齐国几天了？"

乐正子说："昨天来的"

孟子说："既然是昨天来的，那么我说这话不应该的吗？"

乐正子解释说："因为我的住处还没找好。"

孟子说："你听说过非要找到住处才去拜见长辈的规矩吗？"

乐正子说："我有过错。"

【鉴读】

这一章说的是尊师重道的问题。古人说，一日为师，终身为父，可见老师在一个人的成长过程中的影响。我们今天看起来，孟子有些过于苛求，但是孟子责备乐正子并不是出于自己的私心。在儒家观念中，长幼尊卑之间的义务和礼节规定非常明确。孟子告诫乐正子，尊重师长一定要恭敬，按照礼节，不能丝毫有所折扣。

在当下的教学过程中，我们一方面强调尊敬师长，勤恳求学，一方面也在提倡师生平等与互动，教学相长。这是不矛盾的，是对孟子思想的一点变通，以求其适应当下的环境。

第二十五章

【原文】

孟子谓乐正子曰："子之从于子敖来，徒餔啜①也。我不意子学古之道而以餔啜也。"

【注释】

①餔啜：吃喝。

【译文】

孟子对乐正子说："你跟随着王子敖来，只是为着吃喝罢了。我没想到你学习古人的大道，竟然是为了吃喝。"

【鉴读】

本篇阐述了孟子的治学主张，学习古人留下的精华，乃永恒不变的真理。

第二十六章

【原文】

孟子曰："不孝有三[①]，无后为大。舜不告而娶，为无后也，君子以为犹告也。"

【注释】

①不孝有三：古人所讲的三不孝指的是：阿谀屈从，陷亲不义；家贫亲老，不为禄仕；不娶无子，绝先祖祀。

【译文】

孟子说："不孝的情况有三种，其中以没有后代的罪过为最大，舜没有禀告父母就娶妻，为的就是怕没有后代。所以，君子认为他虽然没有禀告，但实际上和禀告了一样。"

【鉴读】

这一章讲的是执行原则的灵活性问题。舜如果去禀告父母，有可能娶不成妻子，这样就会得不到儿子，陷于最大的不孝，所以他就采取变通的办法，不禀告父母而自行娶妻。由于这符合大道理，所以与禀告了父母是一样的。

但是，在生活中灵活变通的时候，也应该知道原则的灵活性是有前提的，就是要与道无损，与己无私。若是像现在某一些人以"人性解放"、"个性自由"为借口，在男女关系上乱来，那是对传统礼仪道德的曲解和亵渎。

第二十七章

【原文】

孟子曰："仁之实，事亲是也；义之实，从兄是也；智之实，知斯二者弗去是也；礼之实，节文^①斯二者是也；乐之实，乐斯二者，乐则生矣；生则恶可已也，恶可已，则不知足之蹈之手之舞之。"

【注释】

①文：修饰。

【译文】

孟子说："仁的本质是服侍父母，义的本质是服从兄长，智的本质是明白仁和义并不舍弃；礼的本质是调节、修饰上述两项内容；乐的主要是乐于实行这两项，那么快乐就产生了；快乐一旦产生就不可停止了，不可停止，就不知不觉的手舞足蹈了。"

【鉴读】

这章是说，儒家的仁、义、礼、智、乐五项道德规范，其中心是仁、义，而仁、义的实质是对父母孝顺，对兄长友爱。孟子认为，只有孝顺父母，才能尊重上级，才能敬爱老师和长辈，如果连自己的家人都不能孝顺侍奉，都不能相亲相爱，怎么能指望他对别人友爱尊重呢。义需要向有经验的人学习，跟从兄长，学习他人为人处世的经验教训，因为兄长是自己身边最为亲近的人，又比自己有更多的生活阅历和人生经验。智就是明白以上两条处世准则，并且以行动践行它，也就是说，生活中也需要动脑筋，需要灵活变通，变通的同时又不失准则，遵守一定的原则，这就叫做礼。做了以上这些，人生就会快乐完满。

第二十八章

【原文】

孟子曰："天下大悦而将归己；视天下悦而归己，犹草芥也，惟舜为然。不得乎亲，不可以为人；不顺乎亲，不可以为子，舜尽事亲之道而瞽瞍^①底豫^②，瞽瞍底豫而天下化；瞽瞍底豫而天下之为父子者定，此之谓大孝。"

【注释】

①瞽瞍：舜的父亲。
②厎豫：厎，致；豫，快乐。

【译文】

孟子说："天下的人都非常高兴地归附自己，但把天下人都非常高兴地归附自己这件事，看得如同草芥一样，只有舜才能做到。这样，不能取得父母的欢心，就不可以做人；不能顺从父母的意志，就不可以做儿子。舜竭尽服侍父母的准则而他父亲瞽瞍很高兴，瞽瞍一高兴，天下的风气就大变，瞽瞍一高兴，天下父子间的准则就确定了，这就叫做大孝。"

【鉴读】

这一章阐释的是孝道。本章是全卷的结尾，在反复阐明君子为人处世所需要遵循的仁义道德之后，孟子把仁德实质归为孝，而根据修身齐家治国平天下的人生历程，君子首先要做好的就是自身，也就是孝顺自己的父母。正所谓"百善孝为先"。

此生拥有的财富再多，一个人所能享用的也仅仅是有限的一部分，人生在世，若整天凄凄惶惶地追逐那些物质财富、那些身外之物，而忘却了人生所要担当的责任和义务，将父母兄弟抛之脑后，这样的人生必定不会幸福。孟子在几千年前就告诫我们，要懂得生活的取舍，抓住人生幸福的根本，那便是家庭和睦，亲情之可贵。

第八篇　离娄下

第一章

【原文】

孟子曰："舜生于诸冯，迁于负夏，卒于鸣条①，东夷之人也。文王生于岐周②卒于毕郢③，西夷之人也。地之相去也，千有余里；世之相后也，千有余岁。得志行乎中国，若合符节④，先圣后圣，其揆一也。"

【注释】

①诸冯、负夏、鸣条：都是地名，大致在我国东部，今已不明其详。

②岐周：周朝兴于岐一带，故称岐周。岐，山名，在今陕西岐山县。

③毕郢：地名，在今陕西咸阳市东。

④符节：古代朝廷用作凭证的信物，用竹、木或金属制成，剖成两半，各执其一，使用时以两片相合来验真假。这里用来比喻事物两相吻合。

【译文】

孟子说："舜出生于诸冯，后迁居到负夏，死于鸣条，应该说算是一个东方人。文王出生于岐周，死于毕郢，应该说是个西方人。他们生活的地方相距一千多里，时代相差一千多年，但能使自己的理想在中国实现，就像符节相合，完全一样。一个是先代圣王，一个是后代圣王，他们的准则却是一样的。"

【鉴读】

这一章，孟子用舜与周文王的事例说明，圣贤们所居之地、所处之时相隔甚远，但是他们的所作所为，所奉行的行政法则却是一致的：必须勤政爱民。贤君明臣治理国家的纲领一定是以民为本，爱民如子。

在社会历史的发展过程中，总有一些规律是共通的。儒家的思想家就是社会发展规律先知先觉者，他们根据对客观规律的深刻体察，采取正确处理问题的方法。因为我们读这些传统经典的时候，不能认为时代变迁、时空转换之后，书中所说的道理便失去了原有的价值，实际上，那些处世的准则，做人的建议是超越历史的，是值得我们借鉴学习、受用一生的。

第二章

【原文】

子产①听郑国之政，以其乘舆济人于溱洧。孟子曰："惠而不知为政。岁十一月，徒杠成；十二月，舆梁成，民未病涉也。君子平其政，行辟人可也。焉得人人而济之？故为政者，每人而悦之，日亦不足矣。"

【注释】

①子产：春秋时郑国大夫，姓公孙，名侨，字子产。

【译文】

子产在郑国的执政，用他所乘的车子帮别人渡过溱水和洧水。孟子说："子产虽然给人带来点恩惠，却不懂得如何去搞政治。如果十一月修成人行桥，十二月修成车行桥，百姓就不用担心过河了。君子如果搞好了政治，出行时驱使路人回避都可以，怎能一个人一个人地帮他们过河呢？所以执政的人，若一个个地讨人们欢心，时间就太不够用了。"

【鉴读】

诸葛亮说："治世以大德，不以小惠。"说的正是孟子的意思。

子产用自己乘坐的车子去帮助老百姓过河，这事在一般人看来是属于爱民的美德，因此传为美谈。但孟子从政治家的角度来要求子产，则认为这是小恩小惠的行为，治末而没有能够治本，于事无补。与其这样一个一个地去帮助老百姓过河，倒不如利用手中的权力为他们把桥修好，一劳永逸地解决问题，使他们再也没有过河的烦恼。也就是说，政治家治国平天下，当以大局为重，而不应以小恩小惠去取悦于人，更不应以此来沽名钓誉。

真正的政绩是想百姓所想，急百姓所急，功在当代，利在千秋。孟子所言是很有道理的。我们要想建成和谐社会，实现国家繁荣稳定，领导人能否解决百姓最关心、最急切、最需要解决的问题，能否爱民为民，获得人民的拥戴，这是关键。

第三章

【原文】

　　孟子告齐宣王曰："君之视臣如手足，则臣视君如腹心；君之视臣如犬马，则臣视君如国人；君之视臣如土芥，则臣视君如寇雠。"

　　王曰："礼，为旧君有服①。何如斯可为服矣？"

　　曰："谏行言听，膏泽下于民；有故而去，则君使人导之出疆，又先于其所往；去三年不反，然后收其田里。此之谓三有礼焉。如此，则为之服矣。今也为臣，谏则不行，言则不听；膏泽不下于民；有故而去，则君搏执之，又极②之于其所往；去之日，遂收其田里。此之谓寇雠。寇雠，何服之有？"

【注释】

　　①为旧君有服：指离职的臣子为原先的君主服孝。

　　②极：穷困，这里作使动用法，意思是使其处境极端困难。

【译文】

　　孟子告诉齐宣王说："如果君王把臣子看做手足，那臣子就会把君王看做心腹；如果君王把臣子看做犬马，那臣子就会把君王看做平民；如果君王把臣子看做泥土小草，那臣子就会把君王看做仇敌。"

　　齐宣王说："按照礼规，臣子要为曾服侍过的君王穿一段时间孝服，在怎样的情况下臣子才会为他穿孝服呢？"

　　孟子说："臣子的劝谏要照办，臣子的建议要听取，恩惠要落实到百姓；臣子因故离开本国，君王就要派人当向导带他出境，还要先派人到他要去的目的地做安置；离开三年不回来，才收回他的田地住房。这叫做三有礼。这样，臣子就会为他穿孝服了。现在做臣子的，劝谏不被采纳，建议不能听取，恩惠也落实不到百姓；臣子因故离开，君王就把他拘留起来，还想尽办法在他目的地设置种种障碍；离开当天，就收回他的田地和住房。这叫做仇敌，既然是仇敌，哪还有为他穿孝服的呢？"

【鉴读】

这一章孟子倡导的是"平等"。人与人之间好比是互相照镜子，投射出多少，即得到多少反映，即使身居皇位，也不能以位高权贵而恣意妄为。历史上那些残暴的君主大多最终引起臣下的反抗而引火烧身，而那些仁爱的君主则得到臣下的拥戴，国家愈发兴盛。

所谓投桃报李，士为知己者死。又所谓滴水之恩，当涌泉相报。贤明的君主总是懂得这个道理，待臣下如手足，臣下必把君主当心腹，以死相报。比如说刘皇叔用关羽、张飞、诸葛亮，至今传为美谈。

现实生活中，这也是处理关系的准则，互相尊重，你敬我一寸，我敬你一尺。礼尚往来，上下属之间，亲人之间，朋友之间，莫不如此。我们现在建立和谐社会，不仅需要处理人与人之间的关系，还需要实现人与动物，人与自然之间的和谐。

第四章

【原文】

孟子曰："无罪而杀士，则大夫可以去，无罪而戮民，则士可以徙。"

【译文】

孟子说："如果没有罪过却把士人杀掉，那么大夫就可以离去，没有罪却把百姓杀死，那么士人就可以搬迁。"

【鉴读】

这一章延续了上一章的主题，君主与臣下是相互的关系。君主以"仁政"治国，臣下必定殚精竭虑，鞠躬尽瘁。君主以"暴政"治国，则失道寡助，终陷囹圄。

在现实生活中也是这样，大至一个国家，小到一个公司，领导与下属之间的关系非常重要。明智的领导总是尽可能留住有才华的人，以激励、帮助、引导的积极方式激发员工的创造力，对工作团队有归属感。这样能形成民主自由、焕发生机的工作氛围，这样工作效率自然就会提高了。

第五章

【原文】

孟子曰："君仁，莫不仁；君义，莫不义。"

【译文】

孟子说："君王仁爱就没有谁会不仁爱；君王坚守道义就没有谁会不坚守道义。"

【鉴读】

孔子说："其身正，不令而行；其身不正，虽令不从"。这与孟子所强调的君子当身先士卒的意思是相同的。以身作则是最具有说服力的。

领导人做出表率，树立楷模，就会对下属有潜移默化的影响，必然会形成良好的风气，聚集人心。在一个家庭中，父母如果以身作则，利用榜样的力量感化孩子、激励孩子，而不是强迫性的指令或者严厉的批评，孩子会具有行动的动力，也更容易自由健康地全面发展。

第六章

【原文】

孟子曰："非礼之礼，非义之义，大人弗为。"

【译文】

孟子说："实际上不是礼的'礼'，不是'义'的义，有品德的人是不会做的。"

这一章是说，礼、义也有正伪之分，因此履行的时候，应当仔细鉴别，不符合准则的就不能做。

第七章

【原文】

孟子曰："中也养不中，才也养不才^①，故人乐有贤父兄也。如中也弃不中，才也弃不才，则贤不肖之相去，其间不能以寸^②。"

【注释】

①中：指无过无不及的中庸之道，代指品德好的人。养：培养、熏陶、教育。

②其间不能以寸：省略了"以寸量"的"量"字。

【译文】

孟子说："中正的人帮助不中正的人，有才能的人提携低才能的人，所以人们乐意有贤能的父兄。如果中正的人鄙弃不中正的人，有才能的人鄙弃低才能的人，那贤能与不贤能的距离，相近得连寸也量不出来了。"

【鉴读】

孟子意思是，贤能之人要帮助没有才能的人，如果做不到这一点，那么这个所谓的贤能就应该打个折扣了。

俗话说："龙生龙，凤生凤，老鼠生子会打洞。"家学渊源、教育涵养对一个人的影响极大。所谓"养不教，父之过；教不严，师之惰。"贤者为师，团结大家一起进步；能者为师，帮助大家共同提高。一言以蔽之，人人都有教育熏陶他人的义务。否则，所谓的"好人"又好在哪里呢？

第八章

【原文】

孟子曰："人有不为也，而后可以有为。"

【译文】

孟子说："人要有所不为，然后才能有所为。"

【鉴读】

孟子认为，不去做不合礼制的事情，对目标与行为的选择要到位，舍弃小事而做大事，就像人们说的，有所不为才能有所作为。

人生苦短，世事茫茫。能成大事者，贵在目标与行为的选择。如果事无巨细，事必躬亲，必然陷入忙忙碌碌之中，成为碌碌无为的人。所以，一定要舍弃一些事不做，然后才能成就大事，有所作为。子夏说："虽小道，必有可观者焉；致远恐泥，是以君子不为也。"（《论语·子张》）正是孟子这里的意思。总的来说，儒家所说的"不为"是为了"有为"，只不过是要有所选择而为，与老庄清静"无为"的思想不同。

第九章

【原文】

孟子曰："言人之不善，当如后患何？"

【译文】

孟子说："说人家的坏话，招来后患当如何是？"

【鉴读】

"谁人背后无人说，哪个人前不说人？"人的劣根性的确如此。不过，如果有人专以背后说人家的坏话为乐趣，嗜痂成癖，那么就有违先贤所伪的道义。孔子曾经说过："道听而途说，德之弃也。"(《论语·阳货》) 以窥人隐私为快，以暗箭伤人为乐，这都是不对的。正所谓人言可畏。君子是不会背后说人长短的，与其背后取笑、议论，倒不如当面委婉真诚地提醒、劝告。

第十章

【原文】

孟子曰："仲尼不为已甚者。"

【译文】

孟子说："孔子不会做太过火的事情。"

【鉴读】

儒家主张，为人要坚持中道，把握事情恰如其分的度，无过，也无不及。好比说，人生来有欲望是正常的，欲望与野心是我们前进的动力，是激励我们生存的火种。如果一个人没有欲望，那么也就失去了人生目标。为了自己的事业成功，为了家人的美好生活，为了社会的和谐进步，内心有欲望作为信念，脚下才会有明确的人生之路。但是，有些人为了实现自己的目标，不择手段，或者欲望不限制地膨胀，欲壑难填。这就会陷入欲望的泥淖，不能翻身了。这就是尺度分寸没有把握好的缘故。

第十一章

【原文】

孟子曰："大人者，言不必信，行不必果，惟义所在。"

【译文】

孟子说："通达的人说话不一定句句守信，做事不一定非有结果不可，只要合乎道义就行。"

【鉴读】

在《论语·子路》里，孔子与子贡讨论士的标准时已经说过："言必信，行必果"这是从反面来否定"言必信，行必果"的行为。孟子这里则是从正面来告诉我们"言不必信，行不必果。"可见，孟子的学说在很多方面都的确是与孔子一脉相承的。

孟子主要的意思是人要学会通权达变。做事情太死板了，是过犹不及。只要心中有道义，心怀天下百姓，做事讲话可以适当地变通。在现实交往中，我们也不能因为一句话或者不同的讲话风格便对这个人的品质下定论，语言和行为也许仅仅是表面的东西，考察一个人还需要更深入的观察和了解。

第十二章

【原文】

孟子曰："大人者，不失其赤子①之心者也。"

【注释】

①赤子：婴儿。

【译文】

孟子说："伟大的人是童心未泯的人。"

【鉴读】

赤子之心，是指天真纯洁、没有被世俗污染的本心。刚生下来的儿童叫做"赤子"，儿童的心灵，是天真淳朴的，既然人生下来都是纯真的赤子，为什么还有这么多的小人呢，是因为他们失去童心。因而我们应该修身养性，保持住自己宝贵的童心，进而对他们有爱心，对生活有感恩之心，对自然万物有仰慕之心，我们一定能时时刻刻感受到生活的快乐。

第十三章

【原文】

孟子曰："养生者不足以当大事，惟送死可以当大事。"

【译文】

孟子说："奉养父母是人间正常的事情，只有给父母送终办好丧失才可以算作大事。"

【鉴读】

每个人都要经历生老病死，孝顺父母不仅仅是物质上的赡养，这只是基本要求，孟子这里特别强调了为父母送终的意义，丧礼必须隆重，合乎礼仪，当然也不能铺张浪费。这里指的是，办丧礼要谨慎合理，这是对父母最大的孝顺。

第十四章

【原文】

孟子曰："君子深造之以道，欲其自得之也。自得之，则居之安；居之安，则资之深；资①之深，则取之左右逢其原②，故君子欲其自得之也。"

【注释】

①资：积累。
②原：同"源"。

【译文】

孟子说："君子在学问上达到精深的境界靠的是正确的方法，这就做到自己有所体会。自己有体会，就掌握得牢固；掌握得牢固，就会积累深厚；积累深厚，就能左右逢源，取之不尽，所以君子总要自己有所体会。"

【鉴读】

深造的目的在于自得。自得就是自己真正有所收获，而不是为了炫耀给别人看。简言之，自得是内功，而不是招式。南郭先生滥竽充数，招式是做够了，但内功却一点也没有，所以，一旦真正检验起来，就只有溜之大吉。这是非常典型的例子。

知之者不如好之者，好之者不如乐之者，君子在求学，在修身养性上面，都要遵循这样的原则。与其为名利，不如是天性流露，发自内心喜欢。

第十五章

【原文】

孟子曰："博学而详说之，将以反说约也。"

【译文】

孟子说："广博地学习，详尽地解说，目的在于融会贯通后返归到简约。"

【鉴读】

孟子这里告诉我们两种学习方法：博学与简约。

两者不可偏废，应该融会贯通。真理原本是至简至约的，一半是因为我们理解的需要，一半是因为所谓"饱学之士"的炫耀门楣，使它们变得越来越复杂，越来越深奥了。博学详说不是为了炫耀渊博，故作深刻，而是为了深入浅出，出博返约。教学如此，演说如此，舞文弄墨也莫不如此。所谓"绚烂之极归于平淡"，博学详说归于简约。博学是手段，归于简约才是目的。

第十六章

【原文】

孟子曰："以善服人者，未有能服人者也；以善养人，然后能服天下。天下不心服而王者，未之有也。"

【译文】

孟子说："以善来取胜别人，是不能够取胜的；以善来熏陶别人，才能使天下人归顺。天下人心不服却能统一天下的事，从来没有发生过。"

【鉴读】

孟子这里是说，称王天下首先要取得民心，要使人从内心折服，不是靠强制，而是通过感化、教育，使人真正由衷钦佩。以德服人，以礼服人是孟子一再提及的。可是仍旧有一些人，依仗着自己的权势、依靠着自己的财富想强制压服别人，这样是行不通的。

相反，服人服心，教育的潜移默化功能是不可估量的。

第十七章

【原文】

孟子曰："言无实不祥。不祥之实[①]，蔽贤者当之。"

【注释】

①不祥之实：这句话费解，古人也曾怀疑文中可能有掉字。

【译文】

孟子说："言论没有真实内容是不好的。不好的结果，应由埋没贤才的人来承担。"

【鉴读】

这里指的是，在教育过程中，只见大道理，没有充实的内容，只讲空口号，没有切实的行动是不行的。很多时候我们都是止于言论上的决心，行动面前虚弱无力，这样是不可能取得成就的。

第十八章

【原文】

徐子①曰："仲尼亟称于水，曰：'水哉，水哉！'何取于水也？"

孟子曰："原泉混混，不舍昼夜，盈科而后进，放乎四海。有本者如是，是之取尔。苟为无本，七八月之间雨集，沟浍皆盈；其涸也，可立而待也。故声闻过情，君子耻之。"

【注释】

①徐子：名辟，孟子弟子。

【译文】

徐子说："孔子对水有几次的称赞，说'水啊，水啊！'那他赞美水的什么呢？"

孟子说："有源头的泉水滚滚奔流，昼夜不停，灌满坑洼，又向前进，直到大海。有源头的水就是这样，孔子正是赞美它这一点。如果是没有源头，七八月间，雨水集中，大水沟渠都满了，但干枯起来却很快。所以如果名声超过实际，君子认为是可耻的。"

【鉴读】

孟子一方面叙述孔子之意，阐发水的特性；另一方面用水比拟人的道德品质，强调务本求实，反对一个人的名誉声望与自己的实际情况不符。要求大家像水一样，有永不枯竭的安身立命之本，不断进取，自强不息。

中国古代常常用水来比喻德行，例如老子也曾经说过"上善若水"。

人的名声就像是水流一样，如果没有真实的学问和品德，即使偶尔获得了名誉，也会如同无源之水一样，很快便会枯竭。只有通过不断进取努力，使得才能与名声相称，才能真正实现人生价值。

第十九章

【原文】

孟子曰："人之所以异于禽兽者几希①，庶民去之，君子存之。舜明于庶物，察于人伦，由仁义行，非行仁义也。"

【注释】

①几希：少，一点点。

【译文】

孟子说："人和禽兽的差异就那么一点儿，一般人抛弃它，君子却保存它。舜明白一般事物的道理，了解人类的常情，于是从仁义之路而行，而不是为行仁义而行仁义。"

【鉴读】

人与动物的差别何在？在今天，这已是一个人类学的命题了。可孟子却早在两千多年前就提出了这个问题。孟子说，人如果仅仅吃饱、穿暖了，住得安逸，但是没有教养，那就和禽兽差不多。用我们今天的话来说，就是有没有精神方面的东西。人的动物本能方面，亦即其自然属性是动物性的，但其精神文化方面，亦即其社会属性是非动物性的，而人与动物的根本区别就在于后一方面。既然如此，高尚的人当然就应该发展人与动物相区别的一方面。所以，孟子说："庶民去之，君子存之。"

比如说，有的人认为"人生在世，吃穿二字"，那就是标榜"饱食、暖衣、逸居而无教"，自然是"近于禽兽"了。当然，孟子也并不是要完全否定"饱食、暖衣、逸居"，要求人们不食人间烟火，苦行禁欲。而是认为应该像舜帝那样，"明于庶物，察于人伦，由仁义行"，从一般事物的道理和人类的常情出发行仁义之道，而不是为行仁义而行仁义，不顾人之常情。

从各方面的情况来看，孟子的主张，应该是"饱食、暖衣、逸居而有教"，既不排除人之常情，又强调教育的重要性。物质生存与精神追求都不可废弃。这一点，当然也是符合我们今天的基本观点的。

第二十章

【原文】

孟子曰："禹恶旨酒而好善言。汤执中，立贤无方。文王视民如伤，望道而未之见。武王不泄迩，不忘远。周公思兼三王，以施四事；其有不合者，仰而思之，夜以继日；幸而得之，坐以待旦。"

【译文】

孟子说："夏禹不喜欢美酒，喜欢有益的话；商汤坚持中正，选拔贤才不拘于常规；周文王把百姓看做受了伤的人，（百般安抚），追求真理（永不满足），发现了却好似没发现一样；周武王不轻慢朝廷近臣，也不遗忘边疆远臣。周公想兼有三代君王的长处，来施行四位君王的事业；他们的经验有不适合现实的，就仰头思考，黑夜接着白天继续思索；如果侥幸豁然领悟了，便坐着急等天亮实行。"

【鉴读】

圣贤也在通过坚持不懈地学习知识，培养品德才成就自己的事业，这些品德是值得我们学习效法的。周公也是不断向先贤学习，而不是光动嘴巴空谈，最终成为一代圣贤。

这里，提出了学习的重要性。任何才能与见识都是经过一段时间的学习积累才得来的，前辈们留下的经验教训，如果我们不注意吸收应用，只是故步自封，必会沦为井底之蛙。当然在学习的时候，也要注意自己的选择和变通，随着时代的推移，社会的发展，新情况，新观念层出不穷，我们也当在继承前人的基础上与时俱进，不断探索。

第二十一章

【原文】

孟子曰："王者之迹熄而《诗》亡，《诗》亡然后《春秋》作。晋之《乘》，楚之《梼杌》[①]，鲁之《春秋》，一也。其事则齐桓、晋文，其文则史。孔子曰：'其义则丘窃取之矣。'"

【注释】

①《乘》、《梼杌》：分别为晋国与楚国的史书名。

【译文】

孟子说："圣王的业绩消亡了，《诗经》也就不再有新篇章了；《诗经》没有新篇章，孔子就编写了《春秋》。晋国的《乘》，楚国的《梼杌》，鲁国的《春秋》，都是一样的；事迹都是关于齐桓公、晋文公称霸之类，行文都是史书的写法。（但《春秋》有它的独到之处，）孔子说：'《诗经》扬善贬恶的主旨全被我汲取了。'"

【鉴读】

这一章里，孟子在为儒家的经典做正名。也告诫我们，好的史籍和经典学说是可以百世传承的。孔子开创的儒家学说对于整个中华民族的影响之大，直至今日，仍然可见。那些经过时间淘洗的经典学说也依旧指导着人们的生活实践，滋养着人们的心灵，这难道不是最好的证明吗？

第二十二章

【原文】

孟子曰："君子之泽[①]五世而斩，小人之泽五世而斩。予未得为孔子徒也，予私淑[②]诸人也。"

【注释】

①泽：前辈留给后人的传统、影响。朱熹解释为"流风余韵"。

②淑：借作"叔"，取、自学。

【译文】

孟子说："君子的流风余韵五代以后就中断了，小人的流风余韵五代以后也中断了。我没有能够成为孔子的学生，我是私下向众人学习的。"

【鉴读】

这一章可与前两章一起读，意思是连贯的。表达了孟子立志学习孔子的态度，也阐明了他对社会习俗变化的看法和认识。

第二十三章

【原文】

孟子曰"可以取，可以无取，取伤廉；可以与，可以无与，与伤惠；可以死，可以无死，死伤勇。"

【译文】

孟子说："可以拿取，也可以不拿取的，拿取了有损廉洁；可以给予，也可以不给予的，给予了有损恩惠；可以死，也可以不死的，死了有损勇敢。"

【鉴读】

孟子在这里强调的是"度"，与孔子所讲"过犹不及"一样。

君子的行为要合乎道义，要有所为有所不为，做得不够自然不行，但是做得太过一样不好，要合乎度。

第二十四章

【原文】

逄蒙①学射于羿②，尽羿之道，思天下惟羿为愈己，于是杀羿。孟子曰："是亦羿有罪焉。"

公明仪曰："宜若无罪焉。"

曰："薄乎云尔，恶得无罪？郑人使子濯孺子③侵卫，卫使庾公之斯④追之。子濯孺子曰：'今日我疾作，不可以执弓。吾死矣夫！'问其仆曰：'追我者谁也？'其仆曰'庾公之斯也。'曰：'吾生矣！'其仆曰：'庾公之斯，卫之善射者也。夫子曰吾生，何谓也。'曰：'庾公之斯学射于尹公之他⑤，尹公之他学射于我。夫尹公之他，端人也，其取友必端矣。'庾公之斯至，曰：'夫子何为不执弓？'曰：'今日我疾作，不可以执弓。'曰：'小人学射于尹公之他，尹公之他学射于夫子。我不忍以夫子之道反害夫子。虽然，今日之事，君事也，我不敢废。'抽矢扣轮，去其金，发乘矢，而后反。"

【注释】

①逄蒙：人名，是羿的家人，也是羿的学生。

②羿：相传是夏代有穷氏部落首领，善于射箭。他推翻了夏代统治，夺得王位，不久因喜狩猎，不理民事，被家众杀死。

③子濯孺子：人名，郑国的大夫。

④庾公之斯：人名，卫国的大夫。名中"之"字是助字，古人名字中常夹一助字，下文的"尹公之他"亦是如此。

⑤尹公之他：人名，卫国人。

【译文】

逄蒙跟羿学习射箭，把羿的技术全学完了。心想天下只有羿超过自己了，于是就杀了羿。孟子说："这事羿也有错。"

公明仪说："好像没什么错吧。"

孟子说："错误不过小一点罢了，怎能没有错呢？从前郑国派子濯孺子侵犯卫国，卫国派庾公之斯去追击他。子濯孺子说：'今天我的病发作了，不能拿弓，我要被杀死了！'问他的驾车人说：'追击我的人是谁？'驾车人说：'是庾公之斯'子濯孺子说：'我能活命了。'车夫说：'庾公之斯是卫国善于射箭的人，您倒反说"我能活命"，这是为什么呢？'子濯孺子说：'庾公之斯跟尹公之他学射箭，尹公之他跟我学射箭。尹公之他是个正派人，他所选择的学友也一定也是正派的。'庾公之斯追上了，问：'您为什么不拿弓？'子濯孺子说：'今天我的病发作了，不能拿弓。'庾公之斯说：'我跟尹公之他学射，尹公之他跟您学射。我不忍心反过来用您的技术害您。尽管这样，但今天的事，是国家的公事，我不敢不执行。'他就抽出箭，在车轮上敲了几下，折去了金属箭头，射了箭才回去。"

【鉴读】

从逢蒙杀羿这件事上，我们可以得出两个方面的教训：一方面，选拔干部、交往朋友需要考察、认识人，收学徒、招学生也同样需要慎重选择。另一方面，培养教育人，一定要从德与才两个方面着眼进行教育与培养，使之全面发展，成为德才兼备的人。只有做到这两方面，才不会酿成祸端，使自己反遭其殃，后悔莫及。从我们今天的教育方针从我们的干部制度来看，都应该非常注意这两方面。现在我们的教育有这样一种倾向，注重知识的培养而轻视道德的教育，注重技艺，轻视道义，这种失衡的教育状况是必须反思和改善的。

第二十五章

【原文】

孟子曰："西子①蒙不洁，则人皆掩鼻而过之。虽有恶②人，齐③戒沐浴，则可以祀上帝。"

【注释】

①西子：指春秋时越国美女西施，这里以她代指美女。
②恶：这里与"西子"相对，主要指丑陋。

③齐：同“斋”。

【译文】

孟子说："像西施那么美丽的女子，如果她沾染上污秽恶臭的东西，别人也会捂着鼻子走过去；虽然是一个面貌奇丑的人，如果他斋戒沐浴，也同样可以祭祀上帝。"

【鉴读】

这一章从正反两个方面说明如何修身行善。像西施这样被人们称赞的人，只要有一点不善之处，就会失去人们的欢心；而相貌丑陋的人，只要洗心革面，也能侍奉上帝。其实，孟子是在勉励人们不要因为过去的事情自暴自弃，如果悬崖勒马，也一定会有重新做人的希望。

第二十六章

【原文】

孟子曰："天下之言性也，别故而已矣。故者以利为本。所恶于智者，为其凿也。如智者若禹之行水也，则无恶于智矣。禹之行水也，行其所无事也。如智者亦行其所无事，则智亦大矣。天之高也，星辰之远也，苟求其故，千岁之日至可坐而致也。"

【译文】

孟子说："天下谈论万物的本性，只要寻求缘由就行了。这个缘由，以顺乎自然为根本。人们讨厌聪明，是因为聪明也往往穿凿附会。如果聪明人像禹疏导水流一样，就没有人讨厌聪明了。禹疏导水流，就是顺着自然去做的。如果聪明人也能顺着自然去做，那就相当聪明了。天很高，星辰很远，如果能推求事物的缘由，那么千年之后的冬至日，也可以坐着就推算出来。"

【鉴读】

孟子是说，真正的"智"是顺应历史发展的规律，合乎自然的办事，而不是凭着小聪明到处卖弄、炫耀。人之天性在于自然，研究人性者也要顺应自然。推究人性之所以然，要以顺应自然之理为根本。在这个问题上，不能巧用智，因为这很容易流于穿凿附会，反而把握不了人性。但是如果在顺应规律、把握好尺度的基础上运用巧智，也未尝不可，甚至能够到达事半功倍的效果。

第二十七章

【原文】

公行子①有子之丧，右师②往吊。入门，有进而与右师言者，有就右师之位而与右师言者。孟子不与右师言，右师不悦曰："诸君子皆与驩言，孟子独不与驩言，是简驩也。"

孟子闻之，曰："礼，朝廷不历位而相与言，不踰阶而相揖也。我欲行礼，子敖以我为简，不亦异乎？"

【注释】

①公行子：齐国大夫。

②右师：官名，这里指齐王宠臣王驩，字子敖。

【译文】

公行子举办儿子的丧事，右师前去吊唁。一进门，有人在他进门时就跟他说话，有的人等他坐下后到他座位旁后跟他说话。孟子没有跟右师说话，右师不高兴地说："诸位大夫都跟我打招呼，唯独孟子不跟我说话，这就是怠慢我。"

孟子听说这件事后，说"礼节规定，在朝廷中不能跨过座位互相说话，也不越过台阶相互拱手行礼。我按礼节办，子敖却以为我怠慢？这不是太奇怪了吗？"

【鉴读】

右师子敖是当时有权势的人物，所以人们纷纷去趋附他，以致不顾正常的礼仪。孟子偏偏不肯这么做，并对子敖的傲慢进行了批评。这里表现了孟子表里如一、以礼待人、不趋炎附势的高尚品格和节操。

真正的君子，富贵不能淫，贫贱不能移，威武不能屈，有傲骨而无傲气。而实际生活中，对居官者的讨好、巴结、奉承、行贿之类的事件比比皆是，若是我们能够做到十分之一的孟子气节，人人守住原则底线，社会便能更加公正透明，贪官污吏也不会这么张狂。

第二十八章

【原文】

孟子曰："君子所以异于人者，以其存心也。君子以仁存心，以礼存心。仁者爱人，有礼者敬人。爱人者，人恒爱之；敬人者，人恒敬之。有人于此，其待我以横逆①，则君子必自反也：'我必不仁也，必无礼也，此物②奚宜至哉？'其自反而仁矣，自反而有礼矣，其横逆由③是也。君子必自反也：我必不忠，自反而忠矣。其横逆由是也，君子曰：'此亦妄人也已矣。如此，则与禽兽奚择④哉？于禽兽又何难⑤焉？'是故君子有终身之忧，无一朝之患也。乃若所忧则有之：舜，人也；我，亦人也。舜为法⑥于天下，可传于后世，我由未免为乡人也，是则可忧也。忧之如何？如舜而已矣。若夫君子所患则亡矣。非仁无为也，非礼无行也。如有一朝之患，则君子不患矣。"

【注释】

①横逆：蛮横无礼。
②此物：指上文所说"横逆"的态度。奚宜：怎么应当。
③由：通"犹"。下文"我由未免为乡人也"中的"由"也通"犹"。
④择：区别。
⑤难：责难。
⑥法：楷模。

【译文】

孟子说："君子与常人的区别，就在于他们所怀的心思。君子把仁放在心上，也把礼放在心上。仁爱的人爱别人，有礼的人尊敬别人。爱别人的人，别人会持久不变地爱他；尊敬别人的人，别人也会持久不变地尊敬他。如果这里有个人，他对我蛮横不讲理，那么君子必然自我反省：'我一定是不仁爱了，我一定是失礼了。要不这事怎么会发生呢？'他通过反省，自己是仁爱的，自己是有礼的，而那人还这样蛮横不讲理，君子必然再自我反省：我一定是忠诚的。要是反省自己是忠诚的，那人还是这样蛮横不讲理，君子就会说：'这不过是个狂人罢了。像这样，跟禽兽有什么区别呢？跟禽兽又有什么好计较的呢？'所以君子有终生的忧虑，没有突如其来的祸患。这样的忧虑是有的：舜是人，我也是人。舜成为天下的榜样，可流传到后世，我却还不免是一个普通人。这是可忧虑的。忧虑又怎么办呢？力求像舜一样就行了。至于君子所担心的祸患，是没有的。不是仁爱的事我不做，不合礼节的事我不干。即使有突如其来的祸患，君子也就不必怕了。"

【鉴读】

这一章孟子指出，遇到问题应该首先检讨自己的不足之处，即反躬自省。

"爱人者人恒爱之。敬人者人恒敬之。"这是一段典型的劝人互爱互敬的文字，在论述中又强调了个人修养中的反躬自省。

道理并不难懂，但关键是要有行动的热情，如果人人都有这种行动的热情，许多人际之间的矛盾纠葛就会减少，许多事情就好办得多了，社会的文明程度就会大大提高。

第二十九章

【原文】

禹、稷当平世，三过其门而不入，孔子贤之。颜子①当乱世，居于陋巷，一箪食，一瓢饮。人不堪其忧，颜子不改其乐，孔子贤之。孟子曰："禹、稷、颜回同道。禹思天下有溺者，由己溺之也；稷思天下有饥者，由己饥之也，是以如是其急也。禹、稷、颜子易地则皆然。今有同室之人斗者，救之，虽被发缨冠而救之，可也；乡邻有斗者，被发缨冠而往救之，则惑也：虽闭户可也。"

①颜子：孔子弟子，即颜回，名渊。

【译文】

禹、稷都处在政治清明的时代，三次经过自己的家门而不进去，孔子称赞他们。颜子处在政治混乱的时代，住在窄巷里，一筐饭，一瓢水，别人都吃不消这种苦，颜子却一点都不改变他乐观的态度，孔子也称赞他。

孟子说："禹、稷和颜回（处世态度不同），道理却是相同的。禹想着天下有被大水淹没的人，好像是自己淹没他们；稷想着天下饥饿的人，好像是自己使他们饥饿，所以这样着急。禹、稷同颜子要是换一换处境，都会这样做的（颜子也会急百姓所急，禹、稷也会自得其乐。）如果现在有同屋的人在斗殴，就要去制止他们，哪怕披头散发帽带都没有结好就去制止也行（禹、稷就像这样）；如果地方上有人在斗殴，如果也披头散发顾不上结帽带就去制止，就糊涂了，哪怕关起门来都是可以的（颜子就像这样）。"

【鉴读】

这一章是说，前代圣贤虽然时代不同、地位不同，他们的行为也不尽相同，但他们的准则是一样的，相互交换位置也会做出同样的事来。无论何时，面临什么环境，处于什么地位，君子修身养性，追求仁义道德是不会改变的。

第三十章

【原文】

公都子曰："匡章，通国皆称不孝焉，夫子与之游，又从而礼貌之，敢问何也？"孟子曰："世俗所谓不孝者五：惰其四支①，不顾父母之养，一不孝也；博弈好饮酒，不顾父母之养，二不孝也；好货财，私妻子，不顾父母之养，三不孝也；从②耳目之欲，以为父母戮③，四不孝也；好勇斗很④，以危父母，五不孝也。章子有一于是乎？夫章子，子父责善而不相遇也。责善，朋友之道也；父子责善，贼恩之大者。夫章子，岂不欲有夫妻子母之属哉？为得罪于父，不得近，出妻屏子，终身不养焉。其设心以为不若是，是则罪之大者，是则章子而已矣。"

【译文】

公都子说："匡章，全国人都说他不孝，您却与他交往，还很有礼貌地对待他，请问这是为什么呢？"

孟子说："世俗认为不孝的表现有五条：四肢不勤，不顾供养父母，是一不孝；赌博下棋喜欢喝酒，不顾供养父母，是二不孝；喜欢钱财，偏爱妻子儿女，不顾供养父母，是三不孝；放纵耳目的欲望，使父母受耻辱，是四不孝；喜欢蛮勇，斗殴凶暴，并危及父母，是五不孝。章子在这五条里占一条吗？章子是因为父子间督策为善才彼此合不来的。督策他人为善，是朋友之间的原则；父子间相互督策为善，是最伤感情的。章子难道不想有夫妻、母子的天伦之乐吗？因为得罪了父亲，不能亲近，于是把妻子赶走了，把孩子也赶走了，一辈子不要人侍奉。他的设想，认为不这样做，就是更大的罪过，这就是章子的品行。"

【鉴读】

孟子告诉我们，君子看人待物，不能同于流俗，要有自己独立、全面的看法。要全面分析看待一个人，不仅要观察他的行为，而且要分析他的心理，不要被事情的表面现象迷惑。孟子虽不赞同匡章的做法，但也表达了一定的理解。

这一章也涉及孝道的问题。对于我们今天来说，这五种不孝的情况不同程度地存在着，但其中最为典型、最切中时弊的恐怕是第三种了：好货财，私妻子，不顾父母之举。提倡孝顺父母，强调赡养父母，人人有责，到今天不仅没有过时，反而还具有非常重要的现实意义。

第三十一章

【原文】

曾子居武城^①，有越寇。或曰："寇至，盍去诸？"曰："无寓人于我室，毁伤其薪木。"寇退，则曰："修我墙屋，我将反。"寇退，曾子反。左右曰："待先生如此其忠且敬也，寇至，则先去以为民望；寇退，则反，殆于不可。"沈犹行^②曰："是非汝所知也。昔沈犹有负刍^③之祸，从先生者七十人，未有与焉。"

子思^④居于卫，有齐寇。或曰："寇至，盍去诸？"子思曰："如伋去，君谁与守？"孟子曰："曾子、子思同道。曾子，师也，父兄也；子思，臣也，微也。曾子、子思易地则皆然。"

【注释】

①武城：鲁国邑名。
②沈犹行：曾子弟子，姓沈犹，名行。
③负刍：人名。
④子思：孔子的孙子孔伋，字子思。

【译文】

曾子住在武城，有越国军前来进犯。有人说："敌寇来到了，你为什么不离开这里呢？"曾子（临行前）说："不要让别人寄居在我的屋子里，别毁坏那些草木。"敌寇退了，曾子就说："把我的墙屋修理好，我要回来了。"敌寇退了，曾子回来了。他的弟子说："武城守官待您这样忠诚而且恭敬，敌寇到来，就先撤离，使百姓以您为榜样；敌寇一退，您就回来，这样恐怕不太好吧。"沈犹行说："这不是你所了解的。以前先生住在我那儿，负刍作乱起祸，跟从先生的有七十个人，没有一个过问这件事的。"

子思住在卫国，有齐国军队入侵。有人说："敌寇到了，您为什么不离开呢？"子思说："如果我离开，君王跟谁一起守卫呢？"

孟子说："曾子、子思所走的道路是一样的。曾子，是老师，是父兄一辈的人；子思，是臣子，是地位低微的小官。曾子、子思如果换一换地位，也都会这样做的。”

【鉴读】

这一章仍然与前面呼应，意思一致，先贤虽然行为不同，但是所遵循的准则是一致的。

第三十二章

【原文】

储子①曰："王使人瞯夫子，果有以异于人乎？"孟子曰："何以异于人哉？尧舜与人同耳。"

【注释】

①储子：齐国人。

【译文】

储子说："齐王暗中派人偷看您，您真的有什么地方与别人不同吗？"孟子说："有什么与别人不同的呢？就是尧舜也跟普通人相同的。"

【鉴读】

孟子说，圣人们也是人，他们的行为与普通人没有很大的区别，只是内在的德行与见识不同于常人，这些是从外表上看不出来的。我们经常说要内外兼修便是这个道理，但是一个人的学养修行、气质才能也不仅仅是内化于外表之下的，通过言谈举止，待人接物还是能够明显感受得到的。

第三十三章

【原文】

齐人有一妻一妾而处室者，其良人①出，则必餍酒肉而后反。其妻问所与饮食者，则尽富贵也。其妻告其妾曰："良人出，则必餍酒肉而后反。问其与饮食者，尽富贵也，而未尝有显者来。吾将瞷良人之所之也。"

蚤起，施从良人之所之，遍国中无与立谈者。卒之东郭墦间，之祭者，乞其余；不足，又顾而之他——此其为餍兄之道也。

其妻归，告其妾曰："良人者，所仰望而终身也，今若此。"与其妾讪其良人，而相泣于中庭。而良人未之知也，施施从外来，骄其妻妾。

由君子观之，则人之所以求富贵利达者，其妻妾不羞也，而不相泣者，几希矣。

【注释】

①良人：当时称丈夫为良人。

【译文】

有个齐国人，和一妻一妾住在一起。丈夫每次出门，就一定吃饱了酒肉才回家。妻子问他同哪些人一块吃喝，他就说是些有钱有势的人。他妻子告诉他的小妾说："丈夫出去，就一定吃饱了酒肉才回家，问他跟谁一块吃喝，他说都是些有钱有势的人。但从来没看到有显达体面的人上我们家来，我要暗暗察看他到底去了什么地方。"

早上起来，她躲躲闪闪地跟在丈夫后面，看他往哪里去，但走遍全城，并没见有一个人站下来跟他说话。最后他到了城东坟地，走向祭扫坟墓的人，乞讨剩余的祭食。吃不够，又张望着到别的扫墓人那儿去讨。这就是他吃饱喝足的门道。

妻子回到家里，把实情告诉了小妾，又说："丈夫，是我们要靠他一辈子的人，可是现在他居然像这样！"她就跟小妾在庭院里咒骂她们的丈夫，相对一起哭泣。但丈夫并不知道这事，歪歪倒倒、神气活现地从外面进来，又在他的妻妾面前摆起架子。

按照君子的眼光看来，人们用来追求当官发财的手段，能不使他们的妻妾感到羞耻而相对哭泣的，也真是太少了。

【鉴读】

这已经成了一则很著名的寓言故事。孟子为我们勾画的，是一个内心极其卑劣下贱，外表却趾高气扬、不可一世的形象。他为了在妻妾面前摆阔气，抖威风，自吹每天都有达官贵人请他吃喝，实际上却每天都在坟地里乞讨。妻妾发现了他的秘密后痛苦不堪，而他却并不知道事情已经败露，还在妻妾面前得意洋洋。这一段故事，令人感到既好笑，又有几分恶心。孟子的讽刺是辛辣而深刻的。孟子的原意是讽刺他那个时代不择手段去奔走于诸侯之门，求升官发财的人，他们在光天化日下冠冕堂皇，自我炫耀，暗地里却行径卑劣，干着见不得人的勾当。

其实，在生活中，也有很多这样的影子，表面上衣冠楚楚，自我炫耀，事实上卑躬屈膝，无能无才。这样的人，让人觉得可笑可恶，又可悲。

第九篇　万章上

第一章

【原文】

万章问曰："舜往于田，号泣于旻天。①何为其号泣也？"

孟子曰："怨慕②也。"

万章曰："'父母爱之，喜而不忘；父母恶之，劳而不怨。'然则舜怨乎？"

曰："长息③问于公明高④曰：'舜往于田，则吾既得闻命矣；号泣于旻天，于父母，则吾不知也。'公明高曰：'是非尔所知也。'夫公明高以孝子之心，为不若是恝⑤。'我竭力耕田，共为子职而已矣，父母之不我爱，于我何哉？'帝⑥使其子九男二女，百官牛羊仓廪备，以事舜于畎亩之中，天下之士多就之者，帝将胥⑦天下而迁之⑧焉。为不顺于父母，如穷人无所归。天下之士悦之，人之所欲也，而不足以解忧；好色，人之所欲，妻帝之二女，而不足以解忧；富，人之所欲，富有天下，而不足以解忧；贵，人之所欲，贵为天下，而不足以解忧。人悦之、好色、富贵，无足以解忧者，惟顺于父母可以解忧。人少，则慕父母；知好色，则慕少艾⑨；有妻子，则慕妻子；仕则慕君，不得于君则热中⑩大孝终身慕父母。五十而慕者，予于大舜见之矣。"

【注释】

①旻天：天空。

②怨慕：既怨自己不被父母喜欢，又思念她们。

③长息：公明高弟子。

④公明高：曾子弟子。

⑤恝：没有忧愁的样子。

⑥帝：指尧。

⑦胥：观察。

⑧迁之：交给他。

⑨少艾：美少女。艾，美好。
⑩热中：内心焦躁。

【译文】

万章问："大舜到田野间，对着天空又哭又诉。他为什么要这样呢？

孟子说："因为他既埋怨又思念。"

万章说："'父母喜欢他，就应该高兴并永远记住。父母不喜欢他，就应该辛劳而不埋怨。'那么大舜在埋怨父母吗？"

孟子说："长息问公明高：'大舜到田间去，我已经听您讲解过了，向苍天哭诉父母，我还不懂。'公明高说：'这就不是你能理解的了。'公明高认为孝子之心不该无忧无虑：'我努力耕田，尽一个做儿子的责任。父母不喜欢我，跟我又有什么关系呢？'尧派自己的孩子，其中有九个儿子两个女儿，还有百官，准备了充足的牛羊、仓库等，在田间为舜服务。天下士人很多到了舜这里，尧将对舜考察然后把天下都交给他。因为不被父母喜欢，舜就像走投无路的人无所依靠。让天下士人喜欢，这是人的愿望，但这并不能解舜的忧愁。喜欢美貌的女性，也是人的愿望，尧把两个女儿嫁给他，也不能解除舜的忧愁。富裕是人的愿望，可富有天下也不能解除舜的忧愁。做大官是人的愿望，可舜贵为天子，也不能解除他的忧愁。别人喜欢、美貌的女子、富、贵，不能解除他的忧愁，只有让父母高兴才能解除自己的忧愁。人小时候，留恋自己的父母；知道喜欢女色了，就开始思念美貌少女；有了老婆孩子，就爱慕自己的老婆孩子；出仕了就爱自己的君主，要是不被君主喜欢，内心就很焦虑。大孝之人，一辈子都会爱恋他的父母。五十岁还在爱恋着父母，从大舜身上就可以看出来。"

【鉴读】

这一章和以下四章，孟子通过对被儒家视为圣人的舜的评价和赞美，表达了自己对于若干相关品质的看法。这一章，孟子赞扬了舜对于父母的真挚感情，提出了"大孝终身慕父母"，对儒家关于"孝"的思想，从人的感情角度进行了丰富和发展。

孟子对于"孝道"的提倡是本书中的一个重要观点和内容，在越发物质化、功利化的现代社会,年轻人都在为自己的未来前途奔波拼命,很多老人们得不到生活上足够的体恤和精神上的体贴,老年的生活过得并不幸福。在这种情况下,孟子的提倡使我们反思和警醒。但是孟子等儒家思想家对于毫无原则的孝和烦琐的礼法的倡导,是不太适合于现在的,因此我们应该辩证地来看,做出自己的判断。

第二章

【原文】

万章问曰:"《诗》云:'娶妻如之何?必告父母。'①信斯言也,宜莫如舜。舜之不告而娶,何也?"

孟子曰:"告则不得娶。男女居室,人之大伦也。如告,则废人之大伦,以怼②父母,是以不告也。"

万章曰:"舜之不告而娶,则吾既得闻命矣,帝之妻③舜而不告,何也?"

曰:"帝亦告知焉则不得妻也。"

万章曰:"父母使舜完廪,捐阶,瞽瞍焚廪。使浚井,出,从而掩之。象④曰:'谟盖都君咸我绩⑤,牛羊父母,仓廪父母,干戈朕,琴朕,弤⑥朕,二嫂使治朕栖⑦。'象往入舜宫,舜在床琴。象曰:'郁陶⑧思君尔。'忸怩⑨。舜曰:'惟兹臣庶,汝其于予治。'不识舜不知象之将杀己与?"

曰:"奚而不知也?象忧亦忧,象喜亦喜。"

曰:"然则舜伪喜者与?"

曰:"否!昔者有馈生鱼于郑子产,子产使校人⑩畜之池。校人烹之,反命曰:'始舍之,圉圉⑪焉;少则洋洋焉;攸然而逝。'子产曰:'得其所哉!得其所哉!'校人出,曰:'孰谓子产智?予既烹而食之,曰,得其所哉,得其所哉。'故君子可欺以其方⑫,难罔以非其道⑬。彼以爱兄之道来,故诚信而喜之,奚伪焉?"

【注释】

①娶妻如之何?必告父母:语出《诗经·国风·南山》。

②怼：怨。

③妻：嫁女。

④象：舜的同父异母弟。

⑤谟盖都君咸我绩：谋杀舜都是我的功劳。谟，谋划。盖，井。指疏井时杀害舜的办法。都君，指舜。咸，都。绩，功。

⑥弤：雕弓。

⑦使治朕栖：让她们为我铺床。栖，床。

⑧郁陶：思念很深。

⑨忸怩：惭愧的样子。

⑩校人：管理池塘的小官。

⑪圉圉：受限制的样子。

⑫欺以其方：用合理的方法欺骗。

⑬罔以非其道：用不合情理的事去欺蒙。

【译文】

万章说："《诗经》上说：'娶妻该怎么办？必定得先告知父母。'如果这话是真的，大舜也应该这样，可他没告知父母就娶妻了，这是为何呢？"

孟子说："先报告了便娶不到妻子了。男女成婚，是人生的大伦常。如果报告父母，就要废弃伦常从而怨恨父母，所以就不报告他们了。"

万章说："大舜没禀告父母就娶妻，我已经听您解释了。可尧要把自己的女儿嫁给舜也不告诉舜的父母，这又是为什么呢？"

孟子说："尧也知道告诉舜的父母也就不能把女儿嫁给舜了。"

万章说："父母派舜修缮仓库，可他们抽掉梯子，舜父亲瞽瞍放火烧了仓库。派舜去打井，瞽瞍一出来，即把井埋住。象说：'用打井的办法杀舜都是我的功劳。牛羊、仓库都给父母。干戈、琴、雕弓都归我。两位嫂子给我铺床。'象到了舜的宫殿，舜正在床上弹琴，象说：'想你想得好苦啊。'说完露出惭愧的神色。舜说：'这些百官，你帮我治理吧。'我不知道舜难道还不明白象要杀自己吗？"

孟子说："怎么会不知道呢？不过象忧愁他也忧愁，象高兴他也高兴。"

万章说："这么说来，舜是不是在假装高兴呢？"

孟子说："不是的，过去有人送一条活鱼给子产，子产让管池塘的小官把它放入池塘。可这小官把鱼煮吃了，却回去报告子产说：'刚放进水中，还不太敢动，不久就欢乐起，突然游走了。'子产说：'到了它应该去的地方啊！到了它应该去的地方啊！'管池塘的小官出来跟人说：'谁说子产聪明呢？我把鱼煮吃了，他却说：到了它应该去的地方，到了它应该去的地方。'所以君子可用合乎情理的事去欺骗，难以用不合情理的事去欺骗。象用爱兄长的办法去欺骗舜，因此舜真心相信且真的很高兴，怎么会假装高兴呢？"

【鉴读】

这一章仍然在说君子之孝。舜的父亲、弟弟都加害于他、不喜爱他，但他仍然恪守道德。万章用假装来解释舜的行为，但是孟子不同意，孟子认为舜是真诚地相信了父亲和弟弟的解释。因为君子是恪守正道的，所以他可能会受到合乎情理的蒙蔽，但是这并不表示君子不聪明，而恰恰是证明了舜对于亲人的忠诚与友爱。

看看那些因为一些鸡毛蒜皮的事情就吵架斗嘴，因为财产分割就反目成仇、互不相认的兄弟们，真是与君子的做法有天壤之别啊。

第三章

【原文】

万章问曰："象日以杀舜为事，立为天子，则放之，何也？"

孟子曰："封之也；或曰，放焉。"

万章曰："舜流共工于幽州①，放驩兜于崇山②，杀三苗于三危③，殛鲧于羽山④，四罪而天下咸服，诛不仁也。象至不仁，封之有庳⑤，有庳之人奚罪焉？仁人固如是乎——在他人则诛之，在弟则封之？"

曰："仁人之于弟也，不藏怒焉，不宿怨焉，亲爱之而已矣。亲之，欲其贵也；爱之，欲其富也。封之有庳，富贵之也。身为天子，弟为匹夫，可谓亲爱之乎？"

"敢问或曰放者，何谓也？"

曰："象不得有为于其国，天子使吏治其国而纳其贡税焉，故谓之放。岂得暴彼民哉？虽然，欲常常而见之，故源源而来。'不及贡，以政接于有庳。'此之谓也。"

【注释】

①流共工于幽州：共工，水官名。

②放驩兜于崇山：驩兜，尧、舜时的大臣。

③杀三苗于三危：三苗，国名。三危，具体在今何处，众说纷纭。

④殛鲧于羽山：殛，杀戮。鲧，禹的父亲。

⑤有庳：地名，有人认为在湖南道县北，但距舜都蒲阪三千多里，又有太行山之阻，因此有人对此说有疑。

【译文】

万章问道："象每天盘算谋杀舜的事，等舜做了天子，却仅仅是把他流放了，这是为什么？"

孟子说："实际上是封他为诸侯；有人说是流放他。"

万章说："舜把共工流放到幽州，把驩兜发配到崇山，把三苗驱赶到三危，诛杀鲧于羽山，处置了这四个罪人天下便都归服了，这是因为讨伐了不仁者。而象是最不仁的，却被封到有庳，有庳国百姓到底有什么罪过？难道仁人就可以这样吗？对别人则加以诛伐，对弟弟就封赏国土？"

答道："仁人对于弟弟，心里不藏怒气，不积怨恨，只是亲爱他罢了。亲他，就要让他显贵；爱他，就要让他富有。把有庳封赏给他，就是要让他享有富贵。自己为天子，弟弟为平民，能够说是亲爱他吗？"

（万章又问）："敢再请教，有人说是流放，这是什么意思？"

答道："象不能在他的封国上自行其是，天子派官吏来治理他的国家，缴纳赋税，因此有人说是流放。象难道能虐待百姓吗？尽管这样，舜还是经常想见到他，所以象不断地来和舜相见。'不一定要等到朝贡，因为政治上的需要来与有庳联系。'说的就是这个意思。"

【鉴读】

这一章，舜做了天子之后，既不因为自己的弟弟而废弃了原则，也不因为要坚持原则而放弃兄弟情义。那些亲友兄弟之间争吵的面红耳赤，不可开交的人们，倘若是有一分舜的仁爱与大度宽容，互相忍让，互相体谅，便能够和睦相处，其乐融融了。小至家庭，大至社会，便能和谐安定了。

第四章

【原文】

咸丘蒙^①问曰："语云，'盛德之士，君不得而臣，父不得而子。'舜南面而立，尧帅诸侯北面而朝之，瞽瞍亦北面而朝之。舜见瞽瞍，其容有蹙^②。孔子曰：'于斯时也，天下殆哉，岌岌乎^③！'不识此语诚然乎哉？"

孟子曰："否，此非君子之言，齐东野人之语也。尧老而舜摄^④也。《尧典》^⑤曰：'二十有八载，放勋^⑥乃徂落^⑦，百姓如丧考妣^⑧，三年，四海遏密八音^⑨。'孔子曰：'天无二日，民无二王。'舜既为天子矣，又帅天下诸侯以为尧三年丧，是二天子矣。"

咸丘蒙曰："舜之不臣尧，则吾既得闻命矣。诗云：'普天之下，莫非王土；率土之滨，莫非王臣。'而舜既为天子矣，敢问瞽瞍之非臣，如何？"

曰："是诗也，非是之谓也；劳于王事而不得养父母也。曰：'此莫非王事，我独贤劳^⑩也。'故说诗者，不以文害辞，不以辞害志。以意逆志，是为得之。如以辞而已矣，《云汉》之诗曰：'周余黎民，靡有孑遗。'^⑪信斯言也，是周无遗民也。孝子之至，莫大乎尊亲；尊亲之至，莫大乎以天下养。为天子父，尊之至也；以天下养，养之至也。诗曰：'永言孝思，孝思维则。'^⑫此之谓也。书曰：'祗载见瞽瞍，夔夔斋栗；瞽瞍亦允诺。'^⑬是为父不得而子也？"

【注释】

①咸丘蒙：孟子弟子。
②蹙：不安的样子。
③岌岌乎：危险的样子。
④摄：代理。

⑤尧典：《尚书》篇名。记载尧舜禅让之事。

⑥放勋：尧的号。

⑦徂落：去世。

⑧考妣：对去世的父母的称呼。考，已死的父亲。妣，已死的母亲。

⑨遏密八音：停止演奏音乐。八音，八种材料制成的乐器所发出的声音。

⑩贤劳：因为贤能而劳苦。

⑪周余黎民，靡有孑遗：语出《诗经·大雅·云汉》。意为周剩下的老百姓，都没有活下来。

⑫永言孝思，孝思维则：语出《诗经·大雅·下武》。经常讲孝不忘孝，可以做天下的楷模。

⑬祗载见瞽瞍，夔夔斋栗，瞽瞍亦允诺：语出《尚书·大禹谟》。祗，敬。载，事。夔夔斋栗，恭敬，谨慎、恐惧的样子。允，真诚。若，顺。舜恭敬谨慎，战战兢兢地去见父亲，父亲也被感动了，父子关系恢复正常。

【译文】

咸丘蒙问道："古语说：'道德非常高尚的人，君主不能把他当成臣子，父亲不能把他当成儿子。'舜即天子之位，尧带着众诸侯朝见他，舜的父亲瞽瞍也朝拜舜。舜见了他父亲，脸上显出不安的神色。孔子说：'这时候的天下很危险啊！因为人伦关系的错乱让天下处于岌岌可危的地步！'不知道这话对不对？"

孟子说："这并不是正人君子的话，而是齐国东部乡人的流言。尧老的时候由舜代理天子。《尧典》说：'舜摄政二十八年，尧去世了。老百姓像自己的父母去世那样伤心。三年之中，天下没有演奏音乐的。'孔子说：'天上没有两颗太阳，老百姓也不会有两个王。'如果舜已经做了天子，又带领天下诸侯替尧守丧三年，等于是有两个天子了。"

咸丘蒙说："舜没有以尧为臣，我已知道了。《诗经》上说：'整个天下都是君王的领土，从内陆到海边，所有人民都是君主的臣下。'舜已经做了天子，请问瞽瞍怎能不做他的臣呢？"

孟子说："这首诗不是这个意思。是说为王事辛苦而不能供养自己的父母，是说'都是君王的臣，只有我有才能却更辛苦。'所以解说《诗经》的主题的理解。用自己的心去领会作诗者要表达的思想，才能懂得诗的真实含义。如果仅就文辞的表面意义去理解，《云汉》诗中有'周剩下的老百姓没有再活下来的。'如果这话是真的，就等于周没有后代了，孝子最后的孝亲行为，就是让父母受到尊敬的极点，是用天下的财物供养父母。作为天子的父亲，这是受到的最大的尊敬。用天下的财去供养，是赡养父母的最高境界。《诗经》上说：'常常说着孝顺父母别忘记，可作为天下的准则。'说的就是这个意思。《尚书》上说：'舜孝敬他的父亲，战战兢兢地来到父亲面前，父亲也变得和顺了。'这就是瞽瞍不能把舜看作一般的儿子。"

【鉴读】

本章中孟子通过舜的一些态度和做法，阐述了处理君臣、父子关系的一些准则。在中国古代家国一体的社会中，君臣、父子是两种最主要的人际关系，而这两种人际关系又有着颇多相似之处，比如都有着严格的上下尊卑的分别。孟子强调了这些等级、礼法是不可僭越的。

当然，时代变了，在强调自主民主，自由平等的当下，希望达成的是既尊重兄长，又能平等对话，和谐沟通的局面。无原则地服从于父兄的意志，也是有其弊端的，在封建社会中，因为长辈的意志干预而埋葬了个人前途与幸福的例子，也是数不胜数的。

第五章

【原文】

万章曰："尧以天下与舜，有诸？"
孟子曰："否。天子不能以天下与人。"
"然则舜有天下也，孰与之？"
曰："天与之。"
"天与之者，谆谆①然命之乎？"
曰："否。天不言，以行与事示之而已矣。"
曰："以行与事示之者，如之何？"

曰："天子能荐人于天，不能使天与之天下；诸侯能荐人于天子，不能使天子与之诸侯；大夫能荐人于诸侯，不能使诸侯与之大夫。昔者，尧荐舜于天，而天受之；暴②之于民，而民受之。故曰：天不言，以行与事示之而已矣。"

曰："敢问荐之于天，而天受之；暴之于民，而民受之，如何？"

曰："使之主祭，而百神享之，是天受之；使之主事，而事治，百姓安之，是民受之也。天与之，人与之，故曰：天子不能以天下与人。舜相尧二十有八载，非人之所能为也，天也。尧崩，三年之丧毕，舜避尧之子于南河③之南，天下诸侯朝觐者，不之尧之子而之舜；讼狱者，不之尧之子而之舜；讴歌者，不讴歌尧之子而讴歌舜，故曰：天也。夫然后之中国④。践天子位焉，而⑤居尧之宫，逼尧之子，是篡也，非天与也。《太誓》曰：'天视自我民视，天听自我民听。'此之谓也。"

【注释】

①谆谆：反复叮咛。

②暴：显露，公开。

③南河：舜避居处，在今山东濮县东二十五里，河在尧都之南，故称南河。

④中国：这里指帝都。

⑤而：如。

【译文】

万章说："尧把天下交给了舜，的确有这回事吗？"

孟子说："不是这样。天子不能把天下交给别人。"

万章说："那么舜得到天下，又是谁给他的呢？"

孟子说："是天给他的。"

万章说："天把天下给他，是先谆谆教导他然后再给他吗？"

孟子说："不是的。天不说话，是用行为和事件来暗示他的。"

万章说："怎样用行为和事件暗示呢？"

孟子说："天子能把人推荐给天，可不能让天给人天下。诸侯能把人推荐给天子，可不能让天子给人诸侯之位。大夫能向诸侯推荐人，可也不能让诸侯给人大夫之位。过去尧把舜推荐给天天就受了，在民间公布，老百姓也接受了。所以说天不说话，用行为与事件暗示他罢了。"

万章说："请问，向天推荐天接受了，在民间公布老百姓也接受了，这又是怎么回事呢？"

孟子说："派他主持祭祀而各种神都愿意享受祭品，这就是天接受他。让他主持事务事情办得很好，老百姓很安乐，这就是老百姓接受他。是上天把天下给了他，是人民把天下给了他，所以说，'天子不能把天下送给别人。舜帮助尧治理天下二十八年，这不是单凭人力就能做到的，这是天意。尧去世了，三年的丧期结束，舜回避尧的儿子，一直到了南河之南。可天下人要朝拜天子，不到尧的儿子那里却去舜那里；打官司的人，不到尧的儿子那里却去舜那里；唱歌的人，也不歌颂尧的儿子却歌颂舜。所以说这是天意。这之后他才到中原，登上天子之位。如果舜住着尧的宫殿，逼迫尧的儿子，则是篡夺，不是天给的。《太誓》上说：'天的眼睛就是百姓的眼睛，天的耳朵实际上就是百姓的耳朵。'说得也是这个意思。"

【鉴读】

按照一般传统的理解，在禅让制的时代，这一代的君权是由上一代的天子授予的。这也就是孟子的学生万章的看法。

孟子认为君主没有权力把天下授予谁，有此权力的只有上天和人民。一方面，有点君权神授的色彩，一方面又是民本主义的想法。孟子一向认为百姓才是天下的根本。也是孟子天道观的体现，认为天意与民心是相通的。

第六章

【原文】

万章问曰："人有言至于禹而德衰，不传于贤而传于子。有诸？"

孟子曰："否，不然也。天与贤则与贤，天与子则与子。昔者舜荐禹于天，十有七年，舜崩，三年之丧毕，禹避舜之子于阳城，天下之民从之，若尧崩之后不从尧之子而从舜也。禹荐益于天，七年，禹崩，三年之丧毕，益避禹之子于箕山之阴，朝觐、讼狱者不之益而之启，曰：

'吾君之子也'；讴歌者不讴歌益而讴歌启，曰'吾君之子也。'丹朱之不肖，舜之子亦不肖，舜之相尧、禹之相舜也历年多，施泽于民久；启贤，能敬承继禹之道，益之相禹也历年少，施泽于民未久。舜、禹、益相去久远。其子之贤、不肖，皆天也，非人之所能为也。莫之为而为者天也，莫之致而至者命也。匹夫而有天下者，德必若舜、禹，而又有天子荐之者，故仲尼不有天下。继世以有天下，天之所废必若桀纣者也，故益、伊尹、周公不有天下。伊尹相汤以王于天下，汤崩，太丁①未立，外丙②二年，仲壬四年。太甲③颠覆汤之典刑，伊尹放之于桐。三年，太甲悔过，自怨自艾，于桐处仁迁义三年，以听伊尹之训己也，复归于亳。周公之不有天下，犹益之于夏、伊尹之于殷也。孔子曰：'唐、虞禅，夏后、殷、周继，其义一也。'"

【注释】

①太丁：汤的太子，未得立而死。
②外丙：太丁的弟弟。下文仲壬也是太丁的弟弟。
③太甲：太丁之子。

【译文】

万章问道："人们说到了大禹，道德就衰微了，不把天子之位传给贤人而是传给了自己的儿子，有这回事吗？"

孟子说："不是这样。天要传给贤人，则传给贤人；天要传给儿子，则传给儿子。过去舜向天推荐禹。十七年之后，舜去世了。过了三年丧期，禹到阳城回避舜的儿子，可天下的老百姓跟随他，就像尧死后不跟从尧的儿子而跟从舜一样。禹向天推荐益，过了七年，禹去世了。过了三年丧期，益到箕山的北面去，回避禹的儿子。朝见和打官司的人不到益那里却到启那里，说：'他是我们君王的儿子。'唱歌的人也是歌颂启而不歌颂益，说：'他是我们国君的儿子呀。'尧的儿子丹朱不贤能，舜的儿子也不贤能；舜辅佐尧、禹辅佐舜，经历的时间长，对老百姓施恩比较久，夏启贤能，能够继承禹的治国方法；而益辅佐禹的时间短，对老百姓施以恩惠的时间不够长。舜、禹、益之间，相距已很久远。他们的儿子是贤还是不肖，这是天决定的。没有谁叫他们这样，却这么去做了，这是天意。不用谁招致就来了的，这是命啊。一般的人想要得到天下，道德一定要像舜、禹而且有天子替他们向天推荐。孔子没有人把他向天推荐，所以孔子没能统治天下。从前代继承取得天下的人，上天要废弃他，一定是桀、纣这样的人。所以益、伊尹、周公没能取得天下。伊尹辅佐商汤统一了天下。汤去世后，太子太丁没即位而死，太丁的弟弟外丙继位二年，仲壬即位四年。太甲改变了商汤的法律，伊尹把他流放到桐，在桐待了三年，太甲后悔了，自己埋怨自己，在桐逐渐向仁义方向转化。后来能听伊尹训诫自己，又迁回亳地。周公之所以没统治天下，也就像益与夏、伊尹与商的关系。孔子说：'尧、舜是禅让，夏、商、周三代是父子相承，但他们的本质是一样的。'"

【鉴读】

与上一章意思相同，仍旧是谈统治者得天下和得民心的关系问题。

对于今天的我们来说，谁来做领导者，我们不应该"外举不避仇，内举不避亲"，一切唯才是举，唯贤是用，只要能为百姓着想、为百姓说话的就是值得拥戴的领导者。

第七章

【原文】

万章问曰："人有言，'伊尹以割烹要汤。'有诸？"

孟子曰："否，不然！伊尹耕于有莘①之野，而乐尧舜之道焉。非其义也，非其道也，禄之以天下，弗顾也；系马千驷，弗视也。非其义也，非其道也，一介②不以与人，一介不以取诸人。汤使人以币聘之，嚣嚣③然曰：'我何以汤之聘币为哉？我岂若处畎亩之中，由是以乐尧舜之道哉？'汤三使往聘之，既而翻然④改曰：'与⑤我处畎亩之中，由是以乐尧舜之道，吾岂若使是君为尧舜之君哉？吾岂若使是民为尧舜之民哉？吾岂若于吾身亲见之哉？天之生此民也，使先知觉后知，使先觉觉后觉也。予，天民之先觉者也；予将以斯道觉斯民也。非予觉之，而谁也？'思天下之民，匹夫匹妇有不被尧舜之泽者，若己推而内⑥之沟中。其自任以天下之重如此，故就汤而说⑦之以伐夏救民。吾未闻枉己而正人者也，况辱己以正天下者乎？圣人之行不同也，或远，或近；或去，或不去；归洁其身而已矣。吾闻其以尧舜之道要汤，未闻以割烹也。《伊训》曰：'天诛造攻自牧宫，朕载自亳⑧。'"

【注释】

①有莘：莘，古国名。在今河南陈留县。
②一介：同"一芥"，一点点。
③嚣嚣：清闲自在。
④翻然：同"幡然"。
⑤与：与其。
⑥内：同"纳"。
⑦说：游说、说服。
⑧天诛造攻自牧宫，朕载自亳：天诛，上天的讨伐。造，始、开始于。牧宫，桀宫。朕，第一人称，我；从秦始皇开始。朕只作为皇帝自称。载，始、开始。自，从、由。

【译文】

万章问："有人说：'伊尹用给汤当厨师的办法去求汤。'有这样的事吗？"

孟子回答说："没有，不是这样的。伊尹在莘国的郊野耕种，而以尧舜之道为乐事。如果不合乎义，不合乎道，即使把天下的财富都作为俸禄给他，他也不回头看一下；即使把四千匹好马系在那里，他也不望一下。如果不合乎义，不合乎道，他一小点也不给别人，也不向别人索取一小点。汤曾经派人带着礼物去聘请他，他一点都不在意地说：'我凭什么要接受汤的这个礼物呢？我为什么不住在田野之中，以尧舜之道为乐事呢？'汤多次派人去聘请他，他改变了原先的态度说：'我与其住在田野之中，以尧舜之道为乐事，不如使现在的君主去做尧舜一样的君主呢！不如使现在的百姓去做尧舜时代一样的百姓呢！我为什么不让自己亲眼看到它呢？上天生育百姓，是要让先知者启发后知者，先觉者引导后觉者。我是百姓中的先觉者；我要用这个尧舜之道去启发引导后觉者。不是我去启发引导他们，还有谁去呢？'伊尹是这样想的，天下的百姓如果有一个男子或一个妇女没有受到尧舜的恩泽，就好像自己把他们推到深沟里一样。他就是这样地把天下重担挑在自己身上，所以到了汤那里，说服汤去讨伐夏桀拯救百姓。我从来没有听说过自己行为不正而能够匡正别人的，更何况是先使自己遭受侮辱却能够匡正天下的呢？圣人的行为各有不同，有的疏远君主，有的亲近君主；有的离开朝廷，有的在朝做官；归根结底，是要保持自身清白干净罢了。我只听说伊尹是请求汤实行尧舜之道，没有听说他要给汤当厨师切肉做菜的事。《伊训》说：'天上的讨伐是在夏桀的宫室里由他自己造成的，我只不过从殷都亳邑开始打算罢了。'"

【鉴读】

孟子说的仁政爱民，具体细化在家庭关系中就是"孝"，要求做好身边的种种小事。伊尹就是如此。本章赞扬了伊尹经世济民的责任感和正人先正己的品德。在孔孟等儒家早期的思想家那里，为学的目的不是为了使知识和修养成为学者自娱自乐、自我欣赏的对象，而最终是为了治国齐家、待人接物。

孟子在此以伊尹为榜样，希望走堂堂正正的大道来达到兼济天下的目的，他们不惜放弃高官厚禄，周游列国，以天下为己任，想救民于水火，虽然历经艰辛却无怨无悔。

第八章

【原文】

万章问曰："或谓孔子于卫主痈疽①，于齐主侍人瘠环②，有诸乎？"

孟子曰："否，不然也；好事者为之也。于卫主颜仇由③。弥子④之妻与子路之妻，兄弟也。弥子谓子路曰：'孔子主我，卫卿可得也。'子路以告。孔子曰：'有命。'孔子进以礼，退以义，得之⑤不得曰'有命'。而主痈疽与侍人瘠环，是无义。无命也。孔子不悦于鲁卫，遭宋桓司马将要而杀之⑥，微服⑦而过宋，是时孔子当厄，主司城贞子⑧，为陈侯周⑨臣。吾闻观近臣⑩，以其所为主；观远臣⑪，以其所主。若孔子主痈疽与侍人瘠环，何以为孔子？"

【注释】

①痈疽：人名，卫灵公宠幸的宦官。

②瘠环：人名，齐国宦官。

③颜仇由：人名，亦作颜浊邹，齐国人。

④弥子：卫灵公的宠臣弥子瑕。

⑤得之：之，同"与"。得之不得。意思是，得与不得。

⑥遭宋桓司马将要而杀之：遭，遭遇。宋桓司马，宋国司马桓魋。要，拦截。

⑦微服：改换了平日的衣服打扮。

⑧主司城贞子：孔子住在陈国司城贞子家里。

⑨陈侯周：陈国怀公的儿子。

⑩近臣：在朝的臣。

⑪远臣：远方来做官的臣。

【译文】

万章问："有人说孔子在卫国住在卫灵公宠幸的宦官痈疽家里，在齐国也住在宦官瘠环家里，有这样的事吗？"

孟子回答说："没有，不是这样的。这是造谣的人散布出来的。孔子在卫国，住在颜仇由家中。弥子瑕的妻子和子路的妻子是姊妹。弥子瑕对子路说：'孔子住在我家中，可以得到卫国卿相的官职。'子路把这话告诉了孔子。孔子说：'听命运安排好了。'孔子按照礼仪而进，根据道义而退，无论得到官职还是没有得到官职都说命运安排。如果他住在痈疽和宦官瘠环家里，那就是无视礼仪和道义，不顾命运了。孔子在鲁国和卫国时不得志，又碰到宋国的司马桓准备拦截他并将他杀死，只得化装悄悄地离开宋国。当时孔子处境很困难，住在司城贞子家中，做了陈侯周的臣子。我听说观察在朝的臣子，看他所招待的客人；观察外来的臣子，看他所寄居的主人。假如孔子真的住在痈疽和宦官瘠环家里，怎么还能算是有德行的孔子呢？"

【鉴读】

这一章说的还是"天命"，孔子与伊尹一样，以天下为己任，孔子奔波辗转于列国，从来没有灰心丧气过，只要自己"进以礼，退以义"，那么"得之不得曰有命"。

孟子在这里赞扬了孔子洁身自好的节操，驳斥了不明就里的人对他的诋毁，表明了志趣是结交的基本原则的立场。在真正了解一个人之前，是很难结为知己的，只有志趣相投，情意相通，便自然能够成为互相理解的朋友。而与品行卑劣的人相处相交，迟早自己会受到危害和不良影响。

第九章

【原文】

万章问曰："或曰：'百里奚①自鬻于秦养牲者五羊之皮。食牛，以要秦穆公。'信乎？"

孟子曰："否，不然。好事者为之也。百里奚，虞人也。晋人以垂棘之璧与屈产之乘②，假道于虞以伐虢。宫之奇谏，百里奚不谏，知虞公之不可谏而去。之秦，年已七十矣，曾不知以食牛干秦穆公之为污也，可谓智乎？不可谏而不谏，可谓不知乎？知虞公之将亡而先去之，不可谓不知也。时举于秦，知穆公之可与有行也而相之，可谓不智乎？相秦而显其君于天下，可传于后世，不贤而能之乎？自鬻以成其君，乡党自好者不为，而谓贤者为之乎？"

【注释】

①百里奚：春秋末期虞国人，后被当做奴隶卖到秦国，辅佐秦穆公成就霸业。

②垂棘之璧与屈产之乘：垂棘，地名。屈，地名。乘，四匹良马。

【译文】

万章问道："有人说，'百里奚把自己卖到秦国养牲口的人家，价钱是五张羊皮。以喂牛的机会去求见秦穆公。'有这回事吗？"

孟子说："不是这样。这是喜欢造谣的人编造的。百里奚是虞国人。晋国用垂棘产的玉璧与屈地产的四匹良马，借道虞国去讨伐虢国。宫之奇劝谏，但百里奚没有劝谏，知道虞君劝不好就干脆离开虞国。到了秦国，百里奚已经七十岁了，如果不知道靠喂牛去求见秦穆公是低下的事，能说是聪明吗？不能劝谏就不劝谏，能说不聪明吗？知道虞国将要灭亡而提早离开，不能说是不聪明。在秦国被人举荐，知道穆公可以有大的作为就辅佐他，能说不聪明吗？在秦国做国相能让君王显名声于天下，并流传到后世，不贤能的人能做到这些吗？把自己卖掉去成就他的君主，就连乡下普通洁身自好的人也不会干，你说贤者会去干吗？"

【鉴读】

这一章是全卷的总结，孟子反复说要用智慧、诚信、社会规范、道义，来使人们相亲相爱，也就是做到仁政爱民。仁政爱民，要先从自身做起，从家庭做起，首先就是孝。孟子在本卷中说了很多圣贤的孝行，并不是在传播空泛的理论，而是让我们从小事做起，从孝顺父母这点作为儿女的基本义务做起。

第十篇　万章下

第一章

【原文】

孟子曰："伯夷，目不视恶色，耳不听恶声。非其君不事，非其民不使。治则进，乱则退。横①政之所出，横民之所止，不忍居也。思与乡人处，如以朝衣朝冠坐于涂炭也。当纣之时，居北海之滨以待天下之清也。故闻伯夷之风者，顽②夫廉，懦夫有立志。

"伊尹曰：'何事非君？何使非民？'治亦进，乱亦进，曰：'天之生斯民也，使先知觉后知，使先觉觉后觉。予，天民之先觉者也。予将以此道觉此民也。'思天下之民匹夫匹妇有不与被尧舜之泽者，若己推而内之沟中，其自任以天下之重也。

"柳下惠不羞污君，不辞小官；进不隐贤，必以其道；遗佚③而不怨，厄穷而不悯。与乡人处，由由然不忍去也。'尔为尔，我为我，虽袒裼裸裎④于我侧，尔焉能浼⑤我哉？'故闻柳下惠之风者，鄙夫⑥宽，薄夫⑦敦。

"孔子之去齐，接淅⑧而行；去鲁，曰'迟迟吾行也'，去父母国之道也。可以速而⑨速，可以久而久，可以处而处，可以仕而仕，孔子也。"

孟子曰："伯夷，圣之清者也；伊尹，圣之任者也；柳下惠，圣之和者也，孔子，圣之时者也。孔子之谓集大成。集大成也者，金声而玉振之⑩也。金声也者始条理也；玉振之也者终条理也。始条理者智之事也，终条理者圣之事也。智譬则巧也；圣譬则力也。由⑪射于百步之外也，其至尔力也；其中非尔力也。"

【注释】

①横：暴。
②顽：贪婪。
③遗佚：不被重用。

④袒裼裸裎：四个字意思相近，同义复用，都是赤身裸体的意思。

⑤涗：污染。

⑥鄙夫：心胸狭窄的人。

⑦薄夫：刻薄的人。

⑧接淅：淘米。

⑨而：则。以下几句同。

⑩金声：指钅钟发出的声音。玉振：指玉磬收束的余韵。古代奏乐，先以钅钟起音，结束以玉磬收尾。

⑪由：通"犹"。

【译文】

孟子说："伯夷眼睛从来不看不好的色彩，耳朵从来不听不好的音乐；不合道义的君主他不侍奉，不合道义的百姓他不治理；天下太平就进取，天下混乱就隐居。在那些政治横暴的国家，人们凶恶的地方，他也能居住下去。觉得这与道德水平普通的人交往，就像穿着上朝的衣服坐在泥巴炭灰上，纣当权的时候，伯夷就隐居在北海边，等待政治的清明。听到过伯夷的风采的，贪夫也会廉洁，胆小的人也能下定决心从善。

"伊尹说：'什么样的君主不是侍奉呢？什么样的民众不得管理呢？'天下太平要做官，天下混乱也要做官。说'上天生下了百姓，让其中先明白道理的去教导后明白道理的。我是天生的人中先明白道理的一类人，我固用圣贤之道教育老百姓。'他认为天下老百姓中即使最普通的男女有没得到尧、舜之君的恩惠的，好像是自己把他们推进沟中，他自觉地担起天下的重担。柳下惠不认为侍奉不好的君主是耻辱，他不推辞做小官；做官时推荐贤人，处理政事按照准则，没官做了也不埋怨，处于穷困之中也不忧愁。与一般民众交往，很有点恋恋不舍：'你是你，我是我，你即使光着身子在我身边，又怎能污染到我呢？'所以听到柳下惠风采的人，气量小的人也变得宽容，刻薄的人也变得宽厚。孔子离开齐国时，淘的米还没滤干就走了。离开鲁国时说：'要慢慢走啊，离开祖国的办法应该如此。'能够快走就快走，能够久留就久留，能够住下就住下，能够出仕就出仕，这是孔子啊。"

孟子说："伯夷，是圣人中的清高的人。伊尹，是圣人中有责任感的人。柳下惠，是圣人中的随和的人。孔子，是圣人中能够随情况变化而变化的人。孔子可说集中了前代圣人所有的优点。所谓集中了前圣的优点，也就像演奏音乐是由敲击钟开头，最后击磬结束一样。开始敲击钟，是起个好头，后来击玉磬，是结好尾。好开头，是靠聪明起作用，好结尾，就要靠圣心起作用了。聪明像技巧。圣贤像是力量。这就像从百步之外射箭，能射到，这是你的力量大，要是射中了，就不单是靠力量了。"

【鉴读】

孟子在这里罗列的，是四种圣人的典型：伯夷清高，伊尹具有强烈的责任感和使命感，柳下惠随遇而安，孔子识时务。比较而言，孟子认为前三者都还只具有某一方面的突出特点，而孔子则是集大成者，金声而玉振，具有"智"与"圣"相结合的包容性。

显然，孟子给了孔子最高赞誉。其他三人，都在某些方面的品行上有过人之处，但也在另一些方面有他们的局限性。孔子是"圣之时者"，圣人中识时务的人。所谓"识时务者为俊杰"。孟子所强调的，是孔子通权达变，具有包容性的特点，所以才有"孔子之谓集大成"的说法。而且，由"集大成"的分析，又过渡到对于"智"与"圣"相结合的论述，而孔子正是这样一个"智""圣"合一的典型。也就是"德才兼备"的最高典范。

第二章

【原文】

北宫锜①问曰："周室班②爵禄也，如之何？"

孟子曰："其详不可得闻也，诸侯恶其害己也，而皆去其籍；然而轲也，尝闻其略也。天子一位，公一位，侯一位，伯一位，子、男同一位，凡五等也。君一位，卿一位，大夫一位，上士一位，中士一位，下士一位，凡六等。天子之制，地方千里，公侯皆方百里，伯七十里，子、男五十里，凡四等。不能③五十里，不达于天子，附于诸侯，曰附庸。天子之卿受地视④侯，大夫受地视伯，元士受地视子、男。大国地方百里，君十卿禄，卿禄四大夫，大夫倍上士，上士倍中士，中士倍下士，下士与庶人在官者同禄，禄足以代其耕也。次国地方七十里，君十卿禄，卿禄三大夫，大夫倍上士，上士倍中士，中士倍下士，下士与庶人在官者同禄，禄足以代其耕也。小国地方五十里，君十卿禄，卿禄二大夫，大夫倍上士，上士倍中士，中士倍下士，下士与庶人在官者同禄，禄足以代其耕也。耕者之所获，一夫百亩；百亩之粪⑤，上农夫食九人，上次食八人，中食七人，中次食六人，下食五人。庶人在官者，其禄以是为差。"

【注释】

①北宫锜：卫国人。
②班：等级。
③不能：不足，不及。
④视：比。
⑤粪：施肥。

【译文】

北宫锜问道："周朝制定的官爵和俸禄的等级制度，是怎样的？"

孟子答道："详细情况已经不能知道了，因为诸侯都厌恶那种制度不利于自己，把有关的文献都毁掉了。但是我也曾听到一些。天子为一级，公为一级，侯为一级，伯为一级，子和男同为一级，共分五级。君为一级，卿为一级，大夫为一级，上士为一级。中士为一级，下士为一级，共分六级。天子直接管理的土地方圆千里，公和侯各方圆百里，伯七十里，子和男各五十里，一共四级。土地不够方圆五十里的国家，不能直接与天子联系，而附属于诸侯，叫做附庸。天子的卿所受的封地相当于侯，大夫所受的封地相当于伯，元士所受的封地相当于子、男。大国的土地方圆百里，国君的俸禄是卿的十倍，卿是大夫的四倍，大夫是上士的二倍，上士倍于中士，中士倍于下士，下士的俸禄与百姓中当官的相同，所得的俸禄也足以抵上他们耕种所得的收入。中等国家的土地方圆七十里，国君的俸禄是卿的十倍，卿是大夫的三倍，大夫倍于上士，上士倍于中士，中士倍于下士，下士的俸禄与百姓中当官的相同，所得的俸禄也足以抵上他们耕种所得的收入。小国的土地方圆五十里，国君的俸禄是卿的十倍，卿是大夫的二倍，大夫倍于上士，上士倍于下士，下士的俸禄与百姓中当官的相同，所得的俸禄也足以抵上他们耕种所得的收入。耕种的收获，一夫一妇分田百亩。百亩土地施肥耕种，上等的农夫可养活九个人，其次的养活八个人，中等的养活七个人，其次的养活六个人，下等的养活五个人。普通百姓当官差的，他们的俸禄也照此分等级。"

【鉴读】

这一章详细阐述了周朝的爵禄制度，对于研究西周时期的官爵、俸禄，是一篇具有重要研究价值的历史文献。孟子认为，爵位、俸禄制度，代表了远古以来的王道，也是孟子认为国家有道、社会安定的制度保障。到了春秋战国时代，诸侯争霸，百家争鸣，尤其是私有制的畸形发展，使人们的贪欲更加膨胀，礼崩乐坏，孟子所说的周制便不复存在了。

第三章

【原文】

万章问曰："敢问友。"

孟子曰："不挟长，不挟贵，不挟兄弟而友。友也者，友其德也，不可以有挟也。孟献子^①，百乘之家也，有友五人焉：乐正裘，牧仲，其三人，则予忘之矣。献子之与此五人者友也，无献子之家者也。此五人者，亦有献子之家，则不与之友矣。非惟百乘之家为然也，虽小国之君亦有之。费惠公^②曰：'吾于子思，则师之矣；吾于颜般，则友之矣；王顺、长息则事我者也。'非惟小国之君为然也，虽大国之君亦有之。晋平公之于亥唐也，入云则入^③，坐云则坐，食云则食，虽蔬食菜羹，未尝不饱，盖不敢不饱也。然终于此而已矣。弗与共天位也，弗与治天职也，弗与食天禄也，士之尊贤者也，非王公之尊贤也。舜尚见帝，帝馆甥于贰室，亦飨舜，迭为宾主，是天子而友匹夫也。用下敬上，谓之贵贵；用上敬下，谓之尊贤。贵贵尊贤，其义一也。"

【注释】

①孟献子：鲁国大夫仲孙蔑。

②费惠公：费国国君。

③入云则入：（亥唐）说进来，晋平公才敢进来。

【译文】

万章问道："请问交朋友的原则是什么？"

孟子说："不倚仗自己年长，不倚仗自己尊贵，不倚仗自己兄弟有人做官而与人交朋友。交朋友要看他的道德水平，而不能有所依靠。孟献子是有四百匹马的大家之长，他有五位朋友：乐正裘、牧仲，另外三人我忘记了。孟献子与五人做朋友的时候，是忘了自己地位的。这五个人也是如此，如果献子以自己的地位与他们交往，那他们就不愿与献子做朋友了。不单是富贵的大夫之家这样，小国的国君也有这样的。费惠公说：'我对于子思，是把他当成老师。我对颜般，是用平等的朋友关系对待。王顺、长息两个人则是侍奉我的。'不单是小国的君主这样，即使是大国的君主也有这样的。晋平公对于亥唐就是这样。亥唐说进来，晋平公才进去，亥唐说坐下，晋平公才坐下，亥唐说吃饭吧，晋平公就吃饭。即使吃的是粗粮青菜，晋平公也要吃饱，他不敢不吃饱。但也就仅此而已。晋平公并不与亥唐共居高位，共同处理政事，共同分享爵禄。这是尊贤的方法，而不是王公贵族尊贤的方法。舜去拜见尧，尧把女婿安排在别宫居住，也招待舜，两人多替做宾主，这是天子跟普通人的交往。地位低的尊重地位高的，叫尊重贵人。地位高尊重地位低的，叫尊重贤人。尊重贵人和尊敬贤人，在本质上却是一样的。"

【鉴读】

这一章说到了交友，物以类聚，人以群分。结交朋友，就是要交志同道合的人。古语说：君子之交淡如水。真正的友谊靠的是志趣相投，而不在于甜言蜜语或者好酒重金，更不是物质上的交换，肉麻的吹捧，互相利用，甚至尔虞我诈。想占别人便宜，赤裸裸的利用别人的人是永远不可能得到真正的友谊的。

"以财交者，财尽则交绝；以色交者，华落而爱渝。""以权利合者，权利尽而交疏。""以势交者，势倾则绝；以利交者，利穷则散。"可见，一言以蔽之，也就是孟子在这里所说的"友其德"，而不要友其财、色、权、利、势。

俗话说：在家靠父母，出门靠朋友，这道出了朋友的重要性。但是朋友又不单单是我们遇到困难时求助的对象，也有那种无所求，只求心意相通的纯洁深厚友情，切不能以利相交。

第四章

【原文】

万章问曰："敢问交际何心也？"

孟子曰："恭也。"

曰："'却之却之为不恭'，何哉？"

曰："尊者赐之，曰，'其所取之者义乎，不义乎？'而后受之，以是为不恭，故弗却也。"

曰："请无以辞却之，以心却之，曰'其取诸民之不义也'，而以他辞无受，不可乎？"

曰："其交也以道，其接也以礼，斯孔子受之矣。"

万章曰："今有御人于国门之外者^①，其交也以道，其馈也以礼，斯可受御与？"

曰："不可；《康诰》曰：'杀越人于货，闵不畏死，凡民罔不𧨦^②。'是不待教而诛者也。殷受夏，周受殷，所不辞也；于今为烈，如之何其受之？"

曰："今之诸侯取之于民也，犹御也。苟善其礼际矣，斯君子受之，敢问何说也？"

曰："子以为有王者作，将比^③今之诸侯而诛之乎？其教之不改而后诛之乎？夫谓非其有而取之者盗也，充类至义之尽也。孔子之仕于鲁也，鲁人猎较^④，孔子亦猎较。猎较犹可，而况受其赐乎？"

曰："然则孔子之仕也，非事道^⑤与？"

曰："事道也。"

"事道奚猎较也？"

曰："孔子先簿正祭器^⑥，不以四方之食供簿正。"

曰："奚不去也？"

曰："为之兆^⑦也。兆足以行矣，而不行，而后去，是以未尝有所终三年淹也。孔子有见行可之仕，有际可⑧之仕，有公养⑨之仕。于季桓子，见行可之仕也；于卫灵公，际可之仕也；于卫孝公⑩，公养之仕也。"

【注释】

①御人于国门之外：御，止。这句是说用暴力拦截行人而杀之。

②《康诰》曰数句：《康诰》，《尚书》篇名，成王打败管、蔡后，将殷国余下的百姓封给康叔统治，作《康诰》。

③比：连。

④猎较：田猎时互相比较夺得禽兽的多少。

⑤事道：是说以行道为职志。

⑥簿正祭器：先用簿书正确规定祭器，使有定数，不用四方难以为继的东西充祭品，从根本上建立制度，这样猎较这种陋习也就会自然而然地废止了。

⑦兆：始。

⑧际可：有礼节接待某个人。

⑨公养：国君养贤人的礼节，是指对当时一般人的礼遇。

⑩卫孝公：即卫出公辄，一个人两个谥号，本是古已有之的制度。

【译文】

万章问道："请问与人交际的时候，应该抱着什么思想？"

孟子说："应该出以恭敬之心。"

万章又问："(人家常说，)'老是拒绝接受别人赠送的礼物便是不恭敬'，这是什么意思呢？"

孟子说："要是一位有地位的人赠送东西，自己先这么考虑：'取得这些东西是合乎义呢，还是不合于义呢？'然后才接受，因为这样做是不恭敬，所以就不拒绝接受了。"

万章说："请不要用语言去拒绝，而在心里拒绝他，心想，'他的赠物是取之于民的不义之财'，然后用别的借口不接受，这样做难道不可以吗？"

孟子说："他以正道来相交往，以礼节来相接触，这样就是孔子也是会接受他赠送的礼物的。"

万章说："假如现在有人在京都郊野截杀行人（抢劫财物），他也以正道来相交往，以礼节来有所馈赠，这样难道还可以接受他那抢来的横财不成？"

孟子说："不可以；《康诰》中曾经这样说，'杀害行人，劫夺财物，一味强横，一点也不怕死，（对于这种人）所有百姓没有不恨之入骨的。'这种人不必等待先进行教育就可以诛杀他。殷朝继承了夏朝这条法规，周朝又继承了殷朝这条法规，这是它们所不愿更改的；现在这种杀人抢劫财物的行为就更是厉害了，怎么能接受这种馈赠呢？"

万章说："现在的诸侯从百姓那里榨取血汗，跟强盗杀人劫物的行径差不多。如果他们把相交往的礼节表演得很出色，这样君子就可以接受他们的馈赠，请问这又该怎样解释呢？"

孟子说："你以为有圣王兴起，会将现在的诸侯不问青红皂白一股脑儿全部诛杀呢？还是先教育他们，如果再不悔改然后再诛杀呢？（人们）说不是他所应该有的东西却要去取它到手是盗贼的行径，那只是扩充它的意义，提高到最高原则上来说的。（并不是把他就看做是真的盗贼。）孔子在鲁国做官时，鲁国人开展猎物多少的竞赛活动，孔子也参加这种竞赛活动。参加猎物多少的竞赛活动尚且可以，更何况接受他们赠送的礼物呢？"

万章说："那么孔子的做官，难道不是为了实现自己的政治主张吗？"

孟子说："是为了实现自己的政治主张。"

万章紧接着问道："为了实现政治主张，为什么又要去参加猎物多少的竞赛活动？"

孟子答道："孔子先用文书规定祭器的数目，并且规定不得用四方难以获得的食物来盛在文书规定的祭器中充祭品，（这样，为了获得猎物供祭祀的猎较活动久而久之，便会自动废止了。）"

万章又问："（孔子）为什么不离去呢？"

孟子说："（孔子）是要先开个头（试行一下自己的政治主张），如果这个开头证明自己的政治主张可以行得通，而主管其事的人君却不肯实行，然后才离去，所以孔子（在他所到过的国家）从来不曾有待过三年整的。孔子（做官大约有这样三种情况：）有的是看见有行道的可能而做官，有的是因国君对自己能以礼相待而做官，有的则是由于国君能够养贤而做官。对于季桓子，就是看见有行道的可能而做官的；对于卫灵公，就是因国君对自己能以礼相待而做官的；对于卫孝公，则是由于国君能够养贤而做官的。"

【鉴读】

上一章说到圣贤交友是为了助长自己的德行，不是以利相交。这一章孟子接着说到不但交友，就算是日常交际也要恭敬地遵循道义，不能追逐名利。

人与人的交往中，难免会有相互馈赠礼物的情形。关于馈赠礼物和接受礼物要有什么标准，孟子提出了一定要遵循礼仪规范。如果合乎礼仪，就毫不犹豫地接受，如果不符合礼仪，那就不能接受，能否接受当权者的官职也是如此。孟子在这里说的其实是做人的原则问题。

第五章

【原文】

孟子曰："仕非为贫也，而有时乎为贫；娶妻非为养也，而有时乎为养。为贫者，辞尊居卑，辞富居贫。辞尊居卑，辞富居贫，恶乎宜乎？抱关击柝^①。孔子尝为委吏^②矣，曰：'会计当而已矣。'尝为乘田矣，曰：'牛羊茁壮长而已矣。'位卑而言高，罪也；立乎人之本朝而道不行，耻也。"

【注释】

①抱关击柝：看门的小卒，夜间打更。
②委吏：管仓库的小官。

【译文】

孟子说："做官的目的本来就不是为摆脱贫困，但偶尔也有因为贫困而做官的。娶妻的目的不是为了让妻子从事生产，但也有时也为了生产财物。因为贫穷才做官，就要辞掉高贵的而任卑贱的，辞去待遇优厚的而任待遇菲薄的。辞去尊贵的而任低下的，辞去待遇优厚的而任待遇菲薄的，什么职位最合适呢？守关打更。孔子曾经做管理仓库的小官，他说：'把账算好就行了。'他也曾做管理放牧的官，说：'牛羊能茁壮成长就行了。'职位低而说些与位子不相称的话，那是罪过。在别人朝廷里做大官的主张却没法推行，那是一种耻辱。"

【鉴读】

这一章阐述了儒家的功名利禄观。古时候的读书人，学成做官，是人生理想，万般皆下品，唯有读书高。但是读书做官是为了什么呢？孟子认为，出来做官的目的，就是推行自己的政治主张，如果不能，那么做官就仅仅可以视作是一种职业，能够养家糊口就可以了，而不必追求与自己的职责和贡献不相称的高官厚禄。

"位卑未敢忘忧国。"孟子有"位卑而言高，罪也"的看法。尤其是在暴政专制的时代，更是如此，所以有"莫谈国事"的警告。另一方面，如果你不是"为贫而仕"，而是为了实现自己的政治抱负，因而做了高官，"立乎人之本朝"，则应该关心国家大事，发表自己的政见，尽到自己的一份责任。

第六章

【原文】

万章曰："士之不托诸侯，何也？"

孟子曰："不敢也。诸侯失国，而后托于诸侯，礼也；士之托于诸侯，非礼也。"

万章曰："君馈之粟，则受之乎？"

曰："受之。"

"受之何义也？"

曰："君之于氓也，固周之①。"

曰："周之则受，赐之则不受，何也？"

曰："不敢也。"

曰："敢问其不敢何也？"

曰："抱关击柝者皆有常职以食于上。无常职而赐于上者，以为不恭也。"

曰："君馈之，则受之，不识可常继乎？"

曰："缪公之于子思也，亟问，亟馈鼎肉②。子思不悦。子卒也，摽③使者出诸大门之外，北面稽首再拜④而不受，曰：'今而后知君之犬马畜伋。'盖自是台⑤无馈也。悦贤不能举，又不能养也，可谓悦贤乎？"

曰："敢问国君欲养君子，如何斯可谓养矣？"

曰："以君命将⑥之，再拜稽首而受。其后廪人继粟，庖人继肉，不以君命将之。子思以为鼎肉使己仆仆尔⑦亟拜也，非养君子之道也。尧之于舜也，使其子九男事之，二女女焉，百官牛羊仓廪备，以养舜于畎亩之中，后举而加⑧诸上位，故曰，王公之尊贤者也。"

【注释】

①君之于氓也，固周之：氓，来自他国之民。固，本来。周，周济。
②鼎肉：熟肉。
③摽：赶出。
④稽首而拜：稽首，古代跪拜礼节，跪下，拱手至地，头也至地。
⑤台：意思当"始"理解。
⑥将：送。
⑦仆仆尔：连续不断。
⑧加：同"居"。

【译文】

万章问道："士不投靠诸侯生活，这是为什么？"

孟子说："是不敢这样啊！诸侯失去了自己的国家，而后投奔他国寄托于人，合乎礼制；士寄托于诸侯，不合礼制。"

万章说："君子如果馈送粟粒给他，能接受吗？"

孟子说："可以接受。"

万章问："接受又是什么道理？"

孟子说："君主对来自他国之民，本来可以周济他。"

万章问："周济就接受，赐予就不接受，为什么？"

孟子答："不敢接受。"

万章问："请问为什么不敢接受？"

孟子答："守门打更的人都有固定职务，可受上面的给养。没有固定职务而接受上面的赏赐，被认为不恭敬。"

万章问："君主馈送，便接受，不知能经常这样吗？"

孟子答："鲁缪公对子思，屡次问候，屡次送熟肉，子思很不舒服。终于，把使者赶出大门外，向北面叩头作揖而拒绝馈送，说：'我这才领悟君主是把我当狗马豢养。'大概从这次开始才停止馈送。喜爱贤人而不重用，又不能给予优遇，这能叫做喜爱贤者哟？"

万章说："请问国君要对君子优遇，怎样才能算（妥善的）优遇呢？"

孟子答："先以君主之命馈送他，他作揖叩头而接受。然后管仓人常送粮食，掌膳者常送肉食，不再用君主之命的名义馈送他。子思认为送块熟肉自己就得没完没了作揖叩拜，不是优遇君子的好办法。尧对于舜，使自己的九个儿子照料他，把两个女儿嫁给他，各种官吏和牛羊、仓库样样齐备，使舜在田野中受优待，后来又提升他担任很高的职位，因此说，这才是王公敬贤的榜样。"

【鉴读】

春秋战国时期，诸侯们为了国家强大，都喜欢"养士"，但是儒士多不在此列。孟子认为，国君可以周济贤士，但不应该像鲁君对子思那样，今天送点肉，明天送点米，不断让子思鞠躬作揖，这是对贤士不尊重的表现。正确的礼贤下士的方法是，让他们在应有的位置上发挥真正的作用，让他们施展自己的抱负，为国家为人民做一番事业。

读书人也不应该只看重优厚的待遇而选择自己的进退，依附于人，必然丧失自己的独立人格和尊严。

第七章

【原文】

万章曰："敢问不见诸侯，何义也？"

孟子曰："在国曰市井之臣，在野曰草莽之臣，皆谓庶人。庶人不传质①为臣，不敢见于诸侯，礼也。"

万章曰："庶人，召之役，则往役；君欲见之，召之，则不往见之，何也？"

曰："往役，义也；往见，不义也。且君之欲见之也，何为也哉？"

曰："为其多闻也，为其贤也。"

曰："为其多闻也，则天子不召师，而况诸侯乎？为其贤也，则吾未闻欲见贤而召之也。缪公亟见于子思，曰：'古千乘之国以友士，何如？'子思不悦，曰：'古之人有言曰，事之云乎？岂曰，友之云乎？'子思之不悦也，岂不曰，'以位，则子，君也；我，臣也；何敢与君友也？以德，则子事我者也，奚可以与我友？'千乘之君，求与之友而不可得也，而况可召与？齐景公田，招虞人以旌，不至，将杀之。'志士不忘在沟壑，勇士不忘丧其元。孔子奚取焉？取非其招不往也。"

曰："敢问招虞人何以？"

曰："以皮冠，庶人以旃②，士以旂③，大夫以旌。以大夫之招招虞人，虞人死不敢往；以士之招招庶人，庶人岂敢往哉？况乎以不贤人之招招贤人乎？欲见贤人而不以其道，犹欲其入而闭之门也。夫义，路也；礼，门也。惟君子能由是路，出入是门也。《诗》云，'周道如底，其直如矢；君子所履，小人所视。④'"

万章曰："孔子，君命召，不俟驾而行；然则孔子非与？"

曰：孔子当仕有官职，而以其官召之也。"

【注释】

①传质：见面时互赠礼物。质，同"贽"。

②旃：旗帜弯曲的把柄。指锦旗。

③旂：有两龙交叉图案的旗。

④语出《诗经·小雅·大东》。底，同"砥"，磨刀石，平坦之意。

【译文】

万章说："请问士子不去见诸侯，是何原因呢？"

孟子说："住在城市的叫市井臣民，住在乡下的叫草野臣民，但都是百姓。百姓没有资格互赠礼物为臣，就不敢见诸侯，这是礼的规定。"

万章说："作为百姓，要他去服役，他就去服役；君王想见他，要他来相见，却不来。这又是为什么呢？"

孟子说："去服役，是应该的。去见，是不应该的。君王想见他，那是因为什么呢？"

万章说："因为他博学多闻，因为他是个贤人。"

孟子说："因为他博学多闻想见他，可天子都不召见自己的老师，更何况诸侯呢？如果因为他是贤人，我还没有听说想见贤人而召他来见的。鲁缪公多次见子思，说：'用古代千乘之国与士人交友的方式与您相处，怎么样呢？'子思不高兴，说：'古代人这样说，是侍奉士人，难道是说与士人做朋友吗？'子思不高兴，他内心能不这样想：'按地位，你是君，我是臣，怎能和你做朋友？按道德水平，你只能侍奉我，怎么能和我做朋友？'千乘之国的君主，想跟他做朋友都不成，更何况要召见他呢？齐景公去打猎，用旌旗召唤虞人前来，虞人没有来，齐景公要处死他们。孔子说：'有志于仁义的人不怕因正义而死无葬身之地，勇敢的人也不怕被杀头。'孔子称赞虞人什么呢？是称赞他们不按召见他们的礼节他们就不前往。"

万章说："请问召唤虞人前来应该以什么礼仪呢？"

孟子说："用皮帽子。召唤老百姓前来用锦旗，召唤士人前来用织着两条相交的龙的旗。召唤大夫前来要用旗杆带羽毛的旗。用召唤大夫的办法召唤虞人，虞人死也不敢去。用召唤士人的办法去召唤老百姓，老百姓怎敢去呢？更何况用召唤不贤的人的办法去召唤贤人呢？想见贤人却不用召唤贤人的办法，就像想进来却又闭门一样。义，是人们的大路；礼，是院子的大门。只有君子才能走这条路，出入这扇门。《诗经》上说：'周的大路平坦得像磨刀石，直得像箭杆。君子的行为，是小人学习的典范。'"

万章问："听说孔子是'国君要召见他不等驾好车他就出发'，孔子错了吗？"

孟子说："孔子官职在身，国君用召唤官的办法召他，他自然立即前往。"

【鉴读】

孟子认为，真正的贤士，不仅不会去拜见君主，以免有干禄之嫌，即使是君主召见也不会去。因为贤士不是一般的臣下，而是君主的师傅，帮助君主出谋划策，治理国家。

对于有志气、有节操的人来说，不必听从那些有权势者的召唤，我们现在经常所说的人必须有傲骨也是这个道理，任何时候，都要维护自己的人格尊严，守住自己做人的底线。

第八章

【原文】

孟子谓万章曰："一乡之善士斯友一乡之善士，一国之善士斯友一国之善士，天下之善士斯友天下之善士。以友天下之善士为未足，又尚①论古之人。颂②其诗，读其书，不知其人，可乎？是以论其世也。是尚友也。"

【注释】

①尚：同"上"。
②颂：同"诵"。

【译文】

孟子对万章说："一个乡的优秀人物就和一个乡的优秀人物交朋友，一个国家的优秀人物就和一个国家的优秀人物交朋友，天下的优秀人物就和天下的优秀人物交朋友。如果认为和天下的优秀人物交朋友还不够，便又上溯古代的优秀人物。吟咏他们的诗，读他们的书，不知道他们到底是什么人，可以吗？所以要研究他们所处的社会时代。这就是上溯历史与古人交朋友。"

【鉴读】

孟子的本意是论述交朋友的范围问题。乡里人和乡里人交朋友，国中人和国中人交朋友，更广泛的范围，则和天下的人交朋友，也就是朋友遍天下了吧。如果朋友遍天下还嫌不足，那就只有上溯历史，与古人交朋友了。当然，也只有神交而已。这种神交，就是诵他们的诗，读他们的书。而为了要正确理解他们的诗和他们的书，就应当了解写诗著书的人，要了解写诗著书的人，又离不开研究他们所处的社会时代。这就是所谓"知人论世"的问题了。

"知人论世"的主张，奠定了孟子在中国文学批评史上的重要地位。事实上，直到今天，不管现代主义以来的新兴文学批评方式方法已走得有多远，多新奇，但在我们的中小学课堂上，大学讲台上，以及占主导地位的文学批评实践中，依然在使用着的主要还是"知人论世"和"以意逆志"的方式方法。所谓"时代背景分析"、"作者介绍"、"中心思想"、"主题"等，这些人们耳熟能详的概念，无一不是"知人论世"或"以意逆志"的产物。由此足以见出孟子对于中国文学批评的深远影响，而这种影响之一，正是由本章的文字所发生的。

第九章

【原文】

齐宣王问卿，孟子曰："王何卿之问也？"

王曰："卿不同乎？"

曰："不同。有贵戚之卿①，有异姓之卿。"

王曰："请问贵戚之卿。"

曰："君有大过则谏，反复之而不听则易位。"

王勃然乎变色。曰："王勿疑也。王问臣，臣不敢不以正②对。"

王色定，然后问异姓之卿，曰：'君有过则谏，反复之而不听则去。"

【注释】

①贵戚之卿：指与君王同宗族的卿大夫。
②正：诚。

【译文】

齐宣王问有关卿大夫的事。孟子说："大王问的是哪一类的卿大夫呢？"

齐宣王说："卿大夫还有所不同吗？"

孟子说："不同。有王室宗族的卿大夫，有异姓的卿大夫。"

宣王说："那我请问王室宗族的卿大夫。"

孟子说："君王有重大过错，他们便加以劝阻；反复劝阻了还不听从，他们便改立君王。"

宣王突然变了脸色。孟子说："大王不要怪我这样说。您问我，我不敢不用老实话来回答。"

宣王脸色正常了，然后又问非王族的异姓卿大夫。

孟子说："君王有过错，他们便加以劝阻；反复劝阻了还不听从，他们便辞职而去。"

【鉴读】

这一章是全卷的总结，再一次论述了仁政爱民以及贤臣之责。弘扬大臣的职责和权力而限制君主权力无限地膨胀，这也是孟子仁政思想的内容之一，体现出一定程度的民主政治色彩。弘扬宗族大臣的权力而限制君主个人的权力，从理论上说是正确的。但另立新君，在实践上往往酿成的，就是宫廷内乱，所谓"祸起萧墙之内"，弄得不好，还会引起旷日持久的战争。因此我们应该辩证地看待。

但是，孔、孟都提倡臣有臣道，臣有臣的气节和人格，反对愚忠，反对一味顺从，这的确是有积极意义的。